장창수의
역량평가 강의

장창수의 역량평가 강의
역량평가 완전정복!

초판 1쇄 발행 2017년 5월 22일
　　2쇄 발행 2018년 3월 29일
　　3쇄 발행 2019년 10월 30일
　　4쇄 발행 2022년 7월 22일

지은이 장창수
펴낸이 장길수
펴낸곳 지식과감성#
출판등록 제2012-000081호

디자인 윤혜성, 평소라
편집 이현, 이다래, 최예슬
교정 나은비
마케팅 고은빛

주소 서울시 금천구 벚꽃로298 대륭포스트타워6차 1212호
전화 070-4651-3730~4
팩스 070-4325-7006
이메일 ksbookup@naver.com
홈페이지 www.knsbookup.com

ISBN 979-11-5961-636-5(13320)
값 28,000원

ⓒ 장창수 2022 Printed in Korea

잘못된 책은 구입하신 곳에서 바꾸어 드립니다.
이 책의 전부 또는 일부 내용을 재사용하려면 사전에 저작권자와 펴낸곳의 동의를 받아야 합니다.

이 도서의 국립중앙도서관 출판예정도서목록(CIP)은 서지정보유통지원시스템
홈페이지(http://seoji.nl.go.kr)와 국가자료공동목록시스템(http://www.nl.go.kr/kolisnet)에서
이용하실 수 있습니다. (CIP제어번호 : CIP2017011220)

홈페이지 바로가기

한국역량평가개발원

장창수의
역량평가 강의

역량평가 완전정복!

장창수 지음

성공은 행동의 결과입니다.
행동이 없다면 어떠한 성공도 있을 수 없습니다.

지식과감성#

머리말

역량평가대상자들에게 면담과 학습 현장에서 평가 시에 가장 큰 어려움이 무엇이냐고 물어보면 거의 "시간이 부족하다."고 답합니다. "왜 시간이 부족하십니까?"하고 물어보면 "핵심을 파악하기 힘들다."고 합니다. 그럼 "핵심은 구체적으로 무엇을 말하는 것인가요?"라고 물어보면 머뭇거리면서 "무엇을 해야 할지 모르겠다."고 합니다. 마음만 급하고 무엇을 어떻게 해야 할지도 모르겠고 참으로 답답한 상황들이 연출됩니다. 대상자 여러분들은 무엇을 준비하고 그것들을 어떻게 활용하여야 할까요?

역량평가를 앞둔 평가대상자들에게 요구되는 것들을 '능력적인 요인'과 '심리적인 요인'으로 나누어 생각해 보겠습니다.

능력적인 요인으로는 '문제해결 능력'이 최우선입니다. 역량평가에서 진행되는 모든 과제 유형(IB, OP, RP, GD, CS 등)은 주로 발생된 문제를 다룹니다. 그렇기에 문제해결의 대상인 문제점(원인), 갈등의 원인, 고객의 요구점 등을 찾는 것이 최우선인데 대다수의 평가 대상자들은 문제해결의 대상을 찾는 데에 애를 먹습니다. 위에서 말한 '핵심을 파악하기 힘들다.'는 표현은 1차적으로 해결의 대상을 찾기 어렵다는 말과 일맥상통합니다. 예를 들어 우리나라 대다수의 공공부분의 보고서를 보면 현황과 문제점을 '현황과 문제점'이라는 목차 안에 문제점의 구분 없이 함께 기술하는데 이는 문제점이 없는 문제해결 보고서를 만드는 격과 같습니다. 문제해결의 대상을 찾는 훈련이 안 된 결과이며 문제해결 보고서로서는 치명적인 오류를 가지는 셈입니다. (물론 문제점이 없이 현황에서 해결방안으로 가야하는 상황은 있습니다만 그러는 경우는 주로 '발생된 문제'가 아닌 '발생될 문제'를 다룰 때 나타나는 현상입니다. '발생될 문제' 즉, 미래형 문제는 문제점이 아닌 시사점이 나와야하므로 접근 자체가 다릅니다. 이때는 SWOT 또는 PEST분석 기법을 사용하여야 합니다.) 역량평가를 준비하는 분들의 문제해결 능력수준은 생각보다 높지 않습니다. 왜냐하면 평가대상자가 주로 보고서를 작성하기 보다는 결재하는 자리에 있기 때문입니다. (문서 작성이 주 업무가 아니다 보니 지문으로 구성된 문서를 분석하는 역량이 약화되었습니다.) 문제해결 능력을 높이기 위해서는 분석적 사고력(Analytical Thinking)과 개념적 사고력(Conceptual Thinking)이 핵심인데 이는 인지/사고역량을 말합니다. 즉, 지능(Intelligence)입니다. 특히 독해(讀解)하는 지능이 요구됩니다. 기본적으로 글과 표, 그래프들을 분석하고 구조화하는 역량이 떨어진다면 역량평가는 무척 힘든 과정이 됩니다. (대상자 여러분들의 지능이 낮다는 것은 절대 아닙니다. 여러분들은 어려운 시험을 통과하여 이곳까지 오신 분들입니다. 만약 지능이 떨어지는 분들이라면 이 자리에 있질 못합니다. 젊은 나이에는 '하나를 보면 열을 아는' 분들이셨습니다.)

인지/사고역량 외에 평가기준으로 제시하는 성과지향, 대인관계, 동기부여 등의 역량들의 평가는 국내 공공부분의 평가 풍토에서는 상대적으로 쉽다고 판단됩니다. 물론 성취지향성, 관계지향성, 권력지향성을 개발한다는 것은 거의 불가능에 가깝다는 것을 알고 있습니다. 하지만 국내에서 시행되는 역량평가는 위의 성취지향성, 관계지향성, 권력지향성 역량을 평가하기에 힘든 구조입니다. BEI(Behavioral Event Interview) 등의 추가적인 평가기법이 사용되어야 하는데 국내에서는 비용 때문인지 사용되지 않고 있습니다. (만약 BEI 등의 기법들이 추가로 사용되는 글로벌 스탠다드의 역량평가를 한다면 여러분들의 역량개발은 힘들다고 봐야합니다. 즉, 공부할 필요가 없습니다. 공부로 해결될 역량들이 아닙니다.) 현 국내의 성취지향성, 관계지향성, 권력지향성 역량평가는 매우 단순한 수준으로 여러분들이 조금만 노력을 한다면 충분히 통과할 수 있습니다. 예를 들어 성과지향을 높이기 위해서는 항상 목표에 유념하여야 합니다. '도전적인 목표를 구체적으로 세우고 이를 달성할 수 있도록 일정과 자원을 구조화하며 점검계획을 세워서 실행함'을 잊지 말아야 합니다. 이는 세부 실행계획을 몇 차례 명확히 작성해 보시면 할 수 있는 부분입니다. 한국적 풍토의 역량평가에서 여러분들이 극복하기에 가장 어려운 부분은 문제해결을 할 수 있는 지능이기에 저자는 그 부분에 초점을 맞추고 있습니다.

심리적인 요인으로는 "시험을 잘 봐야 하는데..", "떨어지면 망신인데.."라는 생각과 극도의 불안감으로 인해 고도의 스트레스 상황에 놓이게 되는 것입니다. 처음 평가에 참여하시는 분들보다도 재평가에 참여하시는 분들은 더욱 위축되어 평가에 대한 불안감은 상상을 초월합니다. 잘 해보겠다는 의지만을 가지고는 심리적 안정을 취할 수 없습니다. 심리적 안정을 취하고 평상심을 유지하는 것도 역량입니다. '스트레스 내성(Stress Tolerance)'은 고도의 스트레스 상황에서도 평상심을 유지하기 위해 꼭 필요한 역량인데 스트레스에 대한 내성이 떨어지면 무대 울렁증, 마이크 울렁증이 나타나게 됩니다. 우리나라의 여성들의 스트레스에 대한 내성은 전 세계적으로 대단히 뛰어납니다. 골프의 박인비 선수를 비롯한 한국의 여자 골프선수, 여자 양궁선수, 김연아 등 한국의 여성 스포츠 스타들은 높은 수준의 스트레스 내성을 보여주고 있습니다. 스트레스가 운동 신경에 영향을 미친다는 것은 너무나도 당연한 이야기이며 이러한 스트레스 상황은 지능과도 매우 밀접한 관련이 있습니다. 스트레스 상황에 놓이게 되면 뇌에서 편도체가 활성화 됩니다. 그러면서 지능을 관장하는 전두엽과 기억을 관장하는 해마의 활동이 저하됩니다. 평가장을 다녀오신 분들은 공통적으로 "아무런 생각 없이 다녀왔다.", "뭘 했는지 모르겠다."라는 표현을 하는데 이는 지능을 제대로 발휘하지 못했다는 이야기입니다.

즉, 역량평가는 능력적인 요소도 중요하지만 이보다도 심리적인 스트레스를 관리하는 것이 중요합니다. 심리적인 안정감을 유지할 수 있을 때 지능을 효과적으로 발휘할 수 있고 이로 인해 문제해결 능력이 높아집니다.

학창시절에 공부는 잘하는데 시험 점수가 잘 안 나오는 친구들이 있습니다. 이들은 스스로가 공부를 못한다고 생각을 하지만 그렇지 않습니다. 공부는 잘하지만 시험을 잘 못 보는 것이지요. 시험의 결과는 '시험장에서' 시험을 잘 봤는지 의미합니다. 역량평가도 마찬가지입니다. 아무리 뛰어난 역량을 지녔다 하더라도 평가장에서 평가를 잘 보아야 하는 것입니다. 평가장에서의 스트레스를 관리할 수 있는 내성이 평가를 좌우하는 절대 요소입니다. 평상시에 업무를 하면서의 지능의 수준이 100이라면 평가장에서는 50 이하로 떨어진다는 것을 잊으면 안 됩니다.

저자는 한국적 풍토의 역량평가에 대해 연구를 하면서 '성인들의 지능 개발'과 '스트레스 내성의 배양'에 가장 큰 관심에 가졌습니다. 성인들의 지능개발의 어렵다는 것을 알고 있습니다. 그래서 지능개발이라는 표현보다는 '지능 회복'이라는 단어를 사용하였고 지능 회복을 위한 다양한 도구들을 개발하였습니다. 역량평가대비 사전교육 시에 강사들이 평가대상자들에게 주로 신문의 사설 등을 많이 읽어보라는 조언을 합니다. 물론 틀린 말은 아닙니다. 약간의 도움은 될 수 있습니다. 하지만 신문의 사설에는 실제 시험 자료에 있는 그래프와 표 유형이 빠져 있고, 현실에서는 지문의 종류도 두괄식, 미괄식 등 다양한 유형이 있는 반면 신문의 사설은 너무 밋밋합니다.

저자는 문제해결 지능 회복을 위해 2가지의 방안은 제시합니다. 첫 번째 제시하는 방법은 가장 효과적인 방법으로 '현업을 통한 개발'입니다. 역량평가는 실제 업무 장면을 재현하고 있습니다. 문제해결 역량을 키우기 위해서는 현업에서 기획 업무를 하면서 보고서를 많이 써보고 피드백을 하는 작업이 가장 효과적입니다. 본서에서 제시한 다양한 방법들을 현업에서의 보고서 작업에 활용한다면 자연스레 분석적 사고력과 개념적 사고력이 개발됨을 느낄 수 있을 것입니다. 많은 연구에서 업무를 통한 개발이 가장 효과적이라는 결과를 보여주고 있습니다.

하지만 보고서를 다루는 등의 문서작업 업무를 하지 않은 분들도 많습니다, 기술직 또는 기타 기능직에서는 이와 같이 현업에서의 개발이 쉽지 않은데 그렇기에 두 번째 제시하는 방법, 역량평가와 유사한 문제 유형을 다루어 보는 것이 중요합니다. 소수이기는 하지만 일부 평가대상자들은 보고서의 유형도 생소해 합니다. 이분들은 현실적으로 외부의 도움을 받을 수밖에 없습니다. 학습장면에서 보고서를 써보고 이를 피드백 받는 작업이 현실적인 도움을 줄 수 있습니다.

스트레스 내성의 배양을 위한 방안은 '반복적으로 하라.'입니다. 강의를 처음 하는 사람들은 엄청난 부담을 느낄 수밖에 없습니다. 이러한 강의 스트레스를 이겨내는 방법은 많은 강의를 하는 것밖에 없습니다. 반복적으로 진행하다보면 다양한 경험을 쌓이면서 내공이 커집니다. 즉, 강의에 따르는 스트레스 내성이 높아집니다. 많은 보고서들을 검토하고 실제적으로 본인이 써보면 지문들을 분석하는 역량들도 배양이 되고 문제상황을 전체적으로 바라보고 구조화하는 통찰력도 커질 것입니다. 또한 자연스럽게 다양한 언어 표현을 익히게 될 것입니다.

역량평가에 임하게 되는 많은 분들에게 제가 전하는 말이 있습니다. '피할 수 없으면 즐겨라.'라는 말입니다. 이는 "어차피 역량평가를 보게 된다면 차제에 역량을 개발하여 버려라."입니다. 단순히 역량평가를 통과하기 위해 공부를 하지 말고 역량을 개발하기 위해 공부를 하라는 의미로, 그렇게 되면 '역량평가'와 '역량개발'의 두 마리의 토끼를 잡을 수 있습니다. 단순히 역량평가 통과만을 위해 단순한 요령만을 배우려 하는 분들이 있습니다. 위에서 언급한 것처럼 문제해결과 스트레스 내성은 요령만으로 익히고 극복할 수 있는 요소들이 아닙니다. 그렇다면 역량평가는 의미 없는 작업으로 벌써 사라졌을 것입니다.

역량평가 대상자들은 벌써 리더의 위치에 있거나 리더 후보자들입니다. 어차피 역량평가 기준들이 상위 리더로서 요구되는 역량이라면 이번 기회를 통해 개발한다는 의미로 역량평가에 임한다면 여러분들은 분명히 멋진 리더로 성장해 있을 것입니다.

본서는 역량에 대한 개념 등의 이론적인 설명들을 최소화하고 문제풀이 중심으로 책을 구성하였습니다. 역량평가와 관련한 다양한 책이 나와 있지만 문제와 해설이 담겨있는 책은 처음이라고 생각하며 역량평가에 임하는 여러분들의 역량개발에 소중하게 사용되었으면 하는 바람입니다.

본서를 개발하는 데에 큰 도움을 준 당 한국역량평가개발원의 장세미 선임연구원, 강승범 연구원, 김현진 연구원의 노고에 진심으로 감사드리며 책 발행에 적극 협조해 주신 '지식과 감성' 측에도 감사의 말을 전하면서 머리말을 마칩니다.

목차

머리말 004

제1강 — 역량평가의 이해

① 역량의 개념 · 012
② 역량의 구조와 종류 · 014
③ 역량평가(Assessment Center)란? · · · · · · · · · · · · · · · · · 019
④ 역량회복을 위한 역량회복 훈련 · 025

제2강 — 역량평가 주요 기법

① 정책기획보고와 발표 · 050
   1) 기법의 이해
   2) 출제유형
   3) 접근방법 : 보고서 작성
   4) 접근방법 : 발표 및 인터뷰
   5) 실전문제풀이 : 보고서 작성

   실전문제풀이 | 발표
   사회적기업 지원(육성) 대책 방안 보고

   6) 실전문제풀이 : 발표 및 인터뷰
   7) 조치가이드 : 보고서 작성
   8) 조치가이드 : 발표 및 인터뷰
   9) 평가

② 인바스켓(서류함 기법) · 081
   1) 기법의 이해
   2) 출제유형
   3) 접근방법
   4) 실전문제풀이 : 과제 조치

   실전문제풀이 | 인바스켓
   가족복지부 청소년정책실 청소년보호과 정한수 과장의 현안업무처리

   5) 실전문제풀이 : 인터뷰
   6) 조치가이드 : 과제조치
   7) 조치가이드 : 인터뷰
   8) 평가

③ 역할연기 · 120
　1) 기법 이해하기
　2) 출제 유형 및 접근 방법
　3) 실전문제풀이 : 과제조치

　실전문제풀이 | 역할연기
　선행학습금지법 기자 인터뷰

　4) 실전문제풀이 : 인터뷰
　5) 조치가이드 : 인터뷰
　6) 평가

④ 집단토론 · 148
　1) 기법 이해하기
　2) 출제유형
　3) 접근방법
　4) 실전문제풀이

　실전문제풀이 | 집단토론
　한라체육진흥공단 인재경영실 인원배정 관련 토론

　5) 조치가이드
　6) 평가

맺음말 184

제1강

역량평가의 이해

1. 역량의 개념
2. 역량의 구조와 종류
3. 역량평가(Assessment Center)란?
4. 역량회복을 위한 역량회복 훈련

제1강

역량평가의 이해

1. 역량의 개념

우리는 살아가면서 수많은 평가를 받습니다. 평가는 초등학교 때부터 시작되어 중학교, 고등학교를 거치며 더욱 치열해집니다. 대학 입시 때는 물론이고 대학을 졸업한 이후에도 취업하기 위해 평가를 받고, 그 이후에도 우리는 평가와 평생을 함께합니다.

평가의 종류도 다양합니다. 공부를 얼마나 잘했는지, 적성이 어떠한지, 성격이 어떠한지 등 목적에 따라 수많은 평가가 존재합니다. 우리를 힘들게 했던 학창시절의 중간고사, 기말고사, 영어 자격시험 등 역시 학업 성취도를 판단하는 평가였습니다.

그렇다면 여러분이 한 번쯤 경험해 보셨을 IQ테스트는 왜 했던 것일까요?

IQ테스트의 목적은 평가대상자가 '공부를 잘할 수 있을지' 알아보는 것이었습니다. 그래서 IQ테스트에서는 수리력, 암기력 등을 평가하였던 것입니다.

공부를 왜 해야 하느냐고 묻는다면 그 답은 너무나 간단합니다. '성공'을 위해서 공부를 해야 합니다. 학업 성취도 평가의 궁극적인 목적 또한 '성공'입니다. 이렇듯 학업 성취도와 성공의 연관성은 무척 높기 때문에 많은 사람들이 공부에 열을 올립니다.

하지만 성공하기 위해서는 학업 성취도 외에 다른 요소들도 필요합니다. 여러 학자들이 이러한 '성공'의 요소를 분석하는 연구를 진행하였습니다. 성공하는 사람은 공부도 잘하지만 사람들을 잘 통솔하기도 하고, 그들과 좋은 관계를 맺기도 하였습니다.

미국 하버드대 심리학과의 맥클리랜드(David McClelland) 교수는 '성공'의 요소를 찾기 위해 집단 내에서 고(高)성과를 올리는 사람들의 행동을 집중 분석하였습니다. 그 결과, 평가와 측정이 가능한 요소 체계를 구축하였고, 고성과자들이 보여준 성공의 요소를 '역량(Competency)'이라고 표현하였습니다.

성공은 행동의 결과입니다. 행동이 없다면 어떠한 성공도 있을 수 없습니다.

그림 1-1 맥클리랜드센터 표준역량

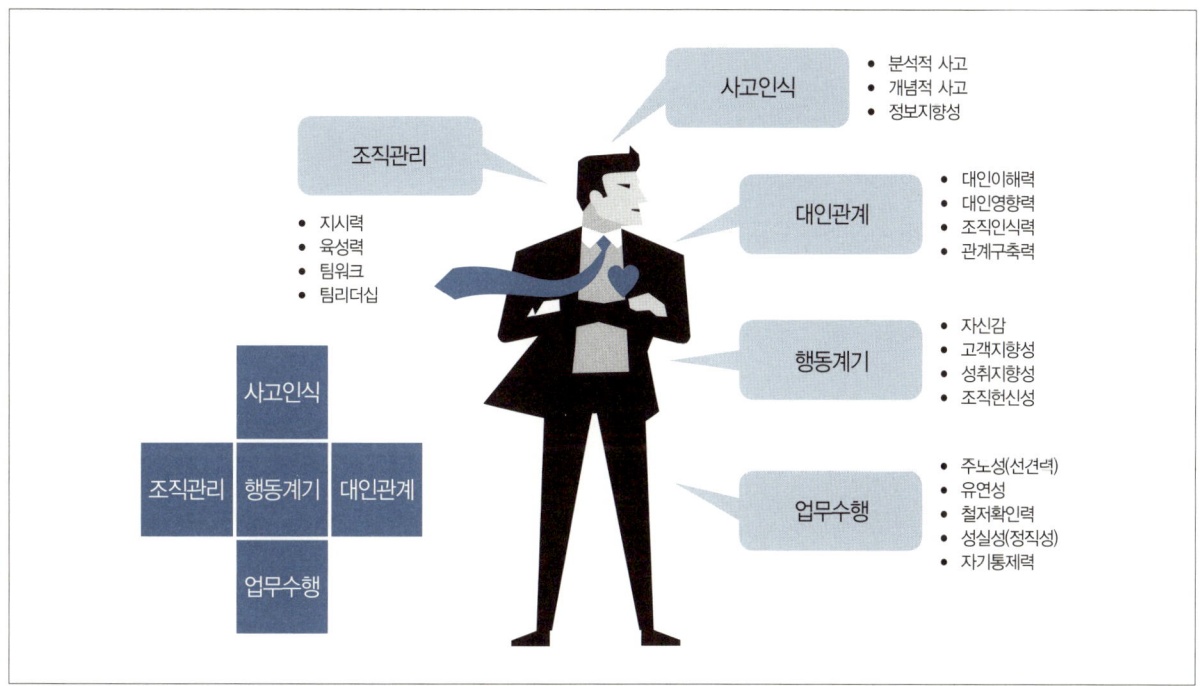

맥클리랜드 교수가 설립한 맥클리랜드센터(McClelland Center, 1995년 헤이그룹(Hay Group)과 통합되어 이하 '헤이그룹'이라고 칭함)에서는 '역량사전'을 제시하면서 역량을 총 5개 역량군, 20개 역량으로 구조화하였습니다. 즉, 이 역량사전에 기술한 20개의 역량은 높은 성과를 내고 성공에 이르게 하는 요소라는 것입니다.

앞에 제시된 역량은 용어도 생소하고, 학교에서 배웠던 것과 많이 다릅니다. 역량의 개념은 생소하지만, 심도 있게 파고들면 우리가 과거에 배웠던 내용들 역시 위의 역량요소를 포함한다는 것을 알 수 있습니다. 다만 역량의 모든 요소를 포함하지 못하고, 같은 내용이라 하더라도 관점의 차이 때문에 다르게 해석되기도 합니다.

여러분이 취업한 후 기업과 조직 내에서 가장 흔히 듣는 단어 중 하나가 '문제해결(Problem Solving)'입니다. 즉, 많은 기업들이 과제를 해결하는 일을 하고 있다는 것입니다. 그래서 입사 후 문제해결 교육과정에 참여하게 됩니다. 학창시절 수학, 국어 과목에서 배운 분석, 분류 등과 어느 정도 관련이 있지만 관점이 다르고 내용도 차이가 있습니다.

특히 리더십(Leadership), 전략적 사고(Strategic Thinking), 갈등관리(Conflict Management), 커뮤니케이션(Communication) 등 역량과 관련된 용어를 처음 접하게 되면 적잖이 당황하게 되고, 그동안 배운 것들은 의미가 없다고 생각하게 됩니다. 많은 시간을 들여 영어 공부를 하였건만 실제 기업에서 영어를 쓸 기회가 없듯이 말입니다.

정부와 기업의 인적자원관리는 이미 역량 중심의 인적자원관리(CBHR, Competency Based Human Resources)로 바뀌었습니다. 채용과 배치, 승진과 교육이 역량에 기반하여 진행되고 있다는 뜻입니다.

정부에서는 국가직무능력표준(NCS, National Competency Standards)을 제시하여 채용, 배치, 승진, 교육 등을 NCS에 기반하여 진행할 것을 권장하고 있습니다. NCS의 직업기초능력은 역량에 기반한 능력 표준이라고 할 수 있습니다. 즉, 정부에서는 직무에 필요하지 않은, 이른바 '스펙(Spec)'에 얽매이지 말고 성과를 낼 수 있는 요소들로 인재를 평가할 것을 권장하고 있다는 것입니다. NCS 직업기초능력은 명칭은 조금 차이가 있지만, 맥클리랜드 표준 역량과 유사합니다.

표 1-1 NCS 직업기초능력

의사소통능력	수리능력	문제해결능력	자기개발능력	자원관리능력
대인관계능력	정보능력	기술능력	조직이해능력	직업윤리

2 역량의 구조와 종류

역량은 개인이 가지고 있는 내적 속성 또는 특성으로, 여러분이 인지하지 못하는 여러분의 특성입니다. 어렵죠? 다른 말로 표현하자면, 여러분은 본인의 역량 수준을 잘 알지 못한다는 것입니다.

역량의 구조를 설명할 때는 보통 빙산 모델을 사용하곤 하는데 본서에서도 이 빙산 모델을 통해 역량의 구조에 대해 함께 살펴보도록 하겠습니다.

빙산 모델에서 수면 위에 나와 있는 부분은 기술과 지식입니다. 기술과 지식은 소위 스펙(Spec)이라고 불리는 것들로, 지금까지의 채용평가 기준에서 중요하게 작용하였습니다. 자격증은 어느 정도의 지식과 기술을 가지고 있는가를 증명하는 것입니다. 기술과 지식은 사람이 스스로 인지하고 파악할 수 있습니다. 사람들은 본인의 영어 실력을 토익TOEIC, 토플TOEFL 등의 평가 도구를 통해 바로 확인할 수 있습니다. 또한, 지식수준도 학업성취도 평가 등으로 어렵지 않게 인지할 수 있습니다. 기술과 지식은 빙산 아래에 있는 요소들에 의해 표현되는 결과물로, 다른 특성들보다 측정이 쉽고, 변화가 용이합니다.

기술(Skills)은 반복하면 향상됩니다. 지식에 비해 덜 논리화되어 있기도 합니다. 예를 들면, 영어는 기술에 속합니다. 언어 능력을 'Language Skill'이라고 하지, 'Language Knowledge'라고 표현하지는 않습니다. 운전, 암벽 등반, 용접 등 기술은 반복하면 실력이 늘어납니다. 언어를 잘 구사하는 것, 강의를 잘하는 것 역시 이와 같은 기술의 영역에 속합니다.

지식(Knowledge)은 선후 관계가 있고 논리가 구체화되어 있는 영역을 말합니다. 지식의 예로는 물리, 수학, 화학 등 학업 성취도 평가의 주요 요소를 말합니다.

그림 1-2 개인의 특성 빙산모델

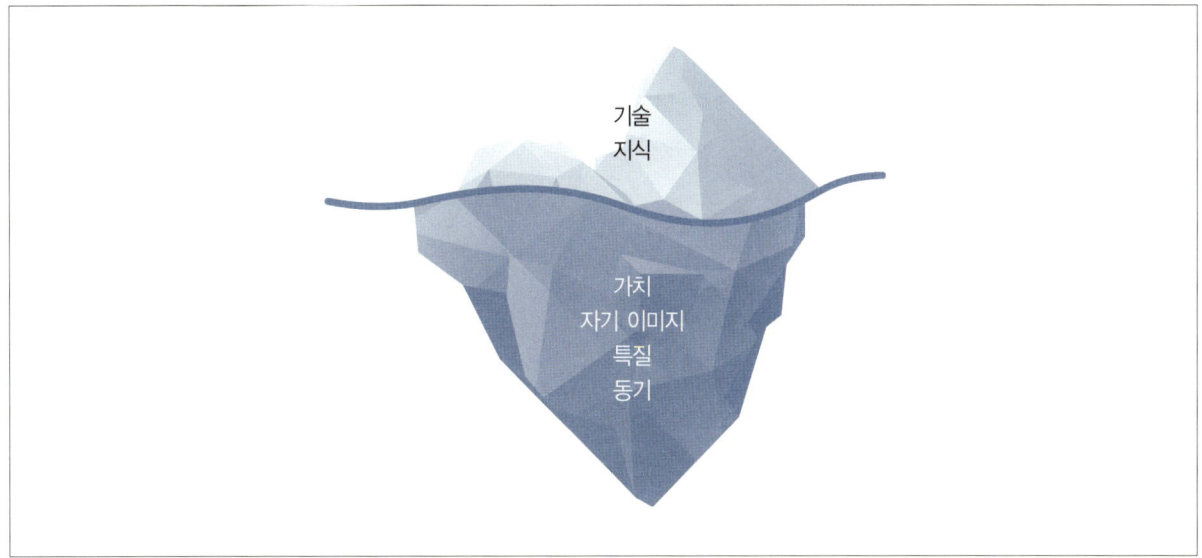

그렇다면 기술과 지식은 어떠한 요소에 의해 만들어질까요?

우리는 공부를 열심히 하는 친구, 매사에 적극적이고 사람들과 관계를 잘 맺는 친구들과 그렇지 못한 친구 등 다양한 사람을 만나게 됩니다. 왜 어떤 이는 공부를 열심히 하려 하고 어떤 이는 그렇지 않을까요? 왜 어떤 이는 타인과의 관계를 중요하게 여길까요?

이러한 차이를 만드는 것은 빙산의 수면 아래에 있는 요소입니다. 수면 아래에 있다는 것은 여러분이 인지하지 못하는, 무의식 영역에 속해 있다는 의미입니다. 이 수면 아래에 있는 요소는 여러분의 것이지만 여러분이 잘 알지 못합니다. 그리고 여러분은 잘 알지 못하지만 여러분의 행동에 절대적인 영향을 미칩니다.

빙산의 수면 아래에서 가장 첫 번째에 위치한 요소는 '가치(Value)'입니다. 가치는 우리가 흔히 이야기하는 가치관을 말합니다. 가치관이라는 단어를 모르는 분은 없겠지만 가치관의 정의가 무엇인지 설명해 보라고 한다면 많이 혼란스러워 할 수 있습니다. 거기에 본인의 가치관이 어떠한지 알고 있느냐고 묻는다면 더욱 힘들어할 것입니다.

혹시 여러분은 본인의 가치관을 알고 있나요?

제가 만나본 사람들의 대다수는 본인의 가치관을 모르고 있었습니다. 그러나 가치의 영역은 전의식의 단계로, 조금만 관심을 가진다면 쉽게 찾을 수 있습니다.

가치관(價値觀)은 한자어로 값 가(價), 값 치(値), 그리고 볼 관(觀)자로 이루어져 있습니다. 즉, '개인이 가장 값어치 있게 바라보는 것'입니다. 스스로가 가장 중요하게 여기는 그 무엇을 가치관이라고 합니다.

여러분이 여러분의 삶에서 가장 중요하게 여기는 것은 무엇인가요?

돈, 명예, 건강, 사랑, 존경, 의리, 충성 등 우리의 삶에는 수많은 종류의 가치가 있고, 사람은 저마다 각기 다른 가치관을 가지고 삽니다. 그렇기에 사람의 행동이 다른 것이겠지요. 가치관은 개인이 의사결정을 내릴 때의 기준으로, 인간의 행동에 굉장히 중요한 영향을 끼칩니다. 진로를 결정할 때, 직업을 선택할 때, 배우자를 선택할 때, 모임에 참가할 때 등 선택의 순간에서 우리 행동의 좌표 역할을 합니다. 사람들이 가지고 있는 신념, 좌우명 등과도 매우 밀접한 관계를 가집니다. 가치관을 찾기 위해서 전문가의 도움을 받을 수도 있고, 스스로 깊은 성찰을 하면서 깨달을 수도 있습니다.

빙산 모델에서 가치 아래에 위치한 자기 이미지(Self-Image)는 개인의 미션(Mission)과 같은 의미라고 생각하면 됩니다. 종교적인 의미에서의 미션이 아닌, 인간 개인의 '존재의 이유, 삶의 사명'입니다. 예를 들어, '엄마' 혹은 '아빠'라는 미션은 우리의 행동에 많은 영향을 미칩니다. '엄마이기에', '자식 가진 사람으로서' 등의 표현을 통해 본인의 역할과 책임을 규정한다면 행동에 제약이 따르게 됩니다.

의사는 히포크라테스 선서를 함으로써 직업적인 미션, 즉, 사명을 정의합니다. 공무원, 경찰, 간호사, 일반회사원, 자영업자 등 직업군에 따라 서로 다른 사명의식을 가지고 있습니다. 사회계층에 따라 사명을 살펴보면, 사회지도층과 그렇지 않은 계층은 다른 사명의식을 보일 것입니다. 종교적인 관점에서 목사님, 신부님, 스님 등은 본인들의 사명을 인식함으로써 정제된 삶을 살고, 종교인들은 종교의 가르침에 따라 사회에 대한 역할과 책임을 다하려 합니다. 예를 들어, 기독교에서는 모든 기독교인들에게 '세상의 빛과 소금'이 될 것을 강조합니다. '세상의 빛과 소금'이 되는 것이 곧 사명이 되는 것입니다.

여러분은 어떠한 삶의 사명을 가지고 있나요?

이것 역시 가치와 마찬가지로 찾아내어 정의하기 쉽지 않습니다. 스스로의 깊은 성찰과 전문가의 도움이 필요합니다.

빙산 모델 중 자기이미지 아래에 위치한 개인의 특질(Trait)은 타고난 소질, 기질 등으로 소개할 수 있습니다. 김연아 선수는 왜 그렇게 피겨스케이팅을 잘할까? 피카소는 어떤 소질을 지닌 것일까? 바이올리니스트 장한나의 음악적 감수성은 어디서 오는 걸까? 박지성 선수는 어떻게 축구를 잘할까?

개인의 소질과 관련된 요소, 사물의 원리나 구조를 찾아내어 새로운 원칙을 만들고 문제의 원인을 빠르게 찾아내는 인지역량, 창의력, 전략적 사고력 등이 특질에 속합니다.

문제 해결의 핵심이 되는 인지역량은 IQ테스트를 통해 일부분 측정이 가능하며, 최근 역량평가에서 매우 중요하게 다뤄지는 영역입니다.

빙산 모델 가장 아래에 있는 동기(Motive)는 무의식의 가장 깊은 곳에 위치하고 있어, 스스로 파악할 수 없습니다. 동기는 주제통각검사(TAT, Thematic Appreception Test)라는 특수한 기법을 통해 진단합니다.

맥클리랜드 교수는 인간의 동기를 사회적으로 학습된 '사회적 동기'라고 표현하면서 이를 성취동기, 친화동기, 권력동기의 세 가지로 구분하였습니다. 성취동기는 성취에 대한 강한 욕구를 말합니다. 성취동기가 높은 사람은 타인들보다 뛰어난 결과물을 만드는 데 관심을 집중합니다. 목표나 성과에 대한 강한 집착을 보이기도 합니다. 역량을 개발하기 위해 이 책을 보고 계신 여러분도 분명 성취동기가 높은 사람일 것입니다.

친화동기는 타인들과의 관계를 중시하는 동기입니다. 타인을 이해하고 배려하며, 관계를 유지하고 함께 나아가려는 욕구를 의미합니다. 인간은 타인과 관계를 맺지 않고서는 살아갈 수 없기 때문에 친화동기도 무척 중요한 요소입니다.

권력동기는 리더십의 원천으로서, 타인보다 본인이 우월하다는 것을 지속적으로 인정받고 싶어 하는 것을 말합니다. 타인에게 영향력을 행사하여 타인을 이끌려 하는 동기입니다.

빙산 아래에 위치한 요소들은 인간이 지니는 주요한 특성이지만 본인은 스스로 인지할 수 없는, 무의식의 영역입니다. 이러한 무의식적 특성이 작용하여 빙산 위의 지식과 기술을 개발하고 성과와 성공을 만들어냅니다.

미국 하버드대의 잘트만(Gerald Zaltman) 교수는 인간의 사고와 행동은 95%가 무의식이라고 발표했습니다. '역량평가'는 평가대상자의 무의식 영역을 평가하는 것으로 평가대상자가 의식할 수 있는 지식, 기술 등은 거의 평가하지 않습니다. 즉, 여러분이 전혀 인지하지 못하는 내적 속성을 지금까지와는 전혀 다른 방식으로 평가하는 것입니다.

넓은 의미의 역량은 기술과 지식, 가치, 자기 이미지, 특질, 동기를 모두 포함하는 개념입니다. 평가 시에는 의식 영역에 속하는 기술과 지식은 '직무 역량', 무의식 영역에 속하는 가치, 자기 이미지, 특질 동기 등을 '기초역량'이라는 용어를 사용하여 구분하기도 합니다. 국내의 평가기관 및 기업들이 평가하는 역량은 주로 인지/사고역량군, 성취역량군, 관계역량군, 조직관리역량군으로 구분할 수 있습니다. 인지/사고역량군에 속하는 역량은 문제인식, 문제인지, 문제해결, 기획력, 전략적 사고력 등으로 명칭은 다르지만 그 배경은 거의 같습니다. 문제의 정의, 분석, 분류, 우선순위 배정 등의 내용이 이 역량군에 포함됩니다. 여러 기관에서도 명칭만 달리할 뿐 같은 역량을 평가하고 있다고 볼 수 있습니다. 성취역량군에 속하는 역량으로는 성과지향, 목표지향, 성과관리 등이 있습니다. 성과를 올리기 위해 목표를 구체화하고, 일정, 평가 및 피드백 체계를 수립하는 역량입니다. 관계역량군에는 관계지향, 대인이해력, 고객지향 등 공감을 통해 타인들의 요구를 파악하여 대응하는 역량이 속하며, 타인들과의 갈등관계를 주로 다룹니다. 조직관리역량군에 속하는 역량은 리더십, 조직관리, 동기부여, 영향력 등으로, 조직을 관리하고 구성원들에게 동기를 부여하는 역량입니다. 국내의 거의 모든 역량모델이 이 4가지 역량군으로 구성되어 있다고 보시면 됩니다.

표 1-2 평가 역량군

인지/사고역량	문제해결, 문제인지, 문제인식, 상황인식, 사고력, 통찰력, 분석력, 기획력, 전략적 사고력, 수리능력 등
성취역량	성과지향, 목표지향, 달성지향, 자기개발, 정보능력 등
관계역량	대인이해, 고객지향, 관계지향, 의사소통, 대인관계 등
조직관리역량	리더십, 동기부여, 조직이해, 부하육성, 자원관리 등

그렇다면 공무원들이 지녀야 할 기초 역량에는 어떤 것들이 있을까요? 공무원의 역량이 계층에 따라 다를 수 있지만 사무관에게 요구되는 역량은 부처마다 거의 동일합니다. 부처별로 다루는 업무의 주제가 다르기 때문에 직무역량은 다르지만, 업무를 수행하는 데 필요한 기초역량은 크게 다르지 않습니다. 위에 언급한 4가지 역량군의 역량 외에, 창의력, 변화관리, 조정통합, 이해관계조정 등의 역량을 부처와 계층에 따라 모델링(Modeling)하기도 합니다.

저희 한국역량평가개발원에서는 국내에서 가장 많이 활용되고 있는 역량들을 조사하여 인지역량군, 조직역량군, 관계역량군으로 구분되는 6대 역량을 구축하였습니다.

표 1-3 평가 역량군 – 한국역량평가개발원

인지 역량군	분석적 사고	어떤 상황이나 사건, 문제 등을 세분화하여 이해하거나, 상황이나 사건 문제 등이 함축하고 있는 의미를 단계적, 인과론적으로 분석하여 이해하고, 더 나아가 대안을 제시하는 사고력
	전략적 사고	다양한 현상에서 나타나는 유형과 관계를 파악하여 새로운 정의나 개념, 모델을 창출하는 사고력
조직 역량군	목표 지향	주어진 상황과 현실에 안주하지 않고, 조직이 요구하는 목표보다 높은 목표를 설정하며, 목표를 명확히 하고 구체적인 계획(일의 할당과 일정 구체화, 피드백 체계 수립)을 세워 보다 높은 성과를 창출하려는 성향
	변화 추구	조직 내외의 변화의 흐름을 파악하고 변화의 영역을 구체화하며, 변화의 비전을 수립하여 추진하고, 조직의 변화에 적응하도록 리드하는 성향
관계역량군	고객지향	조직 내·외부 고객의 Needs를 신속하고 정확하게 파악하여 대응하려는 성향
	대인이해	타인에게 관심을 가져서 상대방의 생각, 기분 등을 정확히 이해하려는 성향

분석적 사고

정의	어떤 상황이나 사건, 문제 등을 세분화하여 이해하거나, 상황이나 사건 문제 등이 함축하고 있는 의미를 단계적, 인과론적으로 분석하여 이해하고, 더 나아가 대안을 제시하는 사고력
행동사례	– 상황이나 지문의 의미를 파악한다. – 사물이나 상황 간 상호 영향과 관련성을 파악한다. – 문제나 상황을 체계적으로 정리하여 비교하면서 분석한다. – 복수의 분석 기법을 활용하여 문제의 본질을 규명한다. – 합리적 기준으로 우선순위를 매긴다.

전략적 사고

정의	다양한 현상에서 나타나는 유형과 관계를 파악하여 새로운 정의나 개념, 모델을 창출하는 사고력
행동사례	– 확실한 관계가 인정되지 않는 상황이나 문제 간에 패턴이나 관계를 찾아내고 전체상을 그린다. – 복잡하게 관련된 요소들 사이에서 근원적인 주제나 핵심이 되는 요소를 찾아내고 알기 쉽게 설명한다. – 파악된 전체상을 기반으로 새로운 패턴과 개념을 창출한다.

목표지향

정의	주어진 상황과 현실에 안주하지 않고, 조직이 요구하는 목표보다 높은 목표를 설정하며, 목표를 명확히 하고 구체적인 계획(일의 할당과 일정 구체화, 피드백 체계 수립)을 세워 보다 높은 성과를 창출하려는 성향
행동사례	– 보다 효과적으로 업무를 수행하고자 하는 의욕을 나타낸다. – 자신의 업무에서 높은 목표를 설정하고 도전한다. – 업무 방식을 계속적으로 개선한다. – 비용 대비 효과에 근거하여 우선순위를 매기고 의사 결정을 한다.

변화추구

정의	조직 내외의 변화의 흐름을 파악하고 변화의 영역을 구체화하며, 변화의 비전을 수립하여 추진하고, 조직의 변화에 적응하도록 리드하는 성향
행동사례	– 조직 변화 필요점에 대해 자료를 수립하고 제안을 한다. – 변화의 핵심 이해 당사자를 정의한다. – 이해당사자들에게 변화의 필요성에 대한 메시지를 전달한다. – 변화내용을 정의하고 제시한다.

고객지향

정의	조직 내·외부 고객의 Needs를 신속하고 정확하게 파악하여 대응하려는 성향
행동사례	– 고객의 입장에 서서 고객의 요구를 이해·발견하여 대응한다. – 고객으로부터 받은 문의·요청·불평에 대해 상냥하게 대응한다. – 고객에 도움이 되는 정보를 제공하는 등 고객 만족도 향상에 항상 주의를 기울인다. – 항상 고객의 이익을 우선한다. – 고객 자신도 알지 못하는 잠재적인 요구에 대응한다.

대인이해

정의	타인에게 관심을 가져서 상대방의 생각, 기분 등을 정확히 이해하려는 성향
행동사례	– 상대방의 이야기를 진지하게 경청하고 상대방의 생각이나 기분을 이해하기 위하여 노력한다. – 상대방의 몸짓·표정·어조의 변화 등으로부터 상대방의 사고나 감정을 이해한다. – 상대방의 행동이나 발언의 참뜻에 대하여 생각한다. – 상대방의 감정이나 기분에 공감할 수 있다.

3 역량평가(Assessment Center)란?

어세스먼트 센터(Assessment Center)로 명명되는 역량평가는 독일 나치 정권에서 충성도가 높은 SS대원들을 선발하기 위해 처음 도입되었다는 것이 정설입니다. 물론, 역량평가 기준은 당시 활용되던 것과 다르지만, 역량평가 자체는 지금까지 독일과 오스트리아를 중심으로 매우 활발히 활용되고 있습니다. 나아가 역량평가는 세계의 많은 국가들과 기업에서 인재의 채용과 선발을 위해 활용하고 있는 글로벌 스탠다드로 자리 잡았습니다.

국내에는 1980년대 포스코그룹이 일본에서 역량평가를 들여오면서 처음으로 역량평가가 소개되었으며, 2000년대 초반 SK그룹이 도입하면서 역량평가가 본격적으로 활용되기 시작하였습니다. 2006년 고위공무원단 제도가 수립되면서 후보자들을 평가하기 위한 기법으로 도입되었으며, 이후 승진 후보자들의 역량을 평가하는 평가도구로 전 공공부문에 확산되고 있습니다.

그렇다면 역량을 평가하기 위해서는 어떤 것들이 필요할까요? 기본적으로 역량을 평가하기 위해서는 평가 기준 역량, 평가도구 그리고 평가사의 3가지 요건이 필요합니다.

그림 1-3 역량평가의 3가지 구성요건

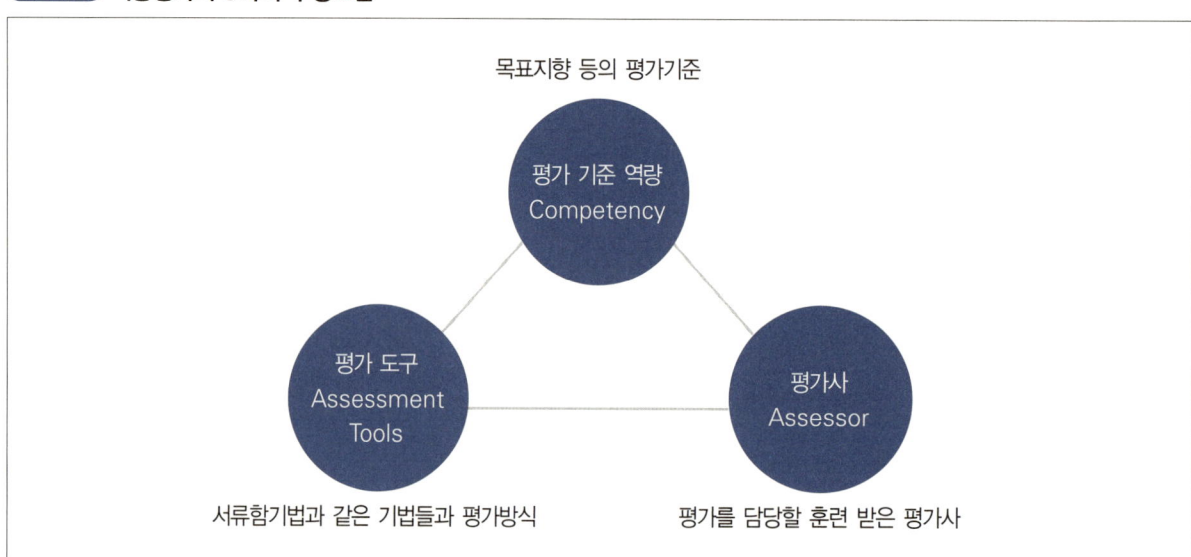

1) 평가 기준 역량(Competency)

평가 기준 역량이란 말 그대로 평가의 대상이 되는 역량을 의미합니다. 앞서 '2. 역량의 종류'에서 설명 드렸던 인지/사고역량군, 성취역량군, 관계역량군, 조직관리역량군에 속한 각각의 역량들이 바로 평가의 대상이 되는 역량들이며, 한국역량평가개발원의 자체 역량 모델을 기준으로 한다면 분석적 사고, 전략적 사고, 목표지향, 변화추구, 고객지향, 대인이해 6대 역량이 평가 기준 역량이 됩니다.

2) 평가 도구(Assessment Tools)

평가 도구는 평가를 진행하는 방법을 의미하며, 기본적으로 사람의 행동을 평가의 기반으로 삼고 있습니다. 다만, 평가를 진행하는 평가컨설팅기관이 속한 심리학 학파에 따라 평가 기준이 되는 행동의 시점이 달라지고, 평가 방식에 차이가 발생합니다. 크게 헤이그룹(Hay Group)의 방식과 DDI(Development Dimensions

International) 방식으로 구분할 수 있으며, 헤이그룹의 방식은 과거 행동을 중심으로 평가하고, DDI 방식은 현재의 행동을 평가의 기준으로 활용합니다.

그림 1-4 평가방식의 구분

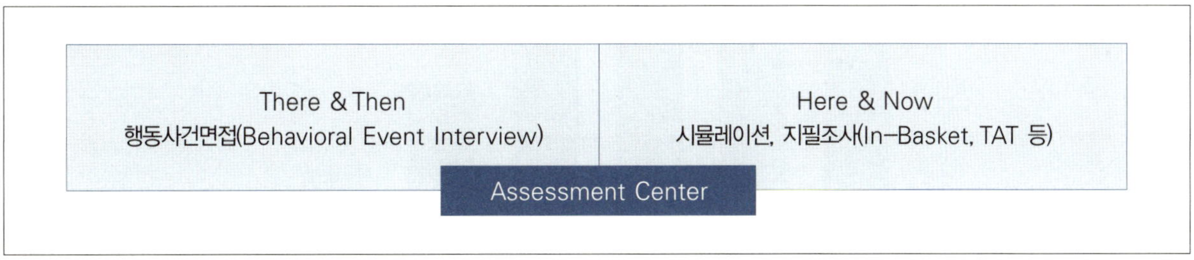

There & Then 행동사건면접(Behavioral Event Interview)	Here & Now 시뮬레이션, 지필조사(In-Basket, TAT 등)
Assessment Center	

헤이그룹은 평가대상자의 역량을 평가하기 위해 행동사건면접(BEI, Behavioral Event Interview) 기법을 활용합니다. 행동사건면접은 인터뷰를 통해 평가대상자에게 과거에 일어났던 사건들을 떠올리게 하고 그 사건에서 평가대상자의 역할 및 주요 활동을 도출함으로써 평가대상자의 역량수준을 평가합니다.

반면 DDI는 시뮬레이션 기법을 활용하여 평가대상자가 현장에서 과제를 처리하는 행동을 관찰함으로써 평가대상자의 역량수준을 평가합니다.

그렇다면, 이러한 평가기법들은 평가대상자들의 역량을 얼마나 정확하게 평가할 수 있을까요?

각 컨설팅 기관별로 발표한 역량평가기법의 예측타당도는 약간 차이가 있지만, DDI의 발표에 의하면 역량평가는 65%의 예측 타당도를 보이는 것으로 나타났습니다. 이는 역량평가를 통해 예측된 평가대상자의 평가결과가 65% 맞았다는 것입니다. 현재 기업에서 자주 활용되고 있는 다면평가의 예측 타당도가 20% 내외라는 것과 비교해 본다면, 역량평가의 예측 타당도는 매우 높은 수치임을 알 수 있습니다.[1]

---

1) 역량평가가 65%의 타당도를 보이기 위해서는 다양한 평가도구들이 활용되어야 합니다. 현재 국내에서 시행되는 역량평가의 타당도에 대한 연구가 진행되지 않아 구체적으로 언급하기는 어렵지만, 1~2가지 기법만 활용하는 국내 역량평가의 타당도는 65%에 미치지 못할 것으로 판단됩니다.

그림 1-5 진단 및 평가 Tool의 타당성에 대한 20년간의 실험 검토 분석 결과

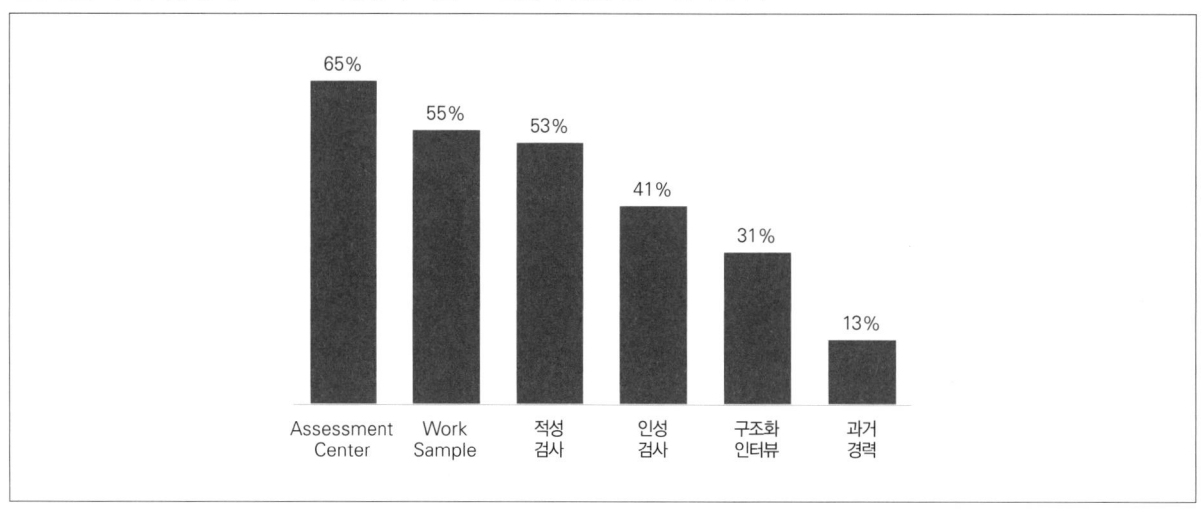

출처 : Nitin Sawardkar, 『Assessment Centers』, A Division of Sage Publications, 2002, Figure 11.1

현재 국내 공공부문에서 시행하는 역량평가에는 DDI에서 사용하는 시뮬레이션을 기반으로 한 평가기법들을 주로 활용하고 있습니다.

표 1-4 국내·외의 평가기법

과업수행 형태	실행과제	특징
개인적 활동	인바스켓 (In-Basket)	메모, 서류, 메일 등으로 전달되는 일련의 과제들을 업무수행자가 처리하도록 하는 시뮬레이션
	사례분석 (Case Analysis)	일련의 정보가 제공된 상황에서 특정 주제와 관련된 문제의 해결 및 의사결정을 하도록 하는 시뮬레이션
	업무 스케줄링 (Work Scheduling)	특정 업무의 수행을 위한 일정계획을 수립하도록 하는 시뮬레이션
	메모랜덤 (Memorandum)	기 작성된 문서를 검토하고, 수정하도록 하는 시뮬레이션
대인적 활동	역할연기 (Role-Play)	다양한 관계자들과 직접적 대화를 통하여 특정 주제를 해결하도록 하는 시뮬레이션 관계자의 유형에 따라 (대표적으로) 상사, 부하, 동료, 고객과의 시뮬레이션으로 구분
개인-집단 활동	발표 (Presentation)	청중 또는 특정 집단을 대상으로 특정 주제를 발표하도록 하는 시뮬레이션
	정보탐색 (Fact Finding)	특정 주제에 대한 정보를 타인으로부터 수집하고, 이를 근거로 주어진 과업을 수행하도록 하는 시뮬레이션
집단 활동	집단토론 (Group Discussion)	특정 주제에 대해 집단이 토론을 하고, 집단 의사결정을 하도록 하는 시뮬레이션 개인에게 특정 역할이 주어지는 경우와 그렇지 않은 경우로 구분
	비즈니스 게임 (Business Game)	조직 내 복합적 상황에서 타 역할수행자와 상호작용을 통하여 자신에게 주어진 역할을 수행하도록 하는 시뮬레이션
	집단과업 수행 (Group Tasks)	특정 과업의 수행을 위하여, 집단 내 타 구성원들과의 상호작용 및 협업을 수행하도록 하는 시뮬레이션

위의 평가기법들은 현재 국내·외에서 자주 사용되는 평가기법이며, 실제 업무를 기반으로 하여 업무 상황과 유사하게 구성됩니다. 평가기법은 과업 수행 형태에 따라 개인 활동, 대인 활동, 개인-집단 활동, 집단활동 측면으로 구분할 수 있습니다. 국내 역량평가에서는 평가대상자의 개인적 활동측면에서의 역량을 평가하기 위한 방법으로는 인바스켓과 사례분석을, 대인적 활동 측면은 역할연기를, 개인-집단 활동 측면은 발표를, 집단활동 측면의 경우에는 집단토론을 주로 사용하고 있습니다.

앞의 5가지의 기법들은 기관에 따라 선택적으로 활용되며, 같은 기법이라 하더라도 각 기관에 특성에 맞게 운영 시간, 과제 형태 등을 수정하여 활용하고 있습니다. 같은 인바스켓 기법을 평가도구로 활용한다고 해도 기관에 따라 운영 시간과 과제의 형태 및 개수, 결과물이 달라질 수 있습니다.
5가지 기법들에 대해서는 다음 장에서 자세하게 설명 드리겠습니다.

그렇다면 위와 같은 기법들은 구체적으로 어떤 방식에 의해서 평가가 이루어지는지에 대해 궁금하시리라 생각됩니다. 역량평가를 실시할 때는 평가 역량별로 평가 기준이 수립되며, 수립된 평가 기준에 근거하여 평가사는 평가대상자가 어떤 수준의 역량을 지니고 있는지를 판단합니다.

평가방식은 평가 기준을 표현하는 방법에 따라 행위관찰척도법(BOS, Behavior Observation Scales)과 행위평정척도법(BARS, Behavior Anchor Rating Scales) 방식이 주로 사용되고 있습니다.

BARS 방식은 하나의 역량에 대한 행동을 수준별로 구분하여, 평가대상자가 보인 행동이 어느 수준에 속하는 행동인지를 평가하는 방식입니다. 각각의 행위 자체가 척도가 되며, 평가대상자가 해당 행위를 보이는지 그렇지 않은지를 판단합니다. BARS 방식은 구체적인 행위를 기준으로 판단하기 때문에 평가가 복잡하게 느껴질 수 있으며, 평가에 소요되는 시간은 길어질 수밖에 없습니다.

BOS 방식은 BARS 방식의 복잡성 및 평가 시간 같은 단점을 보완하기 위해 개발된 방식으로, 한 가지 기준에 대해서 어떤 태도를 보이는지를 숫자로 평가하는 것입니다. 따라서 BOS 방식은 BARS 방식과 달리 특정 행위를 얼마나 자주 실천하였느냐를 기준으로 하고 있습니다. BOS 방식은 평가를 위해 풍부한 행위 사례를 제시하므로 평가대상자에게 피드백을 구체적으로 제공할 수 있을 뿐만 아니라, 약점 개발 가이드로 활용하기 용이합니다. 다만, 평가해야 할 행동지표의 수가 많아질 수 있습니다.

표 1-5 평가방법 – BARS 방식과 BOS 방식

구분	BARS(Behaviorally Anchored Rating Scale)	BOS(Behavior Observation Scale)
정의	- BARS는 성과를 판정할 수 있는 행위를 Anchor로 삼아 이를 기준으로 선후 난해의 행위를 나열하는 방법론임 - 표준화된 평가 기준 대신에 바람직한 행위를 상대적 가치에 따라 '척도화'한 것임	- BOS는 BARS의 단점을 보완하기 위해 개발된 것으로 행위의 상대적 가치와 상관없이 가장 자주 발생하는 고성과자의 바람직한 행위 '사례'를 모집하는 방법론임
평가와 연계	- 행위 자체로 척도를 만든 것이므로 자연스럽게 특정 행위 Anchor를 미리 '요구'하고 이 수준에 도달했는지 판단(각 Anchor 자체가 하나의 요구수준) - Winning = Exhibit next level behavioral 'anchor'	- 평가척도의 Focus는 추출된 행위 '사례'를 얼마나 '자주' 실천하였느냐에 집중하고 있음(요구수준 없이 동일한 척도 적용) - Winning = Repeat desirable 'observations'

구분	BARS(Behaviorally Anchored Rating Scale)	BOS(Behavior Observation Scale)
장점	- 평가 시 '매우 만족스럽다' '만족스럽다'가 어느 정도 수준인지 추론할 필요 없이 실제 직무와 연계된 구체적인 행위 기준에 입각해서 판단함	- BARS와 같이 추론할 필요가 없어지며, 더 나아가서 풍부한 행위사례를 제시하므로 구체적 피드백 제공 및 약점개발 가이드로 쉽게 활용될 수 있음
단점	- 다소 복잡하게 느껴질 수 있으며 이전보다 평가에 소요되는 시간이 길어짐	- 평가하기가 약간 편리해지지만 평가해야 할 행동지표의 수가 많아질 수 있음
예시	[Problem Solving] 복잡한 문제에 대한 다양한 해결책을 제시한다. / 문제의 복잡한 인과관계를 파악하여 몇 단계 앞서 준비한다. / 문제를 분석하여 상대적 중요도에 따라 요소를 분류한다. / 문제를 분석하지 않고 이를 단편적으로만 처리한다. 7 6 5 4 3 2 1	[Communication] 전혀 실천 안 함 / 보통 실천 / 항상 실천 A. 불필요한 전문용어를 사용하지 않는다. 1 2 3 4 5 6 7 B. 간결하고 명확하게 이야기한다. 1 2 3 4 5 6 7 C. 단계별 구조화된 설명을 한다. 1 2 3 4 5 6 7 D. 청중에 따라 말 속도/스타일을 조정한다. 1 2 3 4 5 6 7

역량평가 경험이 있는 분들은 역량평가 이후 보통 5점 척도의 평가결과 리포트를 받아 본 경험이 있으실 텐데, 이는 BOS 방식으로 진행되는 평가의 예시입니다. 몇몇 기관에서는 BARS 방식을 사용하기도 합니다만, 국내에서는 주로 BOS 방식을 사용하고 있습니다. 국내의 몇몇 기관에서는 위의 BOS 방식을 통해 5점 만점에 합산 2.5점 이하이면 과락으로 탈락이 되는 평가방식을 취하고 있습니다. BOS 방식의 평가방법을 살펴보면 다음과 같습니다.

실행과제별 평가 예시 (BOS 방식)

	평가 기준	점수	긍정적 행동	부정적 행동
목표 지향성	자료로 제공된 정보를 분석하여 기획에 활용하였는가			
	해당 프로젝트의 목적, 대상을 명확히 하고 있는가			
	⋮			
	계획을 장/단기로 구분하는 등 체계적으로 수립하였는가			
	⋮			

전체 점수 합산 예시 (BOS 방식)

	평가 기준	실행과제 #1	실행과제 #2	실행과제 #3	실행과제 #4	평균	역량점수
목표 지향성	1. 수집된 정보의 분석 결과를 기획의 근거로 삼는다.	3.5			2.5	3	2.8
	2. 결과물에 대한 명확한 그림을 그려 체계적인 계획을 수립한다.	3			3	3	
	⋮	⋮			⋮	⋮	
	5. 남들이 인지하지 못하는 기회를 포착하여 전략을 수립한다.	2.5				2.5	
지시력	1. 팀원에게 필요한 행동에 대해 명확하게 전달한다.	3.5				3.5	2.75
	2. 업무의 목표, 한계와 범위를 설정한다.	2	1.5			1.75	
	⋮	⋮	⋮			⋮	
	5. 업무 수행 과정에서 문제를 알리기 위한 행동을 취한다.		2.5		2.5	2.5	
	⋮	⋮	⋮				

3) 평가사

평가사는 고도로 훈련을 받은 사람들로, 종합적인 사고능력을 가진 사람만이 평가 수행이 가능합니다. 주로 퇴직한 선배직원, 대학교수, 전문 컨설턴트 등이 평가사로 참여합니다. 국내에서는 평가사를 육성하는 교육과정을 통해 전문 평가사들을 육성하기도 합니다.

4 역량평가를 위한 역량회복 훈련

역량평가에 통과하기 위해서는 기본적으로 역량을 갖추고 있어야 합니다. 그런데 단순히 역량을 갖추고 있다고 해서 역량평가를 통과할 수 있을까요? 우리는 이에 대해 곰곰이 생각해 볼 필요가 있습니다.

제가 지금까지 만나본 평가대상자들은 역량평가를 수행함에 있어 공통적으로 '시간 관리'에 대한 어려움을 토로했습니다. 역량평가 과제를 수행함에 있어 시간이 부족하다는 것입니다. 여기서 시간이 부족하다는 것은 평가 과제의 내용 및 상황을 파악하는 시간이 절대적으로 부족하다는 것입니다.

역량평가를 위해 사용되는 평가도구들은 형식적으로는 글, 표, 그래프로 구성되어 있고, 내용적으로는 자료를 통해 드러난 문제를 해결(Problem Solving)할 것을 요구하고 있습니다.

예를 들어, 평가기법 중 하나인 인바스켓은 보통 3~4개의 과제가 주어지며, 과제별 현황과 문제점(원인)을 파악하여 이에 대한 대안을 수립하고 실행계획을 세우는 것을 기본 골조로 하고 있습니다. 발표, 역할연기, 집단토론, 사례연구 기법에서도 제시된 자료에서 현황과 문제점을 파악하고 이에 대한 대안을 수립해야 합니다.

결론적으로, 시간이 부족하여 과제의 내용 및 상황을 파악하지 못한다는 것은 제시된 자료를 통해 문제점을 찾지 못한다는 것이고, 문제점을 찾지 못한다는 것은 문제를 해결하지 못한다는 것입니다. 즉, 과제의 상황 파악이 선행되지 않으면, 주어진 과제를 해결할 수 없습니다.

따라서, 모든 역량평가의 기본은 상황 파악이며, 상황을 파악하여 과제를 주어진 시간 내에 해결하기 위해서는 지문의 독해(讀解)를 통해 문제점을 빨리 찾을 수 있어야 합니다.

문제점을 찾기 위해서는 과제에 대한 **분석(分析)**이 선행되어야 하고 분석된 자료들을 **분류, 개념화, 구조화**하는 작업이 이루어져야 합니다. 그 후에 머릿속에 구조화된 내용들을 멋진 언어를 통해 기술하거나 발표하여야 합니다. 이러한 일련의 과정은 중앙정부에서 주관하는 국가공무원 5급 공개경쟁채용시험(행정고시)의 1차 시험 과목과도 유사합니다. 국가공무원 5급 공개경쟁채용시험의 과목은 **언어논리, 자료해석, 상황판단**입니다.

이러한 과정을 효과적으로 수행하기 위해서는 인지/사고역량이 필요합니다. 인지/사고역량을 한국역량평가 개발원 역량사전에서는 분석적 사고, 전략적 사고로 칭하고 있으며, 타 기관에서는 문제 인지, 문제 인식, 문제 해결, 기획력, 정책 기획, 개념적 사고 등 다양한 용어로 표현하고 있습니다. 인지/사고역량을 쉬운 말로 표현하면 지능(知能)이라고 할 수 있습니다. 지문을 독해하는 데에 지능이 결정적인 역할을 하기 때문에, 지능이 부족하면 역량평가를 통과할 수 없습니다. 물론 역량평가를 통과하기 위해서는 지능 외에도 다양한 역량들을 갖춰야 하지만, 우선적으로 지문을 분석해야 다른 역량을 발휘하여 답안을 작성하거나 표현할 수 있기 때문에 지능이 가장 중요하다고 볼 수 있습니다.

역할연기 기법을 통해 고객지향 역량을 평가하는 상황을 예로 들겠습니다. 고객지향 역량은 기본적으로 고객의 요구 사항을 파악하여 이를 충족시킬 수 있는 대안을 도출하고, 이를 고객에게 제공하는 것입니다. 역할연기에서 고객이 거칠게 컴플레인을 제기할 때에 20분 동안 "예", "예" 하면서 참을 수도 있지만, 고객의 요구를 만족시키기 위해서는 사전에 제시된 과제 지문에서 고객의 요구점을 찾아야 합니다. 이를 찾지 못한다면 효과적인 고객대응을 할 수 없습니다. 고객이 컴플레인을 제기할 때 "예", "예"하는 행동은 연습을 통해 충분히 할 수 있지만, 고객의 요구 사항을 찾는 것은 여러분이 마음먹는다고 하여 할 수 있는 부분이 아닙니다. 고객지향 역량을 평가하는 것도 고객의 요구 사항을 찾는 것, 즉, 분석을 기본으로 하고 있습니다.

집단토론 기법을 통해 이해관계조정 역량을 평가할 때도 마찬가지입니다. 이해관계조정은 이해관계자들 간에 발생한 갈등을 조정하는 것입니다. 조정에서의 핵심은 갈등의 원인을 찾고 이를 해결할 방안을 찾는 것입니다. 집단토론에서 토론 상대자들과의 대화 기법은 여러 번의 연습을 통하여 익힐 수 있지만, 갈등의 원인과 대안을 파악하지 못한 상황에서 토론에 참여한다면 상대방을 효과적으로 설득하지 못할 것이 뻔합니다.

이렇듯 지문을 독해하기 위해 활용되는 지능은 역량평가의 핵심이 되는 역량으로, 지능이 갖춰지지 않으면 시간 부족의 문제를 극복하지 못할 것입니다. 뇌과학 분야의 이론에 따르면 지능은 선천적인 것이며, 평균적으로 6세 이전에 완성이 된다고 합니다. 따라서 성인이 된 이후에 개발하는 것은 어렵다고 봐야 합니다. 하지만 여기서 좌절하실 필요는 없습니다. 여러분의 지능이 매우 높은 수준이기 때문입니다. 만약 지능이 부족했다면 여러분은 지금의 위치, 즉 역량평가 대상자의 위치에 있지 못했을 것입니다. 여러분은 과거에 어려운 시험을 통과하고, 내부의 여러 경쟁상황을 거쳐 이 자리에 오셨기에 충분한 지능을 가지고 계신 분들입니다.

하지만 여기서 짚고 넘어가야 할 것은 여러분의 현재 지능 수준은 지능이 최고조에 오르는 20대 중반의 수준이 아니라는 것입니다. 만약 역량평가 진행 시 자료가 동영상으로 제시된다면 현재 지능 수준에 대해 걱정하지 않아도 될 것입니다. 다년간의 경험 덕분에 일상 업무 상황 속에서 문제점을 찾는 지능은 20대 중반보다 더 발달되어 있기 때문입니다. 하지만 문제는 역량평가의 자료는 글, 표, 그래프 등으로 제시된다는 것입니다. 글, 표, 그래프 등의 지문을 독해하는 지능은 시간이 흐름에 따라 자연스럽게 약화될 수밖에 없습니다.

그래서 저는 여러분에게 역량개발이 아닌 역량회복을 위한 훈련을 제안하고 싶습니다. 훈련을 통해 지능을 회복시켜야만 역량평가를 효과적으로 통과할 수 있습니다.

역량평가를 효과적으로 수행하기 위해서는 지문의 의미를 파악하고, 이 의미를 인과관계에 맞추어 유목화해야 합니다. 그리고 인과관계에 따라 전체 내용을 의미 덩어리별로 유목화, 구조화한 뒤 전체적으로 간결하고 통일된 언어로 바꿔야 합니다. 각각의 과정에 필요한 역량을 한국역량평가개발원에서는 상황분석역량, 상황개념역량, 언어표현역량으로 정의하였습니다.

그림 1-6 자료검토 프로세스[2]와 인지사고역량

각 지문의 의미파악 ➡	인과관계에 기반하여 유목화 ➡	전체의 구조화 ➡	효과적인 언어의 선택
상황 분석		상황 개념	언어 표현

상황분석역량은 우선 지문이 의미하는 바를 파악하고 각각의 의미를 유사성, 관련성에 따라 유목화하는 역량입니다. 상황개념역량은 분석 단계에서 유목화한 내용을 전체적인 논리에 따라 구조화하고, 맥락을 고려한 추론을 통해 추가적인 대인을 제시하는 단계입니다. 마지막으로 언어표현역량은 전체적으로 긴결하면시도 매력적인 언어로 답안을 정리하여 표현하는 것을 뜻합니다. 상황분석역량과 상황개념역량은 '역량의 종류'에서 제시한 6대 역량 중 분석적 사고와 전략적 사고에 대응하는 역량입니다. 이 두 역량은 표현하는 방식에서는 조금 차이가 있겠지만, 대부분의 기관에서 역량모델에 포함시키고 있습니다. 반면 언어표현역량은 대부분의 기관에서는 독립적인 역량으로 다루고 있지는 않습니다. 하지만 일상생활에서, 그리고 평가 상황에서 의도한 바를 적절한 언어로 전달하는 역량은 매우 중요합니다. 상황분석과 상황개념이 답안의 내용을 구성하는 역량이라면, 언어표현은 구성한 내용을 전달하는 방법과 관련된 역량입니다. 이번 장에서는 상황분석, 상황개념, 언어표현을 구분하여 각각의 역량을 개발시키는 방법에 대해 설명해 드리도록 하겠습니다.

1) 상황분석

그럼 먼저 상황분석역량을 살펴보도록 하겠습니다. 여러분께서는 분석을 무엇이라고 생각하시나요?
분석의 사전적 의미는 다음과 같습니다.

분석(分析)	1. 얽혀 있거나 복잡한 것을 풀어서 개별적인 요소나 성질로 나눔. 2. 〈논리〉 개념이나 문장을 보다 단순한 개념이나 문장으로 나누어 그 의미를 명료하게 함. 3. 〈철학〉 복잡한 현상이나 대상 또는 개념을, 그것을 구성하는 단순한 요소로 분해하는 일.

하버드대 맥클리랜드 센터에서는 분석적 사고력(Analytical Thinking)을 아래와 같이 정의하고 있습니다.

> '분석적 사고력이란, 상황, 이슈, 문제 등을 보다 작은 단계로 나누고 또는 단계별로 상황의 의미를 추적하는 역량이다. 분석적 사고는 문제, 상황 등을 체계적인

---

[2] 자료검토 프로세스는 인바스켓, 사례연구 등 글로 표현하는 기법에서는 답안 작성까지 포괄하는 프로세스이며, 발표, 역할연기, 집단토론 등 직접 수행하는 부분이 필요한 기법에서는 직접적인 수행(발표, 연기, 토론 등)에 들어가기 전까지의 단계를 의미합니다.

방법으로 정렬하고 체계적 비교를 하는 것이다.'

저는 역량평가에 필요한 분석을 다음과 같이 정의하고자 합니다.

'큰 덩어리의 의미를 작게 나누고 각각의 작은 의미들을 명확하게 함으로써 전체의 의미를 분명하게 한다.'

표 1-6 분석의 의미

큰 문장 ➡ 작은 의미 덩어리로 분해하고 의미도출 ➡ 전체의 의미 명확화

하지만 위의 정의는 광의의 분석을 논한 것이며, 역량평가 상황 속에서는 분석의 의미를 상황에 맞게 재정의할 필요가 있습니다. 예를 들어, 인바스켓 과제를 해결할 때에는 과제 전체의 흐름을 파악하고 접근하는 것이 정석입니다. 하지만 단순히 흐름을 파악하기 위해 20페이지 분량의 자료를 검토하는 데 15~20분의 시간을 소비하는 것은 효과적인 방법이라고 할 수 없습니다. 평가장에서는 고도의 긴장감으로 인해 방금 본 지문의 의미가 무엇인지 잊어버리기 일쑤이고, 뒤쪽 내용을 파악하면 앞에서 본 내용이 생각나지 않는 경우도 있습니다. 이론적으로는 자료의 전체 흐름을 파악하는 것이 적절한 방법이나, 실제 평가를 수행하는 데 있어서는 효과적이지 않습니다. 따라서 저는 아래와 같은 흐름으로 역량평가 과제를 수행하는 것을 권유합니다.

각 지문의 의미파악 ➡ 인과관계에 따라 정리 ➡ 인과관계 별로 유목화

각 지문의 의미를 먼저 파악한 후 인과관계를 고려하여 전체 지문의 흐름을 파악하는 것입니다. 이 방법을 통해 앞서 주어진 지문들을 검토하면서 소요되는 시간을 줄일 수 있고, 보다 효과적으로 지문을 분석할 수 있습니다.

(1) 지문의 의미 파악

기본적으로 지문의 의미를 파악하는 데 어려움을 겪는 분들이 많습니다. 그래서 혹자들은 지문의 의미를 파악하는 훈련법으로 신문의 사설을 보고 요약하는 방법을 제시합니다. 이는 타당한 방법이지만, 신문의 사설은 글로만 구성되어 있어 지문에 제시되는 표 또는 그래프의 의미를 파악하는 데에는 여전히 어려움을 겪을 수 있습니다. 지문의 의미를 파악하는 효과적인 훈련은 글, 표, 그래프를 동시에 분석하는 것입니다.

지금부터는 지문의 의미를 파악하는 훈련을 직접 해보도록 하겠습니다. [상황분석-지문의미파악 테스트 1]은 글로 구성된 지문을, [상황분석-지문의미파악 테스트 2]는 표와 그래프로 구성된 지문의 의미를 파악하는 훈련입니다.

[상황분석-지문의미파악 테스트 1]
다음 글의 논지로 가장 적절한 것은 무엇입니까?

> 미에 대한 상대주의적 관점을 잘 보여준다고 주장되는 예는 많다. 조선 시대 신윤복의 '미인도'는 눈이 가늘고 턱이 둥글고 얼굴이 복스러운 여성을 미인으로 그렸다. 고대 그리스의 조각상 '밀로의 비너스'와 당나라 최고의 미인 양귀비도 현재의 기준으로는 뚱보다. 필자는 어느 인터넷 기사에 달린 댓글이 기억에 남는다. "소녀시대 태연을 아프리카 사람들이 보면 별로 예쁘지 않다고 하겠죠?"
>
> 물론 아름다움에 대한 판단은 문화나 개인에 따라 어느 정도 다를 수 있지만, 미의 기준이 완전히 임의적이고 종잡을 수 없다는 이러한 시각은 명백히 틀렸다. 한 문화권에 속한 사람들에게, 그리고 서로 다른 문화권에 속한 이들에게 여러 얼굴 사진을 보여주고 어떤 얼굴이 가장 매력적인지 물어보라. 마치 미리 입을 맞춘 것처럼 의견이 일치한다. 인종과 문화에 관계없이 미의 기준이 일관된다는 사실은 수없이 많은 연구를 통해 확인되었다. 한마디로, 알제리인에게 태연과 평범한 한국 여성의 사진을 보여주면 그도 태연이 더 예쁘다고 대답한다.
>
> 미의 기준이 보편적임은 아기들을 조사한 연구에서도 알 수 있다. 생후 2개월 된 아기들에게 어른들의 시각에서 예쁜 여성 얼굴과 예쁘지 않은 여성 얼굴을 보여주었다. 아기들은 예쁜 여성의 얼굴을 더 오래 쳐다보았다. 심지어 태어난 지 고작 3일 된 아기도 예쁜 여성 얼굴에 시선이 더 머물렀다. 아이가 적어도 두세 살은 되어야 문화적으로 주입되는 미의 기준을 습득할 수 있음을 고려하면, 이러한 연구 결과는 미의 기준이 보편적이고 타고남을 보여준다.

출처 : 네이버캐스트 '전중환의 본격 진화심리학', 〈왜 어떤 얼굴은 매력적인가?〉, 2016.07.29

[상황분석-지문의미파악 테스트 1]은 글의 논지, 즉 전체의 의미를 찾는 과제입니다. 전체 문장의 논지를 찾기 위해서는 각 문단의 의미를 찾는 것부터 출발해야 합니다. 그런 다음 전체의 의미를 체계화해야 합니다.

위 글은 세 개의 문단으로 이루어져 있습니다. 그럼 각 문단의 의미를 함께 찾아보도록 하겠습니다.

▷ 1문단

> 미에 대한 상대주의적 관점을 잘 보여준다고 주장되는 예는 많다. 조선 시대 신윤복의 '미인도'는 눈이 가늘고 턱이 둥글고 얼굴이 복스러운 여성을 미인으로 그렸다. 고대 그리스의 조각상 '밀로의 비너스'와 당나라 최고의 미인 양귀비도 현재의 기준으로는 뚱보다. 필자는 어느 인터넷 기사에 달린 댓글이 기억에 남는다. "소녀시대 태연을 아프리카 사람들이 보면 별로 예쁘지 않다고 하겠죠?"

→ 핵심 내용 : '미의 기준은 문화와 인종에 따라 상대적이라는 의견이 있다.'

▷ 2문단

> 물론 아름다움에 대한 판단은 문화나 개인에 따라 어느 정도 다를 수 있지만, 미의 기준이 완전히 임의적이고 종잡을 수 없다는 이러한 시각은 명백히 틀렸다. 한 문화권에 속한 사람들에게, 그리고 서로 다른 문화권에 속한 이들에게 여러 얼굴 사진을 보여주고 어떤 얼굴이 가장 매력적인지 물어보라. 마치 미리 입을 맞춘 것처럼 의견이 일치한다. 인종과 문화에 관계없이 미의 기준이 일관된다는 사실은 수없이 많은 연구를 통해 확인되었다. 한마디로, 알제리인에게 태연과 평범한 한국 여성의 사진을 보여주면 그도 태연이 더 예쁘다고 대답한다.

→ 핵심 내용 : '인종과 문화에 관계없이 미의 기준은 일관된다.'

▷ 3문단

> 미의 기준이 보편적임은 아기들을 조사한 연구에서도 알 수 있다. 생후 2개월 된 아기들에게 어른들의 시각에서 예쁜 여성 얼굴과 예쁘지 않은 여성 얼굴을 보여주었다. 아기들은 예쁜 여성의 얼굴을 더 오래 쳐다보았다. 심지어 태어난 지 고작 3일 된 아기도 예쁜 여성 얼굴에 시선이 더 머물렀다. 아이가 적어도 두세 살은 되어야 문화적으로 주입되는 미의 기준을 습득할 수 있음을 고려하면, 이러한 연구 결과는 미의 기준이 보편적이고 타고남을 보여준다.

→ 핵심 내용 : '미의 기준은 보편적이다.'

각 문단에서 도출된 내용을 바탕으로 지문의 의미를 종합적으로 판단해 보면 본 문제의 답은 '**미의 기준은 문화에 따라 다를 수 있지만 기본적으로는 보편적이다.**' 임을 알 수 있습니다.

[상황분석-지문의미파악 테스트 2]
다음 자료를 바탕으로 민속촌의 관람객 특성을 분석하시고 마케팅 방법에 관련한 시사점을 도출하시기 바랍니다.

연령별 연간 민속촌 이용률

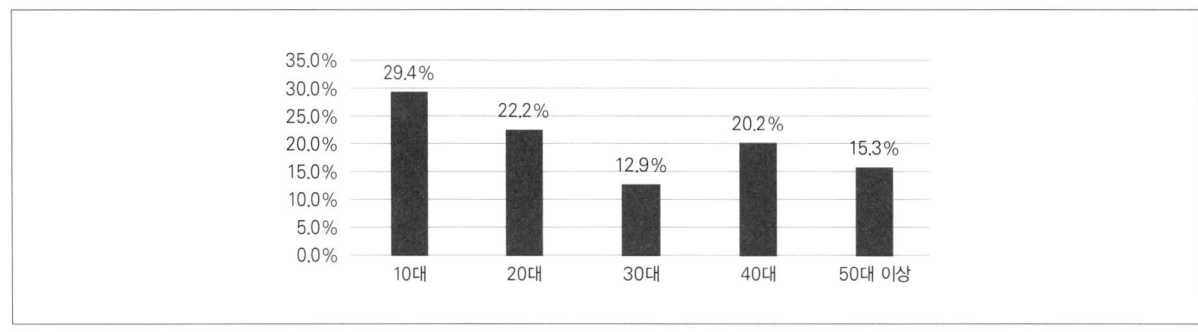

연령별 관람 유형

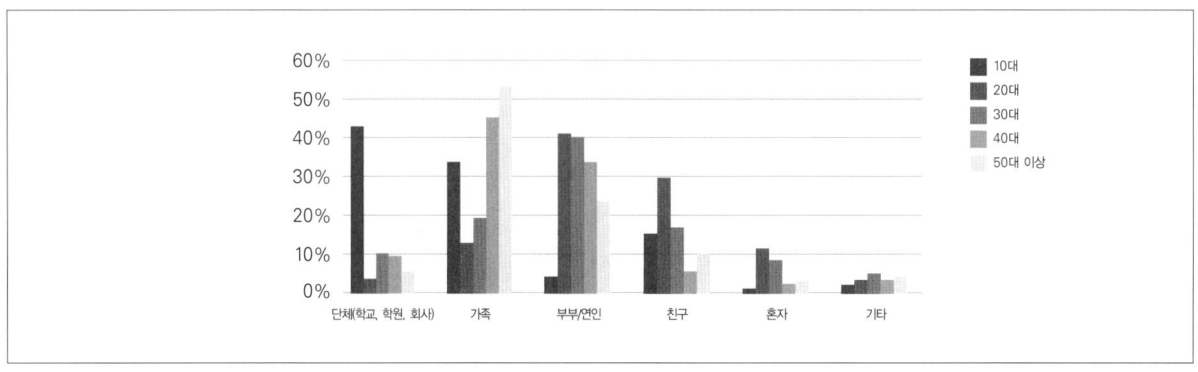

연령별 프로그램 선호도

사업	10대	20대	30대	40대	50대 이상
행사/공연	20.7%	23.4%	25.6%	37.8%	44.2%
단체프로그램	16.3%	3.2%	4.5%	25.6%	13.4%
민속체험	7.4%	4.8%	12.5%	15.4%	19.6%
놀이체험	36.2%	39.3%	28.4%	13.4%	10.2%
먹거리	21.4%	32.3%	29.0%	19.8%	12.6%
합계	100%	100%	100%	100%	100%

[상황분석-지문의미파악 테스트 2]는 표와 그래프로 구성된 과제입니다. 이러한 과제들도 기본적으로 각 자료들의 의미를 도출하는 것이 첫걸음입니다. 각 자료의 의미들을 도출하고 그 의미들을 종합하여 시사점을 도출해 보겠습니다.

▷ 자료1. 연령별 연간 민속촌 이용률

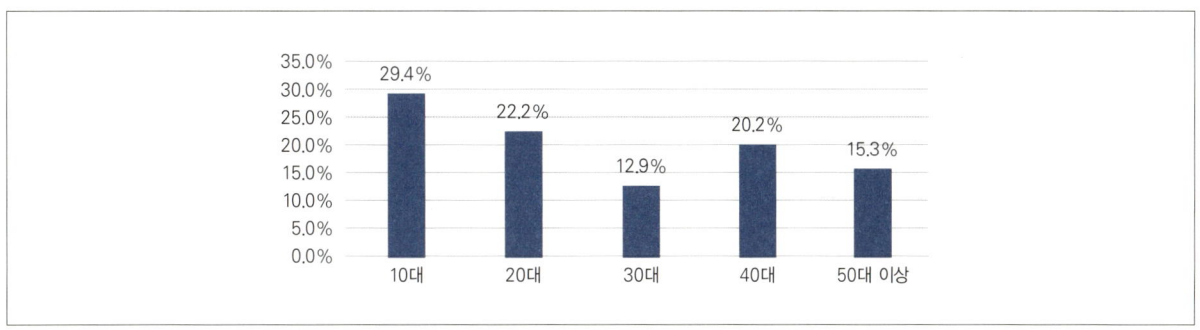

→ 민속촌의 이용률은 10대 가장 높고 다음으로 20대와 40대가 높다.

▷ 자료2. 연령별 관람 유형

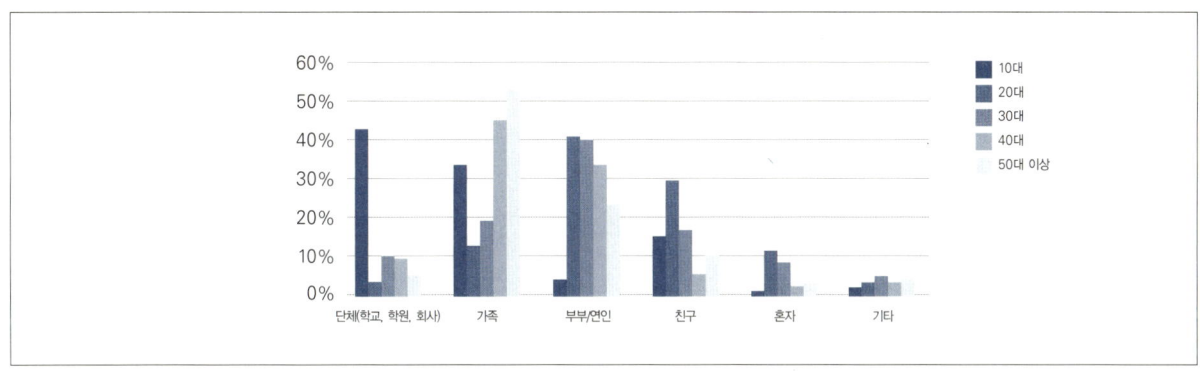

→ 연령별 관람유형은 10대는 단체와 가족 단위로 방문하는 경우가 많고, 40~50대는 가족단위로, 20~30대는 부부/연인 또는 친구들과 주로 찾는다.

▷ 자료3. 연령별 프로그램 선호도

사업	10대	20대	30대	40대	50대 이상
행사/공연	20.7%	23.4%	25.6%	37.8%	44.2%
단체프로그램	16.3%	3.2%	4.5%	25.6%	13.4%
민속체험	7.4%	4.8%	12.5%	15.4%	19.6%
놀이체험	36.2%	39.3%	28.4%	13.4%	10.2%
먹거리	21.4%	32.3%	29.0%	19.8%	12.6%
합계	100%	100%	100%	100%	100%

→ 민속촌의 프로그램 선호도는 40~50대는 행사/공연을 선호하고, 10~20대는 놀이체험과 먹거리를 좋아한다.

[상황분석-지문의미파악 테스트 2]에서 주어진 자료들을 분석해보면, 먼저 민속촌의 가장 주된 고객층은 10~20대와 40대입니다. 주된 고객층인 10~20대는 놀이체험과 먹거리를 좋아하고(**참여형 프로그램**), 40대는 행사공연(**관람형 프로그램**)을 선호합니다. 주된 고객층인 10대는 단체 또는 가족들과 함께 방문하며, 20대는 연인 또는 친구들과 40대는 가족들과 함께 방문합니다.

이제 도출된 자료들의 의미를 바탕으로 마케팅 방안을 도출해 보겠습니다. 저는 강점을 강화하고 약점을 보완한다는 기본적인 문제 해결의 체계(Frame)로 접근해 보았습니다.

▷ 마케팅 방안

- 최대 고객인 10대, 단체 고객들을 위해 단체 놀이 체험을 할 수 있는 프로그램을 강화함
- 가족 및 연인 단위의 10~20대, 40대 고객들을 위해 놀이체험과 먹거리, 행사공연을 결합한 상품을 강화함
- 30대를 위한 부부/연인 프로그램과 50대를 위한 행사/공연 프로그램을 강화함

분석의 첫걸음은 자료들의 의미를 정확하게 파악하는 것입니다. 자료의 의미를 파악하는 훈련은 단순히 몇 번의 훈련만으로는 해결되지 않습니다. 많은 시간과 노력을 들여야 하는 과정입니다.

(2) 인과관계를 고려한 유목화

제시된 자료들의 의미를 찾았다면 이제는 유목화(Categorize)할 차례입니다. 유목화란 흔히 분류라고 불리는 작업으로 지문에서 파악된 각 의미들을 유사성과 관련성을 찾아서 의미 덩어리로 묶는 작업입니다. 그러나 무작정 묶는다고 해서 능사는 아닙니다. 자료의 맥락을 파악한 후 즉, 인과관계를 파악하여 그에 맞춰 유목화해야 합니다. 역량평가에서 주어지는 자료들은 크게 두 가지 맥락으로 나누어볼 수 있는데, 바로 **현황과 개선**입니다.

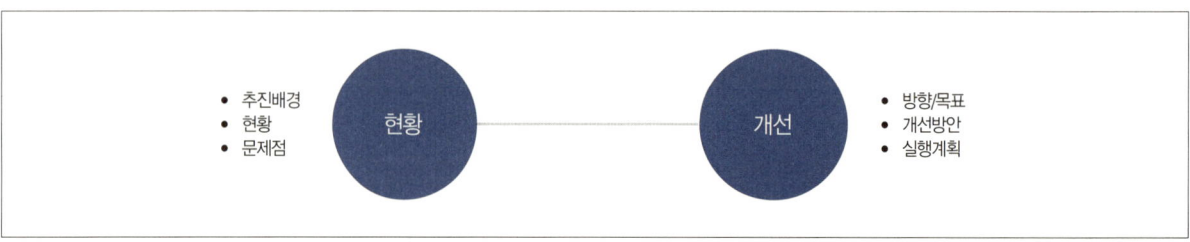

역량평가 자료들은 기본적으로 현황 아니면 개선에 해당하는 내용을 다루고 있습니다. 현황과 개선을 다룬 자료들 외에는 내용이 중첩되거나 별 의미 없는 자료들입니다. 따라서 자료들에서 찾아낸 의미를 먼저 현황과 개선으로 구분을 하고, 그 후에 세분화하는 것이 좋습니다. 예를 들어, 대다수 과제들의 앞부분에는 왜 이번 프로젝트를 시행해야 하는지 설명되어 있는데, 이는 현황의 추진배경에 해당하는 내용입니다. 그리고 과제마다 제시되는 해외 벤치마킹 자료는 개선에 해당하는 자료가 됩니다.

지금부터는 제시된 자료를 바탕으로 여러분께서 직접 현황과 개선을 구분해보시기 바랍니다.

[상황분석-유목화 테스트]
다음 자료를 분석하여 현황과 대안을 제시하기 바랍니다.

> 국가산업단지 입주기업의 4분의 1은 생산인력이 부족한 것으로 나타났다. 한국산업단지공단은 지난 3월 말부터 한 달간 주요 국가 산업단지에 입주한 753개사와 인근 대학, 실업계 고등학교 64개교, 학생 311명을 대상으로 조사한 결과 국가산업단지에 입주한 상당수 기업들이 생산인력부족에 시달린다고 19일 밝혔다. 단지별로는 구미, 군산, 광주첨단, 울산·온산 등 비수도권에 있으면서 도심에서 멀리 떨어진 산업단지에서 생산인력이 부족하다고 응답한 업체가 많았다. 특히 기업 규모가 영세할수록 인력부족 현상이 심했다. 종업원 수 10인 이하 기업은 인력부족률이 8.2%로, 50~300인 미만 중소기업(1.6%)의 5배에 달했다.
> 또 입주 기업의 현재 인력구성은 30~40대가 많다는 기업이 66%인 반면, 필요한 인력의 연령대는 20~30대가 64%로 대조를 보였다. 40~50대 비중이 높다는 기업도 58%에 달해 제조업 인력의 고령화가 심화되고 있는 것으로 조사됐다. 이처럼 근로자의 고령화가 심화되는 이유는 청년 근로자가 산업단지 내 중소기업 취업을 꺼리는 것이 가장 큰 요인으로 지목됐다. 기업에서도 신입사원보다 현장에 바로 투입할 수 있는 경력직을 선호하는 현상이 더해졌다.
> 학생이 원하는 급여수준과 기업이 실제 지급하는 임금수준의 격차도 인력 미스매치의 주요 원인으로 분석된다. 대학생이 희망하는 초임 연봉은 2500~3500만 원이라는 응답이 가장 많았다. 이는 대기업의 대졸자 초임연봉(3000~4000만 원) 수준이며, 중소기업(2000~3000만 원)과는 최대 1000만 원의 격차를 보였다.
> 산업단지 취업 의사에 대해서는 65%가 취업 의사가 있다고 답했다. 이중 고등학생은 83%로 높은 편이었지만, 대학생은 53%로 나타나 학력이 높을수록 산업단지 취업을 꺼리는 것으로 조사됐다. 이러한 인력 미스매치를 해소하기 위한 대안으로 산학 공동 맞춤형 인력양성에 대해서는 기업과 학교가 모두 높은 관심을 표명했다.
> 산학 공동 맞춤형 인력양성 프로그램에 대해 입주기업은 비용지원이 있다면 45%가 참여 의사를 밝혔고, 학교는 98%가 참여하겠다고 응답했다. 학생들도 취업이 보장되거나 원하는 강좌가 개설되면 97%가 수강할 생각이 있는 것으로 나타났다.
> 추가적으로 기업은 청년인력 인건비(채용보조금 및 임금) 지원(45%)과 산업단지 내 복지시설 건설(33%)이, 학생들은 채용 정보를 쉽게 확인할 수 있는 시스템(53%)이 가장 필요하다고 답하였다. 강남훈 산단공 이사장은 "이번 실태조사 결과를 바탕으로 수요자 맞춤형 인력양성을 위해 정부, 학교, 유관기관과 긴밀한 협조체제를 구축해 산업단지별로 실효성 있는 인력지원 추진 체계를 마련할 것이며, 이런 내용을 적극 홍보할 계획"이라고 밝혔다.
>
> 출처 : 뉴스토마토, 〈산업단지 기업 25% "생산인력부족"〉, 2014.05.19

[상황분석-유목화 테스트]는 국가산업단지 입주기업의 인력난 해소방안에 관한 과제입니다. 과제에서 주어진 자료의 의미를 파악하여 현황과 대안으로 구분해 보면 다음과 같습니다.

▷ 현황
- 국가산업단지의 입주기업의 25%가 생산인력이 부족하며 도심에서 떨어진 산업단지와 영세한 기업의 인력부족 현상이 심함
- 제조업 인력의 고령화가 심각하며 그 원인으로는 청년근로자들이 산업단지내의 중소기업을 꺼려함
- 기업들은 20~30대의 현장에 바로 투입이 가능한 경력직을 선호함
- 학생이 원하는 급여 수준과 기업이 실제 지급하는 임금수준의 격차도 인력 미스매치의 주요한 요인임(약 1,000만 원 차이)
- 학력이 높은 대학생들은 산업단지 취업을 꺼리나(취업의사 53%) 고등학생들은 높은(83%) 취업의사를 보임

▷ 개선
- 산업단지별로 실효성 있는 인력지원 추진 체계 구축
- 입주기업, 학교, 학생이 참여하는 산학 공동 맞춤형 인력양성
- 홍보강화

역량평가에서 제공되는 모든 자료들은 위와 같이 현황과 개선을 위한 대안이 존재합니다. 이제는 도출된 현황과 대안에 담긴 의미들을 유목화하여 명확히 하는 작업이 필요합니다. 위의 현황에 담긴 내용을 현황과 문제점으로 나누고 개선에 담긴 내용들을 목표와 개선방안으로 구조화해야 합니다.

국가산업단지 인력난 해소방안

▷ **현황**

- 국가산업단지의 입주기업의 25%가 생산인력부족을 겪고 있으며, 도심에서 떨어진 산업단지와 영세한 기업의 인력부족 현상이 심함
- 제조업 인력의 고령화가 심각함(40~50대 비중이 높다는 기업이 58%에 달함)
- 학력이 높은 대학생들은 산업단지 취업을 꺼리나(취업 의사 53%) 고등학생들은 높은(83%) 취업 의사를 보임

▷ **문제점**

- 기업들은 20~30대의, 현장에 바로 투입이 가능한 경력직을 선호함
- 청년근로자들(특히 대학생)이 산업단지와 중소기업의 취업을 꺼려함
- 학생이 원하는 급여 수준과 기업이 실제 지급하는 임금수준의 격차 많음(약 1,000만 원 차이)

▷ **목표**

- 산업단지별 실효성 있는 인력지원 추진 체계 구축

▷ **개선방안**

- 산학 공동 맞춤형 인력양성
  · 입주기업 : 비용 지원, 청년인력 인건비 지원, 산업단지 내 복지시설 건설
  · 학교 : 관련 강좌 개설
  · 학생 : 취업보장, 희망강좌 개설, 기업 채용 정보를 쉽게 확인할 수 있는 시스템
- 홍보 강화 : 대학생들은 대상으로 산업단지 장점을 부각하는 홍보 실시

먼저 현황과 대안의 영역으로 분류한 다음 현황에서의 의미들을 현황과 문제점으로 분류하였고 개선에서의 의미들은 목표와 개선방안으로 분류하였습니다.

위의 그림에서 알 수 있듯이 현황 부분은 펼쳐져 있다가 좁아지는, 수렴하는 모양으로, 개선 부분은 좁혀져 있다가 펼쳐지는 모양으로 나타낼 수 있습니다. 현황에서는 흩어져 있던 의미들을 모아서 하나의 의미로 묶어가며 문제점들을 도출하는데, 이런 과정을 수렴적 사고 또는 귀납적 사고(Inductive Thinking)라고 말합니다. 반면, 개선 부분은 현황에서 도출한 문제점을 중심으로 문제점 해결의 목표점을 잡고 이를 달성하기 위한 다양한 개선방안을 구체화합니다. 이런 과정을 확산적 사고 또는 연역적 사고(Deductive Thinking)라고 합니다.

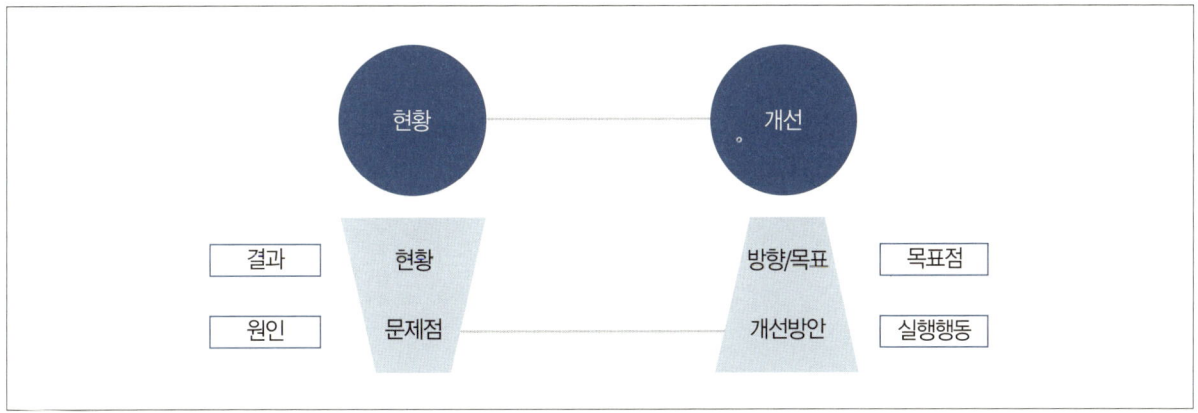

앞서 설명한 내용들을 토대로 할 때, 역량평가의 핵심은 바로 '문제점 찾기'라는 것을 충분히 유추할 수 있을 것입니다. 역량평가는 기본적으로 문제를 해결하는 과정으로 문제점을 찾지 못하면 문제 해결을 할 수 없기 때문입니다. 앞서도 말씀드렸지만, 과제해결에 시간이 부족하다는 것은 자료를 제대로 파악하지 못해 결국 문제점을 제대로 찾지 못한다는 것입니다. 따라서 문제점을 제대로 파악하였다면 역량평가의 반은 해결하였다고 생각하면 됩니다.

하지만, 대부분의 평가대상자들은 과제의 문제점을 찾는 것을 어려워합니다. 현황과 문제점을 명확히 구분하지 못하기 때문입니다. 그래서 결국에는 대충 '현황과 문제점'으로 통합하여 작성하기도 합니다. 여러분에게 제공되는 과제는 문제 해결을 위한 과제이므로 이를 위해 문제점이 무엇인지 명확히 해야 합니다.
그렇다면 어떻게 하면 현황과 문제점을 명확하게 구분할 수 있을까요?

그 원칙은 **인과관계(因果關係)**에 있습니다. 현황은 결과이고 문제점은 원인입니다. 이 관계를 생각하면서 현황과 문제점을 구분하면 됩니다. 계층적으로 본다면 원인으로부터 문제가 발생하며 문제로부터 현황이 생겨납니다. 논리학 관점에서는 문제점의 원인을 찾는 것이 타당하나 국내에서 진행되는 역량평가에서는 원인을 별도로 구분하지 않고 문제점에 포함되는 것으로 봅니다. (원인을 별도로 도출할 것을 요구하는 소수의 기관들도 있습니다.)

위의 과정을 통해 문제점이 도출되었다면 문제점을 해결할 수 있는 개선방안이 반드시 나와야 합니다. 그리고 문제점과 개선방안은 반드시 매치가 되어야 합니다. 문제와 개선방안이 매치되지 않는다면 도출된 문제 중 해결되지 않는 것이 생기기 때문입니다. 예를 들어, '제도 미비'라는 문제점을 도출하였는데 개선방안으로는 홍보 강화만을 제시한다면 문제가 해결되지 않습니다. 제도 미비라는 문제점을 개선하기 위해서는 반드시 제도의 개선방안이 나와야 합니다. 이러한 개선방안은 세부실행계획과도 바로 연결되어야 하는데, 이 내용은 뒤에서 다루도록 하겠습니다.

개선 부분에서의 목표 또는 방향 수립은 전체의 맥락을 파악하여 이에 맞는 방향과 목표를 수립하는 것으로, 다음 내용인 상황개념에서 자세히 다루도록 하겠습니다. 여기서 간략하게만 정리해보면, 방향과 목표는 과제 내에 있는 경우보다는 없는 경우가 많습니다. 과제 내에서 제시되지 않는 경우에는 여러분이 창의적 사고를 발휘하여 만들어야 합니다. 정책방향은 목적에 가까우며 '삶의 질 확보'와 같이 추상적인 내용으로 구성되고, 목표는 구체적으로 '언제까지, 무엇을, 어떤 모습으로' 개선하겠다는 것이 명확하게 드러나야 합니다. 일반적으로 과제해결 시에는 목표까지 수립하는 것이 좋으나, 인바스켓처럼 시간이 부족한 과제에서는 개선방안만 세우는 것도 방법이 될 수 있습니다.

2) 상황개념

상황개념역량은 과제 전체의 맥락을 잡고 상황에 관점이나, 패턴, 의미, 정의, 개념, 사고를 부여하는 역량을 뜻합니다. 즉, 사고(思考)한다는 의미입니다. 인지이론 관점에서 볼 때, 인간은 현상을 바라보는 본인만의 고유한 관점을 가집니다. 따라서 똑같은 상황에 놓이더라도 사람에 따라 그에 대한 판단 결과는 달라집니다. 전체적인 상황을 파악하여 논리적으로 타당하면서도 새롭고 창의적인 관점이나 생각을 고안하는 상황개념역량에 따라 문제해결방법이 달라질 수 있습니다. 앞선 분석 단계에서 유목화(Categorize)라고 불리는 분류작업을 통해 의미의 관련성에 따라 묶음을 만들고 각 묶음에 추가적인 의미를 부여했다는 것은 이미 본인만의 관점에 따라 어느 정도 상황을 개념화하였다는 뜻입니다. 여기에 전체 맥락을 고려하여 과제의 목표를 수립하고, 정책방향을 결정하는 작업이 진행되어야 합니다.

하버드대 맥클리랜드 센터에서는 개념적 사고력(Conceptual Thinking)을 다음과 같이 정의합니다.

> **'명백하게 연관되어 있지 않은 상황 사이의 관계나 패턴 그리고 복잡한 상황에서의 근본적인 이슈 또는 핵심을 식별하는 능력이다. 창조적이고, 개념적 또는 귀납적 추론을 사용하는 것을 포함한다.'**

미국의 사학자인 토마스 쿤(Thomas. S. Kuhn)이 말한 패러다임의 전환(Paradigm Shift)은 곧 새롭고 창의적인 관점 혹은 개념의 도입을 의미한다고 할 수 있습니다. 국내 역량평가에서 많이 활용되는 역량인 전략적 사고력의 핵심이 개념적 사고력입니다. 이는 나무가 아닌 숲을 보면서 창의적으로 숲의 틀을 바꾸는 역량입니다. 숲의 틀을 바꾸기 위해서는 먼저 숲을 볼 수 있어야 합니다.

[상황개념 테스트 1]

▷ 상황개요

정부는 2025년 에너지엑스포를 개최하고자 하는 방침을 세웠고 2020년까지 개최 도시를 확정하기로 하였다. 경상남도 창의시와 전라남도 도전시가 각축을 벌이는 상황에서 충청남도의 혁신시도 참여 의사를 밝히면서 지역 간의 경쟁으로 치닫고 있는 상황이다.

귀하는 에너지엑스포 개최 및 운영을 담당하고 있는 부처의 국장으로서 개최도시 선정을 총괄하고 있다. 오늘은 2020년 10월 15일이며 오늘 중으로 개최도시의 선정 의견을 제출하여야 한다.

▷ 관련 기사

에너지엑스포 유치를 위한 광역 및 지자체들의 '지역갈등'
뒤늦게 충청남도 혁신시 유치 경쟁 합류 후 정부의 입지 결정 지연… 지역갈등 부채질

보나일보 [2020-8-20 14:50]

2025년 개최될 에너지엑스포 유치를 두고 해당 지방 단체 간 유치경쟁이 치열하다. 경상남도 창의시와 전라남도 도전시가 각축을 벌이고 있었으나 충청남도의 혁신시가 경쟁 구도에 뒤늦게 합류하면서 에너지엑스포 유치가 과열경쟁으로 번지고 있다는 주장이 일어나고 있다.

이처럼 에너지엑스포 입지를 놓고 지역 간 입장 차이가 조율되지 않고 있는 것은 정부와 정치권이 정치적 부담 때문이다. 각 광역단체 및 지자체장들이 선거 공약으로 에너지엑스포 유치를 내세우는 바람에 엑스포 유치는 정치적으로도 매우 민감한 사항으로 변해버렸다.

이 때문에 지난 8월 12일 국회에 제출된 특별법 개정안이 9월 정기 국회를 통해 논의된다고 해도 지역 간 갈등 때문에 특별법 통과가 불투명해졌고, 당초 예정된 10월 입지 발표가 12월로 2개월간 연기될 가능성이 높다고 점쳐진다.

▷ 관련 칼럼

오피니언 [사설] 에너지엑스포 유치경쟁 줄이려면…

김형식 사설위원 [2020-09-20]

정부가 주관하는 에너지엑스포 유치 도시 결정이 지연되면서 지금이야말로 에너지엑스포 사업을 차질 없이 추진함과 동시에 지역 간 과열경쟁을 잠재우는 특단의 대책 마련이 필요한 시점이라고 본다. 가장 우려되는 부분은 치열한 유치경쟁에 따른 부작용이다. 이미 유치의사를 밝힌 도시들과 광역단체에서는 유치경쟁에 뛰어들어 홍보전을 벌이고 있다. 세미나 개최와 서명운동 전개는 기본이고 창의시, 도전시, 혁신시에서는 에너지엑스포 유치 추진 기구까지 구성해 가동하고 있는 상태다. 경쟁이 과열되다 보니 지역 간 갈등 조짐마저 나타나고 있다.

이런 와중에 부풀려진 땅값에 의한 또 다른 후유증이 예고된다. 후보지로 물망에 오른 지역에 이미 한 차례 부동산 투기 광풍이 휩쓸고 지나갔으나 복병은 여전히 도사리고 있다. 국회를 통한 특별법 개정에서 유치도시선정의 기준이 정해지게 되면 부동산 투기 바람은 다시 고개를 들 것이 분명하다. 우리는 대규모 국책 사업들이 지가 인상으로 차질을 빚는 경우를 누차 봐왔다. 행여 부동산 투기가 차세대 산업의 걸림돌이 되지 않도록 완벽한 투기 차단책을 수립해 주기 바랄 뿐이다.

지방선거가 채 1년도 남지 않은 상황에서 일부 광역단체장들과 자치단체장들이 에너지엑스포 문제를 정치적으로 악용할 개연성은 얼마든지 있다. 에너지엑스포 유치를 빙자해 유권자와의 접촉횟수를 늘리고 이를 세 몰이용 이슈로 삼는 것은 절대 발생해서는 안 될 일이다. 에너지엑스포 유치만큼 지역발전을 앞당길만한 호재도 없지만, 도를 넘어선 유지경생은 사세해야 될 것이나.

에너지엑스포 유치 도시가 공정하게 선정되게끔 확실한 기준을 정하고 투명하게 결정함으로써 부작용을 최소화해야 할 것이다. 그러기 위해서는 에너지엑스포 사업을 총괄하는 정부부터 객관성을 유지해야 마땅하다. 누구나 공감하는 최적의 안을 마련하기 위한 정부의 의지와 노력 그리고 올바른 판단을 기대해본다.

▷ 3개 도시 간 비교자료

구분	인구	주민 유치 찬성율	도시 접근성	도시 숙박 인프라	에너지관련 산업연계성	에너지관련 학교연계성	주변관광 연계성	재정자립도 및 예산확보의 용이성
경상남도 창의시	42만	98%	기차가 없고 버스로 수도권에서 4시간 20분. 부산에서는 버스로 1시간	호텔, 모텔 약 3,000실	조선산업 중심의 도시로 대규모 조선사 2개가 있으며 관련산업이 발달되어 있음	에너지 관련 학과 및 연구단지는 없음	섬으로 관광인프라가 풍부하며 국립공원을 접하고 있음	44.98%, 경상남도로부터 적극적인 지원을 확보한 상황임
전라남도 도전시	38만	95%	기차 및 KTX가 운행하며 버스로 수도권에서 3시간 30분	호텔, 모텔 약 2,500실	대형조선사가 1개 있으나 한전 등 에너지 관련 대규모 기업들이 30분 거리에 위치하고 있음	에너지관련국 국립대학 학과 2개, 사립대 학과 4개	바다를 접하고 있으며 주변에 오랜 유적지 및 먹거리가 풍부하고 국립공원을 접하고 있음	21%, 전라남도로부터 적극적인 지원을 확보한 상황이며 관련기업들에서도 적극적인 지원을 약속함
충청남도 혁신시	35만	94%	버스로 수도권에서 2시간	호텔, 모텔 약 1,000실	대규모 화력발전소가 위치하고 있음	에너지 관련 대학 사립대학 학과 2개	바다를 접하고 있으며 서해안의 절경들을 접하고 있음	27.75%, 충청남도로부터 적극적인 지원을 확보하였음

자, 그럼 앞서 주어진 자료들을 바탕으로 에너지엑스포를 운영할 도시를 선정하고, 그 배경을 기술해 보시기 바랍니다.

▷ 답안 예시 (1)

상황개요
2025년 개최되는 에너지 엑스포 운영과 관련하여 경상남도 창의시와 전라남도 도전시, 충청남도의 혁신시가 엑스포 유치에 나서면서 경쟁이 가열되고 있어 오늘 중으로 관련 의견을 제시해야 함

도시선정의 의견
– 선정도시 : 전라남도 도전시

구분	의견	창의시	도전시	혁신시
인구 및 주민 찬성율	대동소이 하여 비교하기 힘듦	–	–	–
도시접근성	엑스포 성공에 매우 중요한 요소임	1	2	3
숙박인프라	엑스포 성공에 중요한 요소임	3	2	1
산업연계성	엑스포 성공에 매우 중요한 요소임	1	3	2
학교연계성	엑스포 성공에 매우 중요한 요소임	1	3	2
관광연계성	엑스포 성공에 매우 중요한 요소임	2	3	1
예산확보	엑스포 성공에 매우 중요한 요소임	3	2	1
합계		11	15	10

제시된 자료들을 기반으로 최종 도시를 선정해 보셨나요? 여러분께서는 어느 도시를 어떤 기준으로 최종 개최도시로 선정하셨는지요?

사실 선정된 도시가 어디인지는 크게 중요하지 않습니다. 다만, 중요한 것은 해당 도시를 선정한 논리의 타당성입니다. 본 과제에서 평가사들은 여러분에게 아래와 같이 질문할 것입니다.

> A. 선정된 도시는 어디인가요?
> B. 선정된 배경은 무엇인가요?
> C. 탈락한 2개의 도시에 대한 반발은 어떻게 무마할 것인가요?

A와 B의 질문은 자료를 명확히 파악했다면 충분히 대응 가능한 질문입니다. 그러나 C 질문에는 어떻게 대응할 생각인가요? 상황분석을 기반으로 한 A, B 질문과는 다르게 C 질문은 상황개념역량을 지니고 있는지 묻고 있습니다. 즉, 전체의 맥락을 파악하고 향후 발생될 상황들까지 예견을 하였느냐는 것입니다. 본 과제에서 주어진 자료에는 최종 개최도시를 선정하는 것이 정치적으로 매우 예민한 상황이라고 언급되어 있습니다. 그렇다면 여러분은 최종 개최도시를 선정할 때, 이후에 발생할 상황에 대한 대비책도 함께 마련해야 합니다.

여러분은 후보 도시들의 자료를 비교했을 때 도전시가 최종개최도시로 적절하다는 의견을 제시할 수 있습니다. 하지만, 선정에서 그치는 것이 아니라 향후 타 도시들의 반발을 고려하여 유치 도시를 선정하는 전 과정을 투명하게 해야 한다는 결론까지 도달할 수 있어야 합니다. 선정 과정을 투명하게 하기 위해 3개 시와 정부가 참여하는 선정위원회나 TFT를 구성하는 방안을 제시할 수 있습니다.

▷ 답안 예시 (2)

상황개요
2025년 개최되는 에너지 엑스포 운영과 관련하여 경상남도 창의시와 전라남도 도전시, 충청남도의 혁신시가 엑스포 유치에 나서면서 경쟁이 가열되고 있어 오늘 중으로 관련 의견을 제시해야 함

도시선정의 의견
- 선정도시 : 전라남도 도전시

구분	의견	창의시	도전시	혁신시
인구 및 주민 찬성율	대동소이 하여 비교하기 힘듦	-	-	-
도시접근성	엑스포 성공에 매우 중요한 요소임	1	2	3
숙박인프라	엑스포 성공에 중요한 요소임	3	2	1
산업연계성	엑스포 성공에 매우 중요한 요소임	1	3	2
학교연계성	엑스포 성공에 매우 중요한 요소임	1	3	2
관광연계성	엑스포 성공에 매우 중요한 요소임	2	3	1
예산확보	엑스포 성공에 매우 중요한 요소임	3	2	1
합계		11	15	10

엑스포도시 선정 위원회 운영
- 창의시, 도전시, 혁신시, 정부의 관계자들이 참여하는 선정위원회를 구성하여 2개월간의 선정작업 공동 수행
- 일정상 오늘이 10월 15일인 바 최종 확정일정을 2021년 2월 말로 연기

[상황개념 테스트 2]

▷ 상황개요

귀하가 속해있는 공단에서는 금년부터 구성원들의 역량개발을 위한 제도를 수립하고 전 구성원들을 대상으로 역량다면진단을 실시하였으며 이를 기반으로 역량개발 계획서를 수립하여 제출하도록 지시하였습니다.
한편, 공단의 경쟁력을 강화하기 위해 신설 신기술연구소에 배치 예정인 외부 전문인력 영입에 대하여 내부 구성원들의 반발이 심한 상황입니다.
귀하는 공단의 인사교육총괄팀장으로 위의 사안들을 조치하여야 합니다.

▷ 과제 1

귀하는 교육담당 직원으로부터 이현지 과장의 역량개발계획서를 전달받았습니다. 교육담당 직원은 교육업무 수행의 경험이 없고 올해부터 실시되는 직원 교육훈련에 대해 물어볼 동료들도 없어 귀하에게 계획서의 피드백을 부탁하였습니다. 교육담당이 보내온 역량개발계획서의 형식과 내용에 대해 피드백을 해주십시오.

역량진단 및 업무상담 신청내역

| 소속 | 관광개발팀 | 직위 | 과장 | 성명 | 이현지 |

이현지 과장의 역량 진단 결과

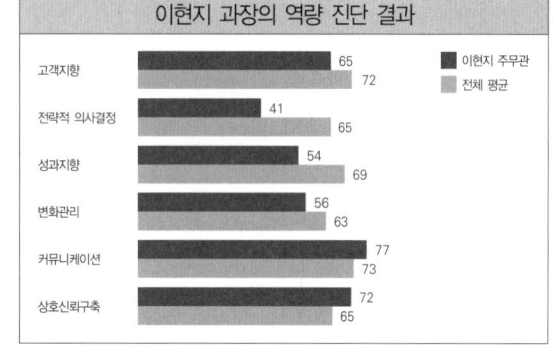

이현지 주무관 / 전체 평균

- 고객지향: 65 / 72
- 전략적 의사결정: 41 / 65
- 성과지향: 54 / 69
- 변화관리: 56 / 63
- 커뮤니케이션: 77 / 73
- 상호신뢰구축: 72 / 65

전년도 업무 고충 상담 내역

성명	소속팀	신청일	상담내용
안민석	관광정책팀	3.21	업무량 과중
이현지	관광개발팀	5.23	전공과 맞지 않는 업무
오혜숙	관광정책팀	6.14	2015년 3월 육아휴직 신청 예정
이명선	관광지원팀	8.7	고객 대응 문제로 인한 스트레스 관리
이현지	관광개발팀	9.11	업무 전문지식 부족 관련 상담
이현지	관광정책팀	10.28	성과달성에 대한 어려움 토로
최용진	관광지원팀	11.19	업무량 과중, 보조인력 채용 희망

이현지 과장 역량개발계획서

| 소속 | 관광개발팀 | 직위 | 과장 | 성명 | 이현지 |

이현지 과장의 당해년도 자기개발 목표

① 리더십 역량 개발
② 실무지식 향상
③ 활발한 대외협력업무 수행
④ 민원 행정 대응력 향상

당 해년도 자기개발 목표 달성을 위한 학습과제

학습과제	지원요청사항	중간점검	달성시기
리더십 교육 참여	내부 교육	3개월 후	6개월 후
자기학습(Self-Study)	도서관 활용	3개월 후	5개월 후
의사소통 능력 개발	스터디 그룹 구성	5개월 후	8개월 후

당 해년도 자기개발 1차 점검계획

학습과제	지원요청사항	확인일자	내용	상급자 확인
리더십 교육 참여	내부 교육	4.1	실무자 리더십 향상 교육 수강 완료(2/2, 3, 4)	
자기학습(Self-Study)	×	4.10	도서관을 이용하여 월 3회 정도 진행	
의사소통 능력 개발	×	4.19	한상기 대리, 박승옥 과장과 진행 예정	

▷ 답안 예시

상황개요
이현지 과장이 작성한 역량개발 계획서의 피드백

역량개발계획서에서 개선해야 할 사항과 내용
- 역량개발 목표가 역량진단결과 및 업무고충 상담내역 내용과 연계성이 없음
  · 역량진단결과 전략적 의사결정, 성과지향, 변화관리 역량이 부족한 것으로 나타났고, 상담에서도 성과에 대한 어려움을 토로한 바 역량개발 목표는 진단결과와 상담내용을 기반으로 수립하는 것이 타당함
- 역량개발 목표가 추상적이어서 목표로 타당하지 않음
  · 목표 기술 시에는 SMART기법에 의해 기술되어야 함
  · 예) 리더십 개발이라는 것은 너무 포괄적임
    → 리더십 중 동기부여 부분을 강화하기 위해 사내에서 진행되고 있는 집합교육에 참여하고 관련도서를 월 1권씩, 연간 10권을 구독하고 이를 현업에서 활용하여 차년도 역량평가 부분에서 20% 이상 향상 시키겠다.
- 목표와 학습과제의 연계성도 떨어짐
  · 현재 구성된 계획서에는 리더십 개발과 관련된 학습 과제만이 연계성을 보일 뿐 나머지는 연계성이 보이질 않아 새로운 실천 계획의 수립이 필요함

▷ 과제 2

귀하는 타 부서의 팀장으로부터 메일을 받았습니다. 메일의 내용은 외부전문인력의 영입방침에 대한 반발이 심하다는 내용입니다. 구성원들의 반발을 낮출 수 있는 방안을 수립하시기 바랍니다.

제목	신규 설립부서의 외부인력 영입 반대의견		
보낸 사람	연구개발 팀장	작성일자	
받는 사람	인사교육 총괄팀장		
내용	안녕하십니까? 팀장님! 이번에 신설되는 신기술연구소에 배치되는 인력들이 내부인력들은 배제한 채 외부전문인력을 채용하여 배치한다는 건과 관련해서 내부적으로 반대의 목소리가 커지고 있어서 이를 팀장님께 알리고자 합니다. 이번에 외부 채용되는 인력들이 주로 박사학위 소지자 중심이고, 특히 저희 연구개발팀의 구성원들이 신규부서로 옮겨갈 것으로 기대한 분들이 많아서 이 소문을 듣고 내부 구성원들이 동요하면서 여러 가지 불만과 우려를 나타내고 있습니다. 조직 구성원들은 외부인력의 영입으로 자신들의 역량을 펼칠 수 있는 기회가 줄어들 수도 있다고 생각하며, 특히 승진의 기회가 줄어들지 않을까? 하는 우려가 크다고 합니다. 내부 구성원에 대한 자기개발이나 전문적인 능력을 육성하고자 하는 노력도 하지 않으면서 무조건 외부 전문인력을 영입하는 것에 불만을 토로하고 있으며 노조에서도 외부 인력의 조직 내 적응의 문제, 외부 인력의 공공부문 조직의 특성에 대한 이해 부족, 전문성이 부족한 내부 구성원들의 업무 사기저하, 외부인력의 영입이 가능하거나 필요하다고 보는 업무의 특성 등에 대한 명확한 답변을 요구하고 있습니다. 이사장님께서 말씀하신 경쟁력 강화하는 우선하겠다는 의지는 공감을 하지만 신설 신기술 연구소의 외부인력채용 건이 순조롭게 정착되려면 우선적으로 내부 구성원들의 인식 변화와 불만 해소가 우선 필요하다고 생각됩니다. 제 의견을 참고하시고, 어떻게 추진할 지에 대한 답신을 부탁합니다.		

▷ 답안 예시

상황개요
신설되는 신기술 연구소의 인력을 외부의 전문인력을 채용하여 배치한다는 방침에 구성원들이 승진과 자기성장에 어려움이 있을 것이라고 판단하여 반발이 큼. 이에 대한 구성원들의 반발을 해소하는 방안이 요구됨

조치내용
- 구성원들의 요구 명확화
  · 구성원들 및 노조와의 면담을 추진하여 구체적인 우려사항이 무엇인지 명확히 파악함
- 구성원들의 요구에 대한 방안수립
  · 제도개선 : 구성원들이 승진에 대한 불이익을 받지 않는다는 것을 제도적으로 명확히 함
  · 교육훈련 자료 개발 : 새로운 제도의 변화 대한 교육훈련 자료 개발
- 변화에 대한 교육훈련 실시
  · 구성원들을 대상으로 주 1회씩, 총 4회의 제도의 및 환경 변화관리 교육실시

지금 풀이하신 [상황개념 테스트 2]는 두 개의 소과제를 포함한 인바스켓(서류함 기법) 유형입니다.

각각의 소과제의 조치내용은 예시를 통해 제공하였으니, 참고하시기 바랍니다. 역량평가에 정답은 없습니다만 참고할 수 있는 답안은 만들 수 있습니다.

인바스켓에서는 기본적으로 과제에 대한 답지를 작성, 제출한 이후에 인터뷰가 진행됩니다. 인터뷰를 통해 평가사들은 각각의 과제에 대해 질문합니다. 아래에 본 과제에 대한 질문 예시를 보시고, 실제 인터뷰를 진행하듯이 여러분 스스로 질문에 대응하여 보십시오.

▷ 공통질문

두 개의 과제 중 어떤 과제를 먼저 조치하셨나요? 그 배경은 무엇인가요?

▷ 과제 1의 질문

A. 과제의 상황은 무엇인가요?
B. 귀하가 피드백 한 구체적인 내용을 말씀하십시오.
C. 각각 말씀하신 내용의 배경은 무엇인가요?
D. 지금까지 직원교육은 어땠나요?
E. 구성원들이 직원 교육에 어떻게 생각하고 있나요?

▷ 과제 2의 질문

A. 과제의 상황은 무엇인가요?
B. 이러한 구성원들의 반발이 이 상황에서 타당한가요?
C. 귀하의 조치내용을 말씀하십시오.
D. 귀하가 조치하신 내용이 모두 실행된다면 구성원이 느끼고 있는 우려와 불안감이 해소될 수 있다고 생각하나요?

질문에 스스로 대응을 해보셨는지요?

평가사는 여러분이 제출한 답지를 기반으로 질문합니다. 대다수의 질문은 여러분이 작성한 답지의 내용 안에서 대응이 가능하지만 일부는 대응하기 어려울 수 있습니다. 예를 들어, 과제 1의 질문 D, E는 답지의 내용만으로는 대응하기 어려우실 겁니다. 위 질문과 관련한 내용들은 과제 1에는 포함되어 있지 않습니다. 해당 내용은 과제의 상황개요와 과제 2에 포함되어 있습니다. 상황개요에는 '금년부터 구성원들의 역량개발을 위한 제도를 수립하고 전 구성원들을 대상으로 역량다면진단을 실시하였으며…', 과제 2의 이메일에는 '내부 구성원들에 대한 자기개발이나 전문적인 능력을 육성하고자 하는 노력도 하지 않으면서…'라는 내용이 나옵니다. 따라서 질문 D와 E에 효과적으로 대응하기 위해서는 상황개요와 과제 2의 내용을 참조해야만 합니다.

D. 지금까지 직원교육은 어땠나요?
대응) 지금까지 직원 교육(역량 개발 관련)이 없었습니다.

E. 구성원들이 직원 교육에 어떻게 생각하고 있나요?
대응) 직원들을 대상으로 하는 역량개발교육이 없다는 것에 매우 불만스러워하고 있습니다.

앞서 상황개념을 전체의 숲을 보는 것이라고 설명했습니다. 과제의 상황 내에 숨겨진 패턴까지 읽어내어 전체의 상황을 구조화해야 하는 것입니다. 전체의 상황을 개념화할 수 있어야 다른 상황, 다른 개념을 만들어 낼 수 있습니다. 이렇게 상황을 개념화하는 것은 일반적으로 업무를 수행할 때에도 매우 필요한 역량일 뿐만 아니라 역량평가를 수행하는 데 있어서도 절대적으로 필요합니다.

3) 언어표현

초기에 역량평가는 단순히 자료를 분석하는 것에서 출발하였습니다. 하지만, 근래에는 상황을 개념화하지 못하면 풀지 못하는 과제가 많이 출제될 뿐만 아니라, 과제 수행시간이 3시간 이상 주어지는 과제들이 출현하면서 언어표현역량의 중요성은 점차 커지고 있습니다. 시간이 많이 주어지는 과제에서는 특히 언어표현이 중요한데, 만약 다른 평가대상자들과 비교했을 때 상황분석, 상황개념 역량이 비슷한 수준이라면 어떠한 언어로 표현하는지가 성패를 좌우할 수 있습니다.

언어표현은 '문장력' 또는 '언어논리'라고도 표현할 수 있으며, 이는 글을 쓰거나 말을 하는 상황에서 효과적인 문장 및 언어를 선택하는 것을 의미합니다. 시를 잘 쓰거나 연설을 잘하는 분들은 언어표현이 뛰어나다고 이야기할 수 있습니다. 역량평가를 경험해본 분들이 '머리에서는 뱅뱅 도는 데 표현하기 힘들다'는 이야기들을 많이 하는 이유는 간결하면서도 모든 의미를 전달할 수 있는 언어의 선택이 어렵기 때문입니다.

예를 들어 볼까요? **'여성들이 힘들지 않고 잘 살게 하는 것'**을 다른 말로 표현한다면 **'여성의 삶의 질 확보'**라고 할 수 있을 것입니다. 두 문장은 같은 의미이지만 후자가 훨씬 간결하면서도 의미를 고급스럽게 전달을 할 수 있습니다.

'학생들의 과다한 사교육을 줄인다'를 다른 말로 **'학생들의 사교육 경감'**이라고 표현할 수 있고, **'조직 내부에**

만연된 부패문화를 줄여서 조직의 구성원들의 만족도를 높이자'를 '조직 내 부패문화 척결을 통한 구성원들의 **만족도 고양**'이라고 할 수 있습니다. 어렵지 않다고 느낄 수도 있지만, 제한된 시간 내에 효과적인 언어를 선택하는 일은 결코 쉬운 작업이 아니며 이러한 조그마한 차이가 성패를 가르게 됩니다.

특히 많은 분들이 유목화 과정에서 언어선택에 어려움을 호소하곤 합니다. 아래의 테스트를 통해 그 과정을 한번 같이 살펴보겠습니다.

[언어표현 테스트 1]
아래의 내용은 자료 분석을 통해 도출해낸 의미들입니다. 아래의 의미들을 유목화하고 각각의 의미 덩어리에 제목을 붙여보시기 바랍니다.

저렴한 국공립 보육원이 부족하다.   집에서도 가사일을 도맡아 한다.   승진에 남녀 차별이 있다.
회사에서 출산휴가를 쓰기 어렵다.   학원비 등 육아비용이 너무 많이 든다.   육아에 대한 부담이 커 애 낳기가 겁난다.
취업이 어렵다.   남편도 힘들다고 집안일을 도와주질 않는다.

유목화라는 것은 관련성을 보아 묶는 작업입니다. 하나의 의미군을 형성한다고 생각하시면 됩니다.
저는 8개의 의미를 A, B, C의 3개 의미 덩어리로 유목화해 보았습니다.

| 저렴한 국공립 보육원이 부족하다. | 저렴한 국공립 보육원이 부족하다. |
| 회사에서 출산휴가를 쓰기 어렵다. | 학원비 등 육아비용이 너무 많이 든다. | A
| 취업이 어렵다. | 육아에 대한 부담이 커 애 낳기가 겁난다. |
| 집에서도 가사일을 도맡아 한다. | 회사에서 출산휴가를 쓰기 어렵다. |
| 학원비 등 육아비용이 너무 많이 든다. | 취업이 어렵다. | B
| 남편도 힘들다고 집안일을 도와주질 않는다. | 승진에 남녀 차별이 있다. |
| 승진에 남녀 차별이 있다. | 집에서도 가사일을 도맡아 한다. |
| 육아에 대한 부담이 커 애 낳기가 겁난다. | 남편이 힘들다고 집안일을 도와주질 않는다. | C

유목화 과정에서 여러분은 각 상황의 의미와 개념을 이미 생각하셨을 겁니다. 그렇다면 어떻게 표현할까요?
저는 A는 '**육아 부담의 증가**', B는 '**불평등한 근로여건의 만연**', C는 '**가사부담의 가중**'으로 표현하였습니다. 다른 관점에서 본다면 A는 '**국가 차원의 문제**', B는 '**근로 차원의 문제**', C는 '**가정 차원의 문제**'라고 표현할 수도 있을 것 같습니다. 어떠한 관점과 개념을 대입하느냐에 따라 언어의 표현이 달라지고, 문제 해결의 방향 역시 변할 수 있습니다.

여러분은 어떻게 구분하셨나요? 다음의 테스트 과제를 가지고 언어표현에 대해 좀 더 알아보겠습니다.

[언어표현 테스트 2]
아래의 내용은 자료에 대한 1차 분석작업을 통해 도출한 의미들입니다. 아래의 의미들을 상황개념(유목화 작업)과 언어표현 작업을 통해 새롭게 정리하여 주십시오.

학교체육 활성화 방안(2020년 3월 9일 교육정책과장 김진규)

1. 추진배경
학업성취도만 강조하는 풍조에 학생들의 건강이 염려되어 신체적 성장뿐만 아니라 전인적인 성장을 위해 학교체육을 활성화하고자 함. 건강한 육체에 건강한 정신

2. 현황과 문제점
1) 현황
- 초, 중, 고등학생들의 평균키가 계속 커가고 있고 몸무게도 늘어나고 있음
- 학생들의 비만비율이 늘어남(2015년 14.3% → 2019년 15.5%)
- 학생들의 체력점수도 계속 낮아질 것으로 예상되며 주 3일 이상의 신체활동 비율이 지속적으로 낮아질 것으로 예상됨
- 초등학교 체육전담 교사 미배치 학교가 54%이며 사립고와 특목고, 특성화고의 체육시간은 일주일에 2시간 미만으로 운영됨
- 학교스포츠클럽에 등록학생 수는 매년 늘어나고 있으며 이에 지도교원 수나 강사의 수도 늘고 있음
- 방과후학교 체육 프로그램은 초등고로 올라 갈수록 적어지고 있음(초7.6%, 중 4.6%, 고 1.2%)
- 체육활동은 분노와 우울감을 억제시키고 자신감, 수업집중력 향상 등 수업태도에 긍정적인 영향을 미친다고 언급함
- 체육활동은 모세혈관을 확장시켜 뇌혈류량을 증가시키는 등 뇌기능 활성화 및 학습에 긍정적인 영향을 미침
- 체육활동은 뇌 가소성을 강화시키는 연구결과가 있음(뇌 가소성 : 기억력, 신체조정 등이 발달할 수 있음을 뜻함)
- 체육수업에 대한 흥미도는 남학생이 여학생에 비해 높으며 체육시설의 만족도는 떨어지나 선생님들에 대한 만족도는 높은 편임
- 체육수업이 재미가 없다는 의견이 가장 높고 수업내용 및 방법에 대한 불만이 가장 큼
- 여학생들의 체육수업의 참여도는 매우 낮으며('다소 낮다'와 매우 '낮다'의 의견이 67.8%) 그 이유는 '움직이기가 싫다'는 의견이 35.7%로 가장 높고, '시설부족'이 28.6%를 차지하며 '교수방법에 대한 정보부족'이 16.1%, '여학생들의 특성반영이 안 되어서'가 16.1%를 차지함
- 가장 재미있게 생각하는 활동은 피구, 축구, 농구, 배드민턴 순이며 여성은 피구, 배드민턴, 농구, 발야구 순임
- 가장 해보고 싶어 하는 체육활동은 사격, 수영, 야구, 축구 순이며 여학생들은 사격, 롤러스케이트, 수영, 스케이트 순임
- 학생들은 체격은 커졌으나 체력은 25% 떨어짐
- 초등학교 선생님들의 상당수(78%)가 여선생님들임
- 고등학교 3학년 2학기에는 체육수업이 자율수업으로 진행됨. 체육시간 후의 수업에 지장을 주기 때문임
- 체육수업의 만족도는 초등 43%, 중등 34%, 고등 35%임

2) 문제점
- 입시위주의 교육풍토, 낙후된 시설
- 자질이 부족한 교사(임용과정에서 실기연습을 해옴)
- 기타 주의의 무관심

3. 개선방안
- 정과체육의 내실화, 하루 1시간 체육의무화
- 방과후 활용을 위한 시설과 프로그램의 확대
- 교내스포츠 클럽활동의 확대, 방과후 체육활동의 확대 및 시즌별, 수준별 대회개최
- 비만관리부의 신설(패스트푸드와 청량음료에 대해 비만세 도입)
- 전자매체 사용시간을 1일 2시간 이내로 줄임
- 스포츠 종목의 다양화, 특히 여학생들의 참여 유도(야구, 배드민턴, 플로어볼, 플라잉 디스크, 킨볼 등)
- 학교장의 학교체육 활성화에 대한 강력한 의지
- 평생체육프로그램의 권유
- 체험학습 시 체육프로그램의 권장
- 체육시설의 확대
- 국가적 차원의 지원이 필요함, 선진국들처럼 국가차원이 정책이 요구됨
- 학부모들을 대상으로 체육활동의 중요성 인식을 위한 홍보가 필요함
- 초등학교 때부터 시작하여 중, 고등으로 올라가면서 연계된 활동이 이루어져야 함

[언어표현 테스트 2]의 작업을 잘 마치셨는지요? 제가 작성한 아래의 내용과 비교하여 여러분이 작성한 내용을 피드백 해보시길 바랍니다.

건강하고 학생육성을 위한 학교체육 활성화 방안

1. 추진배경
학생들의 학업성취도만 강조하는 현 풍조에 신체적 및 전인적인 성장을 지원하기 위한 학교체육 활성화 방안이 요구됨

2. 현황과 문제점

1) 현황

학생들의 신체변화
- 초, 중, 고등학생들의 평균키가 계속 커가고 있고 몸무게도 늘어나고 있음(고 2학생의 키 2015년 173.1cm → 2019년 173.5cm, 몸무게 68.1kg → 68.5kg)
- 학생들의 비만비율이 늘어남(2015년 14.3% → 2019년 15.5%)
- 학생들의 체격은 커졌으나 체력은 25%나 떨어짐

학교체육의 효과성 분석
- 체육활동은 분노와 우울감을 억제시키고 자신감 및 수업집중력 향상 등 수업태도에 긍정적인 영향을 미침
- 체육활동은 모세혈관을 확장시켜 뇌혈류량을 증가시키는 등 뇌기능 활성화 및 학습에 긍정적인 영향을 미침
- 체육활동은 뇌 가소성을 강화시키는 연구결과가 있음(뇌 가소성 : 기억력, 신체조정력 등이 발달할 수 있음을 뜻함)

학교체육수업 현황
- 학생들의 체력점수는 계속 낮아질 것으로 예상되며 주 3일 이상의 신체활동 비율이 지속적으로 낮아질 것으로 예상됨
- 학교스포츠클럽에 등록학생 수는 매년 늘어나고 있으며 이에 지도교원 수나 강사의 수도 늘고 있음

학교체육 흥미도 현황
- 체육수업에 대한 흥미도는 남학생이 여학생에 비해 높으며 체육시설의 만족도는 떨어지나 선생님들에 대한 만족도는 높은 편임
- 여학생들의 체육수업의 참여도는 매우 낮으며('다소 낮다'와 '매우 낮다'의 의견이 67.8%) 그 이유는 '움직이기가 싫다'는 의견이 가장 높고(35.7%), 이어서 '시설부족'(28.6%), '교수방법에 대한 정보부족'(16.1%), '여학생들의 특성반영이 안 되어서'(16.1%)순으로 높음
- 가장 재미있게 생각하는 활동은 피구, 축구, 농구, 배드민턴 순이며 여성은 피구, 배드민턴, 농구, 발야구 순임
- 가장 해보고 싶어 하는 체육활동은 사격, 수영, 야구, 축구 순이며 여학생들은 사격, 롤러스케이트, 수영, 스케이트 순임

2) 문제점

체육교육시간의 부족
- 방과후학교 체육 프로그램은 초중고로 올라 갈수록 적어지고 있음(초7.6%, 중4.6%, 고1.2%)
- 사립고와 특목고, 특성화고의 체육시간은 일주일에 2시간 미만으로 운영이 됨
- 고등학교 3학년 2학기에는 체육수업이 자율수업으로 진행됨. 체육시간 후의 수업이 지장을 주기 때문임

낙후된 시설과 체육프로그램의 흥미도 부족
- 체육수업의 만족도는 초등(43%), 중등(34%), 고등(35%)임
- 체육수업이 재미가 없다는 의견이 가장 높고(남 21.1%, 여 25.5%), 수업내용 및 방법에 대한 불만 또한 큼(남 28.6%, 여 40.9%)

교사의 수업역량 부족(임용과정에서 실기연습을 해옴)
- 초등학교 선생님들의 상당수(78%)가 여선생님들임
- 초등학교 체육전담 교사 미배치 학교가 54%임

입시 위주의 교육풍토와 주위의 무관심

> **3. 목표**
> "학생들의 건강한 신체와 정신 함양을 위해 2025년도까지 방과 후 체육 관련 활동율 8% 확보(현 5.9%)"
>
> **4. 개선방안**
> 체육교육시간의 확보
> - 제도개선
>   · 정과 체육의 내실화 및 하루 1시간 체육 의무화
>   · 전자매체 사용할 시간을 1일 2시간 이내로 줄임
>   · 비만 관리부의 신설(패스트푸드와 청량음료에 대해 비만세 도입)
>   · 초등학교, 중학교, 고등학교로 연계된 활동 운영 제도 수립
> - 홍보 강화
>   · 학교장 및 선생님들을 대상으로 한 체험학습 시 체육프로그램의 권장
>
> 낙후된 시설 개선 및 체육프로그램의 흥미도 제고
> - 프로그램의 신설 및 확대
>   · 학생들이 재미있어 하는 종목 외에 사격, 수영, 야구, 롤러스케이트, 스케이트, 플로어볼, 플라잉 디스크, 킨볼 등 추가
>   · 교내 스포츠 클럽활동의 확대, 방과후 체육 활동의 확대 및 시즌별, 수준별 대회개최
> - 체육시설의 신설 및 개선
>   · 신설된 프로그램에 맞춘 시설 확보 및 기존 시설 개선
>
> 운영교사의 수준 개선
> - 기존의 운영교사의 교육강화 및 전문교사 확보
>
> 학교체육 홍보강화
> - 학부모들을 대상으로 체육 활동의 중요성 인식을 위한 홍보 실시

1차 분석작업을 끝낸 내용과 2차 작업을 한 내용의 차이가 느껴지시나요? 2차 작업 후에는 의미가 명확해지고 가독성이 높아졌음을 알 수 있습니다.

본 장에서 다룬 상황분석, 상황개념, 언어표현역량은 지능, 즉 인지/사고역량과 매우 밀접한 관계가 있습니다. 효과적으로 역량평가를 대응하기 위해서는 충분한 연습을 통해 이 세 역량을 회복할 필요가 있습니다. 단번에 역량을 회복하는 것은 현실적으로 불가능합니다. 만약 인지사고역량이 단기간에 회복될 수 있다면, 아마 역량평가를 시행하는 의미가 크게 김소힐 것입니다. 때문에 평소에 인지역량을 회복하기 위한 반복적인 훈련이 필요하며, 반복적인 훈련을 통해서만 인지사고역량이 회복될 수 있습니다. 한국역량평가개발원 카페(www.assessbona.com)를 방문하시면 다양한 종류의 [인지역량강화 테스트] 문제를 무료로 받아보실 수 있습니다. 신문의 사설 등을 요약하는 훈련과 함께 진행해주시면 더 큰 효과를 보실 수 있으니 많은 활용바랍니다.

이제 역량평가에 대해서 대충 감이 잡히셨나요? 지금까지는 역량평가 자체를 이해하는 과정이었다면 다음 장에서는 국내에서 주로 활용되는 역량평가 기법들을 살펴보고, 연습문제를 통해 각 기법에 대응하는 방법에 대해 알아보도록 하겠습니다.

제2강

역량평가 주요 기법

1. 정책기획보고와 발표
2. 인바스켓(서류함 기법)
3. 역할연기
4. 집단토론

제2강

역량평가 주요 기법

1 정책기획보고와 발표

가장 먼저 살펴볼 역량평가 기법은 정책기획보고와 발표입니다. 역량평가의 주요 기법들 중 정책기획보고와 발표를 가장 먼저 제시하는 이유는 바로 정책기획보고와 발표 기법의 핵심인 보고서 작성이 다른 기법들을 수행하는 기본이 되기 때문입니다. 인바스켓의 경우에도 과제 내에 소과제로 반드시 보고서 작성문제가 나옵니다. 뿐만 아니라 보고서 작성은 논리적인 상황을 학습하기에 효과적입니다.

역량평가에서는 정책기획보고와 발표를 별도의 평가기법으로 활용하고 있으나, 두 기법 모두 보고서 작성을 기본으로 하고 있기 때문에 별도로 분리하기보다는 함께 설명하는 것이 타당하다고 생각되어 함께 구성하였습니다.

1) 기법의 이해

정책기획보고는 사례연구(Case Study)로 알려진 시뮬레이션 기법으로, 국내에서는 '정책기획' 혹은 '기획보고서'라고 칭하기도 합니다. '정책기획보고'는 문제해결(Problem Solving) 보고서를 작성하는 기법입니다. 즉, 주어진 상황을 분석하여 문제점(원인)과 시사점을 찾고, 해결방안과 그에 따른 실행계획을 수립하여 상사에게 서면 보고하는 과정입니다. 본 시뮬레이션을 통해서는 인지사고(전략적 사고, 기획력, 문제해결), 성과관리, 조직관리(이해관계조정, 리더십) 역량을 주로 평가합니다.

정책기획보고는 짧게는 70분에서 길게는 4시간 동안 이루어지며, 기관들마다 시간을 달리 적용하고 있습니다. 당연한 이야기지만, 주어진 시간에 따라 제출해야 하는 보고서의 양과 질은 달라집니다. 예를 들어, 70분 동안 작성해야 하는 보고서는 주로 3페이지 내외의 분량으로 작성해야 하고, 평가 시간이 3시간 이상이 되면 분량에 제한이 없습니다. 이 경우 분량의 제한이 없기 때문에 보고서의 양보다 질에서 성패가 갈립니다. 정책기획보고는 보통 서면 보고만으로 끝나는 경우가 대다수이나 몇몇 기관에서는 서면 보고 이후 질의응답을 실시하는 경우가 있습니다.

발표는 '분석과 발표(AP, Analysis & Presentation)'라는 시뮬레이션 기법으로, 국내에서는 발표(OP, Oral Presentation)라고 알려져 있습니다. 발표는 앞서 정책기획보고에서 언급한 보고서 작성 과정 이후에 상사에게 발표하고 질의응답을 하는 과정이 추가로 진행됩니다. 발표를 통해서는 정책기획보고에서 평가하는 역량 외에 의사소통과 발표 역량을 평가하며, 헤이그룹이나 DDI와 같은 세계적인 기관에서는 자신감(Self-Confidence) 또는 스트레스 내성(Stress Tolerance) 역량을 추가로 평가합니다.

발표는 보고서 작성(약 40분) → 발표(약 5분) → 질의응답(약 15분)의 흐름으로 구성되어 있습니다. 발표는 정책기획보고와 달리 작성한 보고서를 제출하지 않고 발표와 질의응답에만 활용합니다. 5분간의 발표를 위한 적절한 보고서 분량은 약 1.5페이지입니다.

2) 출제유형

앞서 언급하였듯이 정책기획보고와 발표는 보고서 작성을 기본으로 하고 있습니다. 따라서 보고서가 효과적으로 구조화되지 못하면 좋은 점수를 기대할 수 없습니다. 보고서 작성은 크게 두 가지의 패턴을 보이는데 '발생될 문제' 유형과 '발생된 문제' 유형입니다.

첫 번째, '발생될 문제' 유형은 현재는 발생하지 않았지만 미래에 발생될 문제를 탐색하여 구조화하고 대응 방안을 수립하는 것입니다. '발생될 문제' 유형은 미래 상황이기 때문에 현상에서의 시사점을 도출합니다. 예를 들어, '서울시의 미래 방향 수립'이 과제라면 SWOT, PEST, 5 Forces 등의 다양한 분석기법을 통해 현상의 시사점을 도출하고 이에 따른 대응방안이 도출되어야 합니다. 현재 몇 개의 기관에서 도입하여 시행하고 있는데 사용빈도는 높지 않습니다.

두 번째, '발생된 문제' 유형은 기존에 발생된 문제의 원인을 찾아 해결방안을 수립하는 과정입니다. '발생된 문제' 유형은 과거의 상황을 다루고 있습니다. 예를 들어 문제가 '학교체육 활성화 방안 수립'이라면 그 전제는 과거에 학교체육이 활성화되지 않고 있다는 것이고, 학교체육이 활성화되지 못한 문제점과 원인 찾아 해결해주면 되는 것입니다.

국내에서는 주로 '발생된 문제' 유형을 다루고 있기 때문에, 여러분께서 접하시게 될 유형은 주로 '발생된 문제' 유형이라 생각됩니다.

3) 접근방법 : 보고서 작성

그렇다면 보고서는 어떻게 작성해야 할까요?

역량평가 시 보고서 작성형식은 대한민국 공무원 표준 보고서의 서식에 따르고 있으며 내용은 아래와 같습니다.

```
Ⅰ. 추진배경
Ⅱ. 현황과 문제점
   1. 현황 파악
   2. 문제점
Ⅲ. 정책방향 및 전략목표
Ⅳ. 개선과제
Ⅴ. 세부실행계획
Ⅵ. 기대효과
Ⅶ. 행정사항
```

짧은 시간 안에 위의 목차를 효과적으로 채운다는 것은 결코 쉬운 작업이 아닙니다. 무슨 내용이 어디에 들어가야 하는지 혼란스럽기도 하실 겁니다. 보고서 목차를 효과적으로 채우기 위해서는 보고서의 맥락을 이해하는 것이 중요한데 큰 구조로는 앞서 상황분석에서 언급한 '현상 분석'인 현황과 '현상 해결'인 개선항목이 있습니다.

```
Ⅰ. 추진배경
Ⅱ. 현황과 문제점        ┐
   1. 현황 파악          │ 현황 : 현상 분석
   2. 문제점             │
Ⅲ. 정책방향 및 전략목표  ┘
Ⅳ. 개선과제              ┐
Ⅴ. 세부실행계획          │ 개선 : 현상 해결
Ⅵ. 기대효과              │
Ⅶ. 행정사항              ┘
```

(1) 도입 부분

과제를 받은 후 가장 먼저 해야 하는 것은 내가 누구이고, 주어진 상황은 무엇이며, 내가 제출해야 할 보고서의 제목과 내용이 무엇인지 파악하는 것입니다. 주로 과제의 앞단에 역할 및 배경자료를 통해 제시되며, 과제를 풀이하시기 전 명확히 파악하는 게 중요합니다.

역할을 명확히 인식하셨다면 보고서의 제목과 상황을 보면서 문제점을 유추하여 보십시오. 직관을 활용하여 문제점에 들어갈 내용을 유추해 보는 작업은 보고서를 구조화시키는 데 효율적으로 사용할 수 있는 방법입니다.

(2) 빈 제목 넣기

기본적인 보고서의 제목만 기입합니다. 제시된 자료에 추진배경과 현황, 문제점, 개선방안은 명확히 제공됩니다. 그 외 정책방향과 전략목표, 세부실행계획, 기대효과, 행정사항 등은 여러 자료를 기반으로 만들어 나가야 합니다만 일단 전체의 목차를 타이핑 또는 기술하시기 바랍니다.

(3) 채워 넣기

자료로 제공되는 지문, 표, 그래프에 담긴 의미를 파악하여 해당하는 목차에 채워 넣는 작업입니다. 17~20페

이지에 이르는 자료의 앞단에는 추진배경에 활용할 수 있는 상황 관련 자료가, 후반부에는 개선방안의 기초가 되는 해외 벤치마킹 자료가 주로 제시됩니다. 내용의 유목화는 다음 단계에서 진행하므로 일단은 자료를 분석하여, 즉 의미만 파악하여 채워 넣는 작업을 수행하시길 바랍니다.

(4) 유목화하며 문제점 명확히 하기

이제는 각 목차별로 모아진 정보들을 분류, 유목화하는 작업입니다. 앞서 언급한 유목화의 방법을 활용하여 정보 간의 관련성과 인과관계를 파악하고 각각의 의미 덩어리로 만들어 주시기 바랍니다. 본 과정에서 문제점을 명확하게 도출해 주셔야 합니다.

(5) 문제점과 개선방안 연결하기

보고서는 기본적으로 문제를 해결하는 과정이라고 말씀드렸습니다. 즉, 도출된 문제점들은 제거되거나 개선되어야 합니다. 개선방안이란 문제점들을 해결하기 위한 대안(Alternative)들 입니다. 따라서 문제점이 해결되기 위해서는 문제점과 대안이 매치(Match) 되어야 합니다. 예를 들어, 여성인력 활용방안 보고서 작성 과제에서 문제점들이 육아부담, 불평등한 근로여건, 가사부담으로 도출되었다면 이를 해결할 수 있는 안(案)들이 나와야 합니다. 일차적으로 문제점이 명확하지 않다면 효과적인 대안이 나올 수 없기에 앞서 문제점을 명확히 하는 것이 핵심이라고 거듭 말씀드렸습니다. 대안은 평가과제를 만들 때 반드시 포함되어 있어야 하는 요소로 개선방안은 과제 내에서 찾으실 수 있습니다.

(6) 세부실행계획 수립하기

세부실행계획이란 도출된 개선방안들을 '언제까지, 누구에 의해, 어떤 결과이미지로 실행할 것인가?' 입니다. 각각의 방안들은 목표기술의 기본원칙인 SMART기법에 기술되어야 합니다.

목표기술의 원칙 (SMART 원칙)	• 구체적으로(**S**pecific) : 구체적으로 무엇을 할 것인지 • 측정가능하게(**M**easurable) : 측정하게 정량화하여 • 달성가능하게(**A**chievable) : 달성 가능한 목표를 설정하고 • 결과지향적으로(**R**esult Based) : 결과이미지를 구체화하여 • 달성기간을 명확히(**T**ime Bound) : 구체적인 달성 일정 설정

시간관계상 SMART기법을 활용할 수 없다면 중장단기 실행 계획이라도 수립해야 합니다. 장기적인 계획은 예산의 확보나 법령, 제도의 수립 등 내부적으로 당장 실행할 수 없는 사안들이고, 단기계획은 내부의 예산이나 자원으로 실행 가능한 홍보, 교육훈련 등입니다.

이외에 정책방향, 목표수립, 기대효과, 장애요인 등은 주어진 시간이 70분 이상의 보고서인 경우에만 작성해 주시기 바랍니다. 주어진 시간이 40분 내외라면 현실적으로 작성이 힘들다는 것을 인식하시고, 실행계획까지만 작성하시되 검토시간 동안 정책방향, 목표수립, 기대효과, 장애요인 항목에 대하여 생각해 두어 인터뷰 진행 시 평가자의 질문에 적절히 대응하시기 바랍니다.

4) 접근방법 : 발표 및 인터뷰

발표 기법의 경우, 보고서 작성이 종료된 후 약 5분 동안 평가사 앞에서 발표를 진행한 후, 평가사와 15분 동안 인터뷰(질의응답)를 진행하게 됩니다. 발표(Presentation)는 리더가 갖추어야 할 기본적인 능력 중 하나로 이와 관련하여 많은 교육훈련이 진행되고 있고, 관련 서적도 많이 출시되어 있습니다.

흔히 발표를 '설명하는 것'으로 이해하는 경우가 많은데, 이는 잘못된 생각입니다. 발표는 '설득'입니다. 여러분은 5분 안에 평가사를 설득해야 하는 것입니다. 우리는 가정에서 자녀를 설득하려고 많은 노력을 합니다. 하지만 쉽지 않죠. 왜일까요? 소통이 되지 않기 때문입니다. 상대방을 설득하기 위해서는 상호 공감을 바탕으로 한 소통이 이루어져야 합니다. 공감을 끌어내기 위해서는 논리적인 접근과 감성적인 접근이 동시해 이루어져야 합니다.

효과적으로 발표하기 위해서도 마찬가지입니다. 5분 동안 평가사를 설득하겠다는 자세로 차분하게 눈을 마주치고(Eye Contact) 상대가 나의 발표를 수용하고 공감하고 있는지 확인하면서 발표를 진행해야 합니다. 고도로 긴장하여 고개를 숙인 채 평가사의 반응은 안중에도 두지 않는 발표는 의미가 없습니다. 목소리도 중요합니다. 목소리에는 톤과 화법이 있습니다. 빠르지 않게, 장단고저를 차분하게 유지하면서 자녀를 설득하듯이 말하면 됩니다.

이런 외적인 요소 외에 또 중요한 요건은 평가사가 정확하게 인지할 수 있도록 명확히 전달하는 것입니다. 인지는 정보를 처리하는 것입니다. 내가 전달하는 정보를 평가사가 처리할 수 있어야 한다는 것입니다. 그러기 위해서는 단락을 지어 전달해야 합니다. 문서가 단락으로 구성되어 있듯 말에도 단락이 있습니다.

> "안녕하십니까? 도시개발과의 OOO과장입니다. 지금부터 전통시장 활성화 방안에 대해 보고드리겠습니다. 추진배경, 현황, 문제점, 해결방안, 세부추진계획, 기대효과의 순서로 보고하도록 하겠습니다. 먼저 추진배경입니다. ~~. 다음은 현황입니다. ~~. 다음은 문제점입니다. 문제점은 총 3가지로 도출되었는데, 첫 번째 문제점은 ~~, 두 번째 문제점은 ~~, 마지막 문제점은 ~~입니다. 첫 번째 문제점으로 말씀드린 ~~에 대한 배경은 ~~입니다. 두 번째 문제점인 ~~의 배경은 ~~입니다."

발표 시 본인의 발표가 어느 위치에 와 있는지를 평가사에게 인지시키는 것은 매우 중요합니다. 현재 발표 중인 내용이 두 번째 문제점의 배경이라는 점을 명확하게 단락 지어 전달해야 평가사가 인지하기 쉽습니다. "이것도 문제이고, 저것도 문제입니다. 게다가 ~~도 있고, ~~가지 있습니다. 마지막으로 ~~ 또한 문제가 됩니다."와 같은 발표는 평가사가 매우 싫어하는 유형의 발표입니다. 평가사는 여러분의 발표에 고도로 집중하지 않습니다. 평가표에, 발표가 잘 들리지 않으면 잘 들리지 않는다고 작성하고, 발표가 장황하면 장황하다고 작성합니다. 따라서 명확하게 전달하는 것은 매우 중요합니다. 간혹 명확한 전달을 위해 화이트보드에 판서를 진행하는 경우도 있으나, 이는 발표자의 집중력을 흩트릴 가능성이 있어 저는 권하지 않는 방법입니다.

발표자의 자세 역시 중요한 요소지만 5분의 짧은 발표이기 때문에 자세까지 신경 쓰면서 발표하는 것은 권하고 싶지 않습니다. 평소 상사에게 보고하듯 자연스러운 자세를 취하면 됩니다. 다만 안경을 내려쓰거나 짝다리를 하고 비스듬한 자세를 취하는 등 평가사를 자극할 만한 행동은 자제하길 바랍니다.

5분 발표를 하기에 적절한 보고서 문안은 1.5페이지 정도입니다. 발표 시간이 5분으로 정해져 있다면 이를 지켜주는 것이 중요합니다. 평소 연습을 통해 5분간 발표하는 연습을 하는 것은 매우 유용합니다.

그림 2-1 발표 대응 방안

1 지시하신 ○○내용에 대해 보고를 드리겠습니다. 보고의 순서는… -중략- …입니다.
▶ 단락을 구분하여 발표해야 합니다. 그래야 평가자 입장에서 정보처리가 용이합니다.

2 중요포인트에는 강조 또는 반복을 하여 명확히 전달합니다.
▶ 문제점과 개선방안 등의 중요사항에 대해서는 강조하여 전달합니다.

3 발표는 설득의 과정입니다. 평가자가 이해를 하고 있는지 살피면서 내용을 전달합니다.
▶ 평가자의 눈의 위치와 끄덕임, 자세들을 보면서 차분하게 전달합니다.

발표가 끝난 이후에 바로 이어서 질의응답 인터뷰를 진행합니다. 질의응답 역시 발표와 마찬가지로 소통의 과정입니다. 평가를 진행하다 보면 평가사의 질문 외에 다른 사항을 부연하여 응답하는 경우가 있는데, 이는 소통이 아닙니다. 예를 들어, "이 사안의 문제점은 무엇입니까?"라는 질문에 문제점과 함께 배경까지 모두 말해버리는 경우를 자주 보았습니다. 평가사들은 역량을 평가하기 위한 질문을 준비하고 있습니다. 만약 하나의 질문에 여러 내용을 함께 답해버리면 평가사가 준비한 질문을 하지 못하게 되어 더 어려운 질문을 받게 될 수 있습니다. 질의응답 시 명심할 것은 '묻는 말에만 답하자'입니다.

평가사가 질문을 던질 때, 이를 정확히 파악하고 대답하기 위해 질문 내용을 메모하시기 바랍니다. 이는 첫째, 질문 내용을 정확하게 파악하기 위함이고, 둘째, 질문 내용을 잊지 않기 위함입니다.

또한, 질의응답 시에는 질문에 성급하게 대응하지 않도록 주의하셔야 합니다. 조급하게 대응할 이유가 전혀 없는데, 많은 평가대상자들이 즉답을 하려 합니다. 즉답은 본인이 질문 내용을 잘 알고 있다는 것을 과장하기 위해 보이는 행동 유형입니다. 한 번 즉답을 하게 되면 계속 즉답을 하려 하는 경향을 보이는데, 이는 반드시 지양해야 하는 행동입니다. 아무리 잘 알고 있는 답이라도 5초 정도 다시 한번 생각을 정리하고 응답하는 침착함이 필요합니다. 또한 대답을 할 때도 발표와 마찬가지로 단락을 지어 설명해주어야 합니다. 단락을 지어 대응하는 것은 나열식으로 답하는 것보다 평가사의 입장에서 정보를 처리하기에 용이합니다.

그림 2-2 질의응답 대응 방안

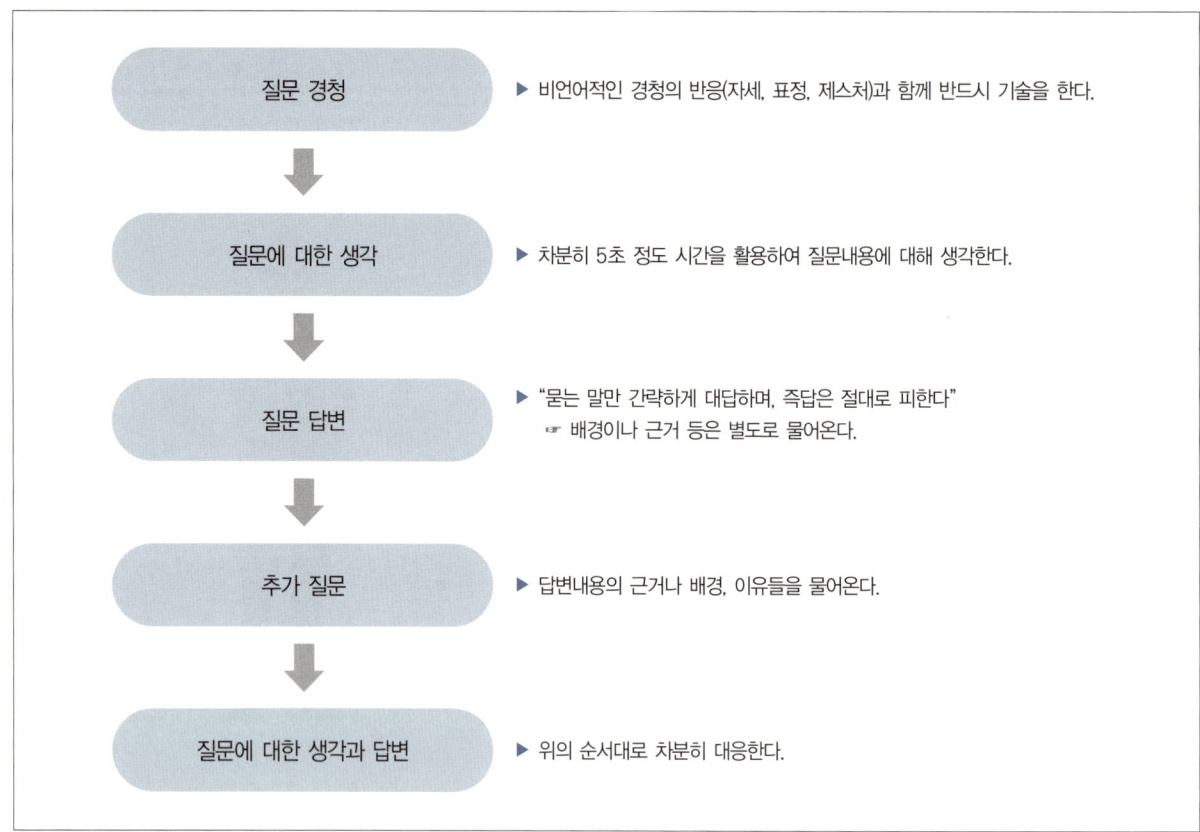

기본적으로 평가사들은 여러분을 도와주러 왔다고 생각하여 주십시오. 가끔 평가사들에게 반감을 가지는 평가대상자가 있는데, 이는 바람직한 태도가 아닙니다. 평가사들이 간혹 어려운 질문으로 여러분을 힘들게 한다고 해도 이는 절대 여러분에게 개인적인 악감정을 가지고 있어서가 아닙니다. 감정에 휘말리게 되면 역량평가에 효과적으로 임할 수가 없습니다. 평가사들은 여러분을 도우러 온 사람이라고 생각하고 존중하는 태도를 유지하십시오.

5) 실전문제풀이 : 보고서 작성

자, 그럼 이제 앞서 배운 세 개의 역량을 기반으로 보고서의 맥락을 생각하며 직접 문제를 풀어보도록 하겠습니다.

풀이할 문제는 발표 문제로 '**사회적기업의 지원(육성) 대책 방안**'입니다. 검토 시간은 40분이며, 발표는 5분이며 질의응답은 15분입니다. 자료 검토 시간은 실제 평가 시간에 맞추어 유연하게 적용하여도 무방합니다. 답지 작성은 별도의 용지를 사용하여 주십시오.

실전문제풀이 | 발표

사회적기업 지원(육성) 대책 방안 보고

과제 검토 40분
발표 5분
인터뷰 15분

역할 및 상황설명

평가대상자
고용정책실 사회적기업과
김혜진 사무관

- 오늘은 11월 27일 월요일입니다. 당신은 한라국 근로노동부 고용정책실 사회적기업과 김혜진 사무관입니다.

- 사회적기업과에서 당신의 업무는 사회적기업지원(육성) 기본계획 및 실태조사, 제도개선 정책총괄, 사회적기업 육성 법령 제·개정, 사회적기업 관련 타 부처 법령 검토 등의 업무를 담당하고 있습니다.

- 새로 부임한 과장님으로부터 새로운 5개년 계획 수립을 위해 준비 중이던 사회적기업 지원(육성) 계획 보고를 40분 내로 완료해달라는 지시를 받았습니다.

- 주어진 자료를 활용하여 사회적기업 지원(육성) 계획 보고를 준비하시기 바랍니다.

자료1 E-mail

| 답장 | 전체답장 | 전달 | 삭제 | 스팸차단 | 이동 ▼ | 읽음표시 ▼ |

새로운 5개년 사회적기업 지원(육성) 계획수립을 위한 보고 관련

보낸 사람   사회적기업과 차성준 과장
작성 일자   2018-11-27 09:02:04
받는 사람   사회적기업과 김혜진 사무관

김혜진 사무관, 차성준 과장입니다.

지난주 정기 회의에서 고용정책실장님께서 말씀하셨듯이 우리 과는 이번에 사회적기업 지원(육성)계획을 검토, 개정하여야 하니 이와 관련해서 보고 해주세요.

올해 정부에서도 '사회적기업 육성' 문제를 가장 시급한 정책과제로 비중을 두고 있고 기업들도 이에 많은 관심을 보이고 있습니다. 최근 언론에서도 기존의 사회적기업 지원 정책에 관해 말들이 많은 것 같아, 하루빨리 우리 과에서 기존 정책을 개선한 새로운 대응방안을 내놓아야 할 것 같습니다.

궁극적인 목적은 양질의 지원책을 마련하여 더 많은 사회적기업들이 일자리 제공뿐만 아니라 사회적 서비스 제공 및 지역사회에 공헌을 할 수 있도록 만드는 일입니다.

다양한 자료를 참고해서 현재 사회적기업 지원 관련 현황, 문제점 및 개선방안에 대해 보고해줘요. 내가 내일부터는 해외 출장 준비로 바빠질 것 같으니 오늘 내로 신속하게 보고 바랍니다.

그럼 수고 부탁합니다.

자료2 사회적기업 지원 개념

□ 사회적기업 지원(육성) 목적

사회적기업의 설립·운영을 지원하고 사회적기업을 육성하여 우리 사회에서 충분하게 공급되지 못하는 사회서비스를 확충하고 새로운 일자리를 창출함으로써 사회통합과 국민의 삶의 질 향상에 이바지함을 목적으로 한다.(사회적기업육성법 제1조)

□ 사회적기업의 정의(사회적기업육성법 제2조)

1. "사회적기업"이란 취약계층에게 사회서비스 또는 일자리를 제공하거나 지역사회에 공헌함으로써 지역주민의 삶의 질을 높이는 등의 사회적 목적을 추구하면서 재화 및 서비스의 생산·판매 등 영업활동을 하는 기업으로서 제7조에 따라 인증 받은 자를 말한다.

2. "취약계층"이란 자신에게 필요한 사회서비스를 시장가격으로 구매하는 데에 어려움이 있거나 노동시장의 통상적인 조건에서 취업이 특히 곤란한 계층을 말하며, 그 구체적인 기준은 대통령령으로 정한다.

3. "사회서비스"란 교육, 보건, 사회복지, 환경 및 문화 분야의 서비스, 그 밖에 이에 준하는 서비스로 대통령령으로 정하는 분야의 서비스를 말한다.

4. "연계기업"이란 특정한 사회적기업에 대하여 재정 지원, 경영 자문 등 다양한 지원을 하는 기업으로서 그 사회적기업과 인적·물적·법적으로 독립되어 있는 자를 말한다.

5. "연계지방자치단체"란 지역주민을 위한 사회서비스 확충 및 일자리 창출을 위하여 특정한 사회적기업을 행정적·재정적으로 지원하는 지방자치단체를 말한다.

6. 사회적기업의 일반적 특성은 다음과 같이 정리된다.

구분	내용
경제적 활동	경제적인 재화와 서비스를 지속적으로 생산하거나 공급하는 생산, 판매조직
사회적 목적	영리 추구가 아니라 사회적 문제해결 또는 시장실패의 극복을 통해 사회적 변화를 가져오는 것이 기업의 목적
기업형 운영원리	기업가정신, 시장원리, 전략적 사고, 목표관리 등 영리기업의 경영도구 및 조직의 운영원리를 활용
경제적 자립	정부보조금 및 기부금에 대한 의존도를 줄이고 수익사업의 규모를 키우면서 경제적 자립을 추구
사회적 소유구조	종업원, 고객, 지역사회, 투자자 등 다양한 이해관계자가 사회적 소유구조(governance)를 형성하며, 이때 신용조합, 협동조합, 공동체, 관민합작, 공기업 등 다양한 형태로 가능

7. 사회적기업의 유형은 앞서 살펴보았듯이 크게 3가지로 구분된다. 주로 청소용역, 신소재 개발, 세정제·바이오 관련 분야의 일자리제공 유형 사회적기업과 교육, 문화예술관광운동 분야의 사회서비스 제공 유형 기업 등이 활동하고 있다.

● 자료3 사회적기업 지원(육성) 정책 배경

사회적기업 지원(육성)

□ **사회적기업 지원(육성) 추진 배경**
현 정부의 국정목표인 '일자리 중심 창조경제'를 달성하기 위해 '사회적기업활성화(국정과제61)'가 세부 국정과제로 제시됨.

1) 사회적기업의 의의 및 중요성
취약계층에 대한 사회서비스 및 일자리 제공, 지역사회 공헌 등의 사회적목적과 경제적목적을 동시에 추구하는 기업으로서 복지사회구현 및 창조경제의 밑바탕이 됨.

2) 기존정책의 한계
기존 정책은 사회적기업의 다양성을 저해하고 자생력 약화를 초래.

3) 정책목표
사회적기업 인증제와 전후의 지원시스템을 보완해 사회적기업의 다양성과 자생력을 제고 → 2020년까지 성공 사회적기업 1,000개를 육성하고 궁극적으로 사회적기업을 통해 따뜻한 성장을 실현.

□ **근거법령**
○ 사회적기업 육성법 제 3조에 따르면
국가는 사회서비스 확충 및 일자리 창출을 위하여 사회적기업에 대한 지원(육성)대책을 수립하고 필요한 시책을 종합적으로 추진하여야 한다.
① 지방자치단체는 지역별 특성에 맞는 사회적기업 지원(육성)시책을 수립·시행하여야 한다.
② 사회적기업은 영업활동을 통하여 창출한 이익을 사회적기업의 유지·확대에 재투자하도록 노력하여야 한다.
③ 연계기업은 사회적기업이 창출하는 이익을 취할 수 없다.

○ 사회적기업 육성법 제 5조에 따르면
① 근로노동부장관은 사회적기업을 육성하고 체계적으로 지원(육성)하기 위하여 고용정책기본법 제 10조에 따른 고용정책심의회(이하 "고용정책심의회"라 한다)의 심의를 거쳐 사회적기업 육성 기본계획(이하 "기본계획"이라 한다)을 5년마다 수립하여야 한다.
② 근로노동부장관은 기본계획에 따른 연도별 시행계획을 매년 수립·시행하여야 한다.

● 자료4 사회적기업 현황(1/2)

사회적기업 유형별 비중 (단위 : %)

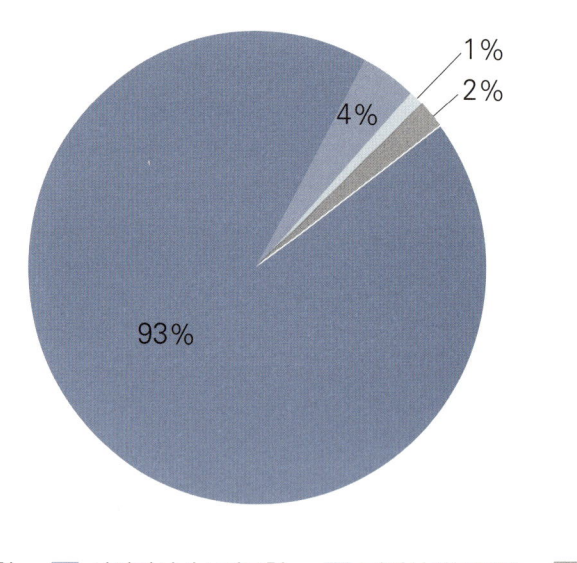

■ 일자리제공형　■ 사회적서비스제공형　■ 지역사회공헌형　■ 혼합형

사회적기업 수 연도 별 추이 (단위 : 개)

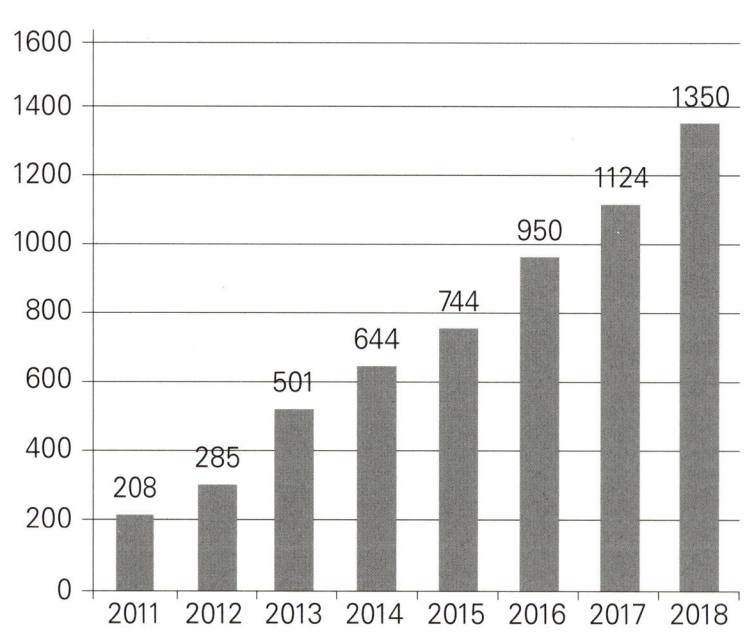

출처 : 한국사회적기업진흥원 사회적기업연구소 '사회적기업 경영공시분석보고서'

● 자료5 사회적기업 현황(2/2)

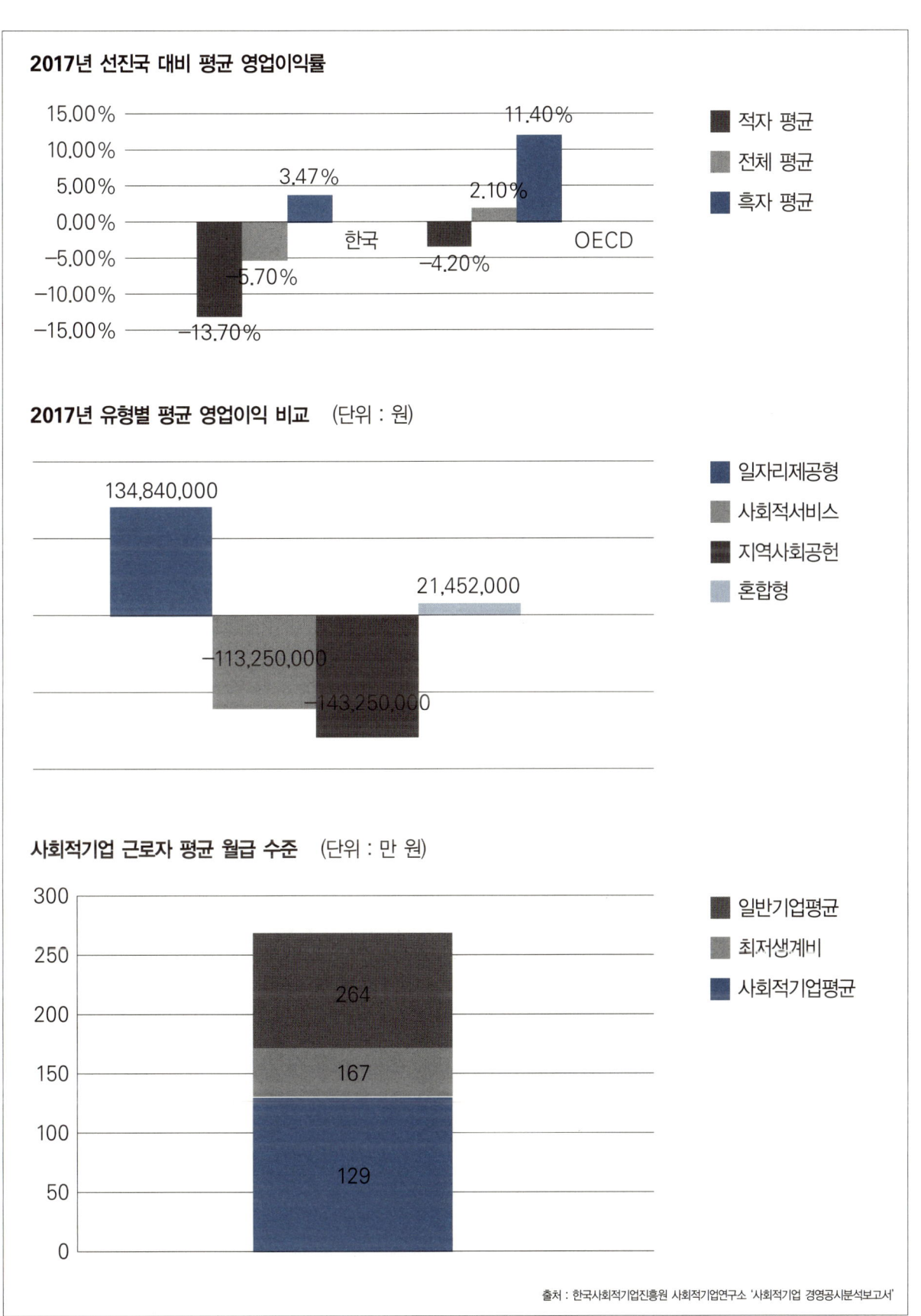

출처 : 한국사회적기업진흥원 사회적기업연구소 '사회적기업 경영공시분석보고서'

자료6 사회적기업에 대한 인식 실태(설문조사)

온라인패널 800명을 대상으로 5일간 설문조사를 진행한 결과(G포털 이용)

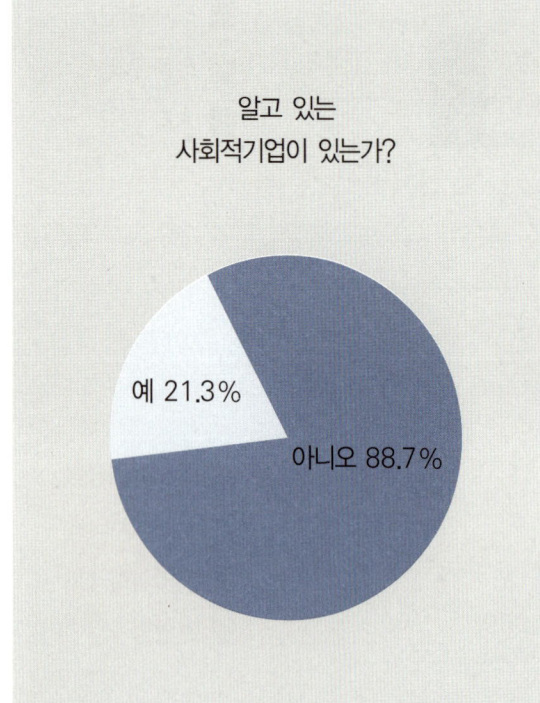

알고 있는 사회적기업이 있는가?
- 예 21.3%
- 아니오 88.7%

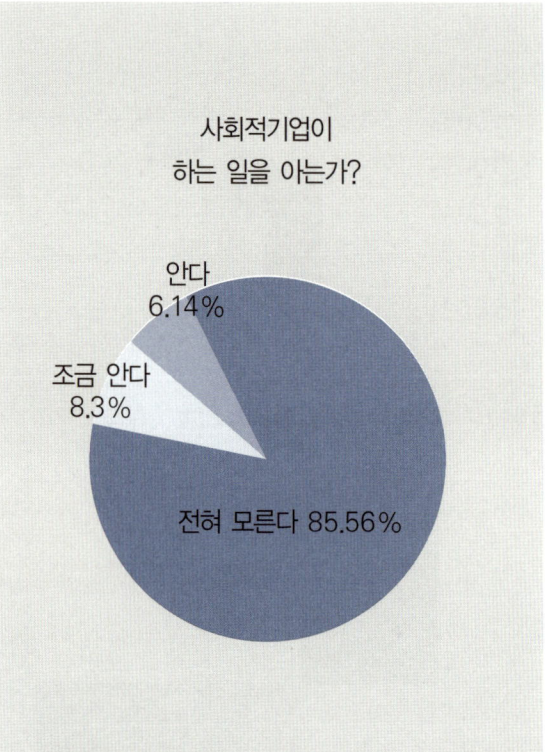

사회적기업이 하는 일을 아는가?
- 안다 6.14%
- 조금 안다 8.3%
- 전혀 모른다 85.56%

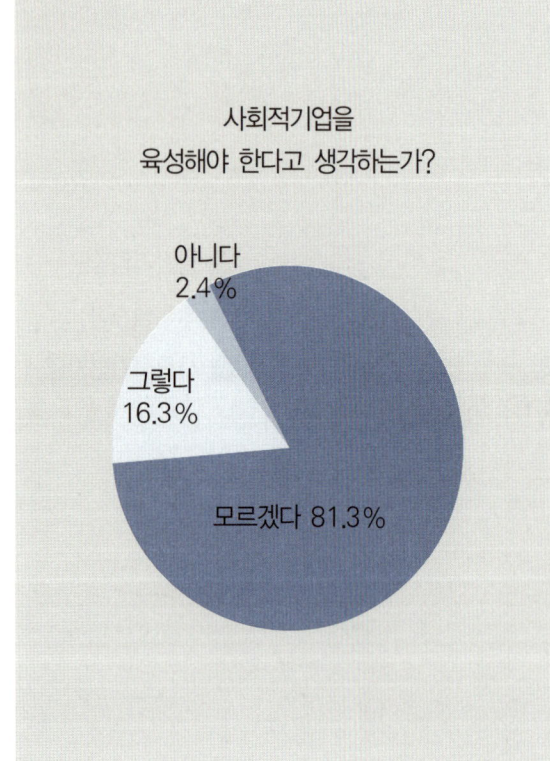

사회적기업을 육성해야 한다고 생각하는가?
- 아니다 2.4%
- 그렇다 16.3%
- 모르겠다 81.3%

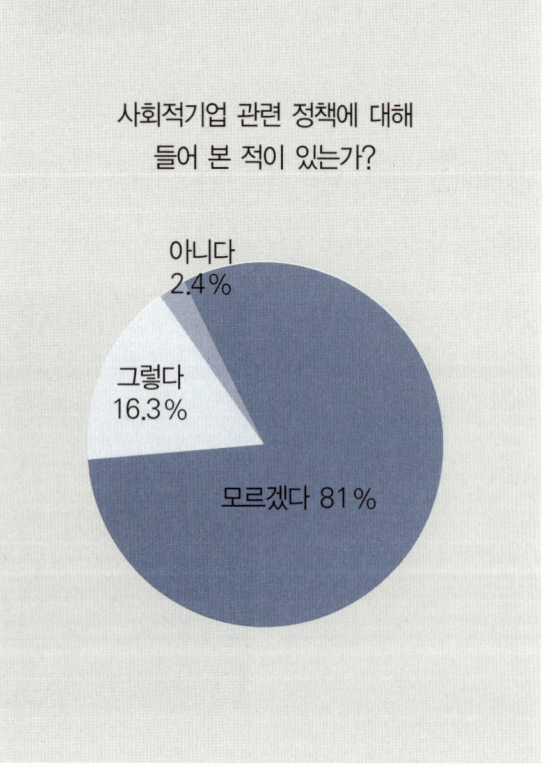

사회적기업 관련 정책에 대해 들어 본 적이 있는가?
- 아니다 2.4%
- 그렇다 16.3%
- 모르겠다 81%

자료7 사회적기업 지원(육성) 정책 현황

지원 부문 별 비중

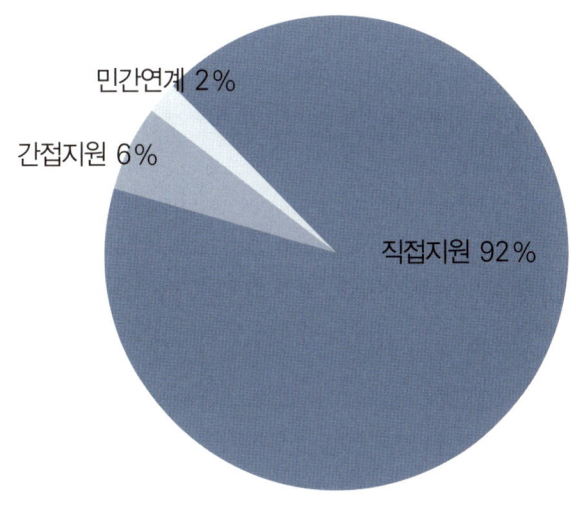

- 민간연계 2%
- 간접지원 6%
- 직접지원 92%

	지원제도	지원내용
직접 지원	경영컨설팅	인사, 회계, 법률 등 경영컨설팅(330만 원~2천만 원 한도)
	사회공헌 일자리사업	퇴직인력지원(일 최대 24,000원 지급)
	인건비 지원	사회적 일자리 참여 인건비(최저임금비 수준)
	전문인력인건비 지원	전문인력 채용 인건비(200만 원 한도)
	사업개발비 지원	기술개발 등을 위한 사업비(최대 1억 원 한도)
	모태펀드 조성	고용부와 민간의 연계, 펀드 조성(50억 규모)
	세제지원	법인세, 소득세 최초 2년 동안 100% 감면 그 후 50%감면, 취득세 및 면허세 50% 감면
		사회적기업에 기부되는 금액, 지정기부금으로 인정
	사회보험료	4대 보험 가입자 월 98,000원 지원
간접 지원	공공기관 우선구매	공공기관의 사회적기업 제품과 서비스 우선구매 권고
	판로개척	공동 판매장 조성 및 박람회 개최
민간 연계	프로보노	멘토링, 세미나, 온라인 자문, 파견근무
	1사1사회적기업 캠페인	일반 기업과 연계
	네트워크 조성	사회적기업활성화를 위한 네트워크

● 자료8 근로노동부 게시판 글

| 민원마당 | **참여마당** | 알림마당 | 정보공개 | 정책마당 | 기관소개 |

자유롭게 의견을 게시하고 나눌 수 있는 공간입니다.

- 열린게시판
- 민원마당
- 참여마당
- 알림마당
- 정보공개
- 정책마당
- 기관소개

실효성 있는 정책 내놓아라, 말만 다른 일자리 사업 아니냐

| 작성일 | 2018/11/19 | 조회수 | 435 |

사회적기업은 일반인에게 한편으로는 사회적으로 좋은 일을 하면서 다른 한편으로는 스스로 자립하는 기업으로 인식시키기 때문에, 이런 기업을 정부가 도와준다는 것에 대해 그 누구도 쉽게 비판하기가 어렵다. 정부는 용어의 이러한 분식(粉飾) 효과를 통해 사회적기업의 승인을 남발하고 정부의 예산을 무분별하게 사용할 가능성을 배제할 수 없다. 뿐만 아니라 정부는 큰 비난을 받지 않고도 민간 기업이 사회적기업을 도와주도록 암묵적으로 강요할 수 있고, 개인에게 다양한 세제 지원으로 사회적기업에 기부하도록 유도할 수도 있다. 이 모든 것들이 생산성이 낮은 사회적기업으로 자원이 지나치게 배분되도록 하는 결과를 낳을 것이며 이는 곧 자원 낭비로 귀결된다.

무엇보다 이 제도는 한편으로는 사회적기업의 운영자들로 하여금 정부에 더욱 의존적으로 만들며, 다른 한편으로는 취약계층이 사회적기업 외의 일반 민간 기업에 취업하거나 새로운 일을 개척하려는 의지를 스스로 포기하게 하고 낮은 수준에서의 안일한 삶에 만족하게 한다.

따라서 현재의 사회적기업 육성은 정부의 또 다른 사회적 일자리 사업에 불과하고 악용될 소지가 있으며, 오히려 정부의 예산 집행이나 회계 처리를 중복되고 불투명하게 할 수 있다. 사회적 일자리 사업에서 사회적기업으로 승인받아 계속 지원받는 것도 경계해야 한다. 무분별하게 정책만 내놓을 것이 아니라 납득할만한 설명과 정책 홍보가 필요하다고 본다.

참고 출처 : 제이에스경영컨설팅, 〈한국의 사회적기업의 실체와 평가〉, 2010.07.09

자료9 칼럼

사회적기업 지원제도의 문제점

윤경남(한라과학대 교수)

2010년 7월부터 시행된 '사회적기업 육성법'에 따라 정부가 주도적으로 육성정책을 실시한 결과 초창기 55개에 불과하던 인증사회적기업이 근래 1,350개로 급증했다. 14년~16년까지 총 101개의 인증사회적기업을 배출했고 16년 131개 팀이 사업화 지원을 받았다. 17년 1,486명에게 사회적기업 아카데미 교육을 지원했다. 정부는 사회적기업을 육성하기 위해 2016년까지 총 1조1000여억 원이라는 많은 정부재정을 투입하기도 했다. 도입한 지 약 8년이 되어가는 이 시점에서 사회적기업의 자생력과 지속가능성 제고라는 관점으로 정부정책의 문제점을 짚어보고 개선방안을 도출할 필요가 있다.

사회적기업은 '사회적기업 육성법' 및 '동법 시행령'에 따른 몇 가지의 인증요건을 충족해야 한다. 이에 따라 법률적으로 독립된 조직형태도 갖춰야 하는데 민법상의 법인과 조합, 상법상의 회사와 합자조합 그리고 공익법인, 비영리민간단체, 사회복지법인, 소비자생활협동조합, 협동조합, 사회적협동조합, 그 밖에 다른 법률에 따른 법인 또는 비영리단체 등이 사회적기업으로 될 수 있다. 사회적기업과 마을기업은 서로 목적하는 바가 다르다. 근로노동부가 주관하는 사회적기업은 취약계층의 일자리 창출이 제1의 목적이라면, 안전행정부가 주관하는 마을기업은 '지역업체가 원하고 지역주민이 원하는 서비스를 지역주민에게 일자리를 제공하면서 일하는 기업'으로 지역문제를 마을주민들이 직접 해결하는 쪽에 초점을 두고 있다.

사회적기업에 대한 정부지원책은 영업활동에 소요되는 비용 등을 해당 업체에 직접 지급하는지 여부에 따라 직접지원과 간접지원으로 구분해 볼 수 있다. 직접적인 지원정책에는 근로자와 전문인력의 인건비 지원, 사업개발비 지원, 사회보험료 지원, 세제 지원, 경영컨설팅 지원, 시설자금 융자 지원, 모태펀드 운영이 있다. 그리고 간접지원 정책에는 공공기관 우선구매제도, 판로개척 지원, 홍보 지원이 있다. 하지만 시행과정에서 이 같은 정부지원제도가 지닌 문제점이 나타나 정부지원책의 기본방향에 대한 개선이 필요한 실정이다.

개선방안을 살펴보면 먼저 정부의 사회적기업 지원제도가 과도하게 일자리창출 중심으로 운영되고 있기 때문에 사회서비스 제공 및 지역사회 공헌이라는 사회적 가치가 균형적으로 추구될 수 있도록 정책방향을 개선할 필요가 있다. 또 일자리창출 중심의 제도운영과 연계돼 지나치게 양적 확대에 치중하고 있으므로 질적 성장을 중시할 필요가 있다. 게다가 획일적 지원정책의 비효율 문제가 야기되고 있으므로 지원조건 등에서 유형과 업종에 따라 사회적기업의 다양성을 고려하는 것이 바람직하고, 마지막으로 정부지원에 대한 사후관리와 평가체계가 미흡하므로 이를 체계적으로 제도화해야 한다.

사회적 취약계층에 대한 복지수요를 정부가 충분히 지원하지 못하고, 기부와 자원봉사 등 민간의 자발적 참여도 저조한 상황에서 다양한 경제적·사회적 소외계층을 대상으로 나눔의 가치를 추구하는 사회적기업은 사회문제 해결을 위한 새로운 대안이 될 수 있을 것이다. 다만 정부는 사회적기업을 일자리창출 목표를 달성하기 위한 수단으로 활용하기보다는 사회적기업이 자발성과 다양성 및 지속가능성을 유지하면서 사회적 목적을 실현할 수 있도록 하는 방향으로 각종 지원을 하는 것이 바람직하다. 아울러 나눔문화를 확산시키고 사회적기업의 역할에 대한 국민적 이해와 인식을 높이려는 정부의 적극적인 노력도 함께 수행될 필요가 있다.

〈서울일보〉

참고 출처 : 경남일보, 〈[경일포럼] 사회적기업 지원제도의 문제점〉, 2015.06.04

자료10 신문 스크랩

"사회적책임을 다하는 기업, 정인 보청기"

CSM 마크는 사회적 책임을 다하는 기업에 미국의 비영리기관 CSM 센터가 수여하는 인증 제도이다. 영리기업을 위한 인증시스템이지만 CSM 마크는 주주만을 위한 이윤추구가 아닌 환경, 직원, 지역사회, 소비자를 아우르는 이윤추구를 목적으로 한다. 국내 기업 중에도 CSM센터로부터 CSM 마크 인증을 받은 기업이 있다. 국내 보청기 제조 및 유통 기업 정인 보청기가 그 주인공이다. 지난 2012년 180개의 질문을 통해 근로환경, 지역사회와의 연계성, 지배구조, 환경친화성 등을 총체적으로 평가받아야 하는 CSM 인증시스템을 통과했다. 올해에는 2013년에 이어 2년 연속 CSM 인증 기업 중 전세계 상위 10% 기업에 선정되기도 했다.

"노벨상 받은 포니 뱅크도 울고 갈 한라국의 인증제도"

2013년 설립된 보청기 업체 정인은 최근 국내 사회적기업 인증을 포기하고 미국 '소셜 엔터프라이즈(Social Enterprise)' 인증을 신청했다. 생활이 어려운 난청인들을 위해 200만 원짜리 보청기를 무료로 공급하고 있지만 취약계층 30% 이상 채용 등 정부가 제시한 사회적기업 인증 요건을 충족하지 못해서다. 국내 인증 체계의 가장 큰 걸림돌은 경직적 고용 조건이다. 정인의 경우 사회적기업의 일을 하면서도 스스로 생존할 수 있는 사업구조를 갖췄다. 무료보청기를 공급하는 것이 회사의 설립 목적이지만 돈을 벌기 위해 고급 보청기를 별도로 만들어 판매하고 수출 시장도 뚫는 등 일반 기업들과도 경쟁해야 한다. 그러다 보니 취약계층 고용 비율 등 사회적기업 요건을 충족시킬 수가 없다는 것이다. 최현수 정인 대표는 "수익이 있어야 회사를 유지할 수 있는데, 수익을 내려면 정부가 요구하는 고용조건을 맞출 수가 없다"며 "사회적기업이 수행하는 활동을 하면서도 정작 사회적기업으로 인정을 받지 못하고 있다"고 안타까워했다.

참고 출처1 : 쿠키뉴스, 〈사회적 책임을 다하는 기업, 딜라이트 보청기〉, 2014.04.10
참고 출처2 : 한국경제, 〈그라민뱅크도 울고 갈 '한라국형 규제'〉, 2012.08.10

자료11 매거진

김현태 한라국사회적기업협회 대표

"사회적기업이 무엇인지에 대해 모두가 고찰해봐야…"

사회적기업에 대한 사회의 인식과 관련, 보나의 홍성진 대표는 "일자리에 국한돼있다"고 단언했다. 홍 대표는 "정부도 인력 지원만 해주면 된다고 생각하는 듯하다"며 "사회적기업 일자리는 최저임금인데 이게 과연 좋은 일자리인지 모르겠다"고 말했다.

또한, 사회적기업 육성제도에 고마움을 나타냈으나 인건비 등 현재 지원 현실을 보면 실질적 지원으로는 볼 수 없다며 아쉬움을 토로했다. "우리의 경우 육성사업으로 인건비가 지원되지는 않았고, 실제 인건비를 무조건 지원하게 되면 나름대로 폐단이 있을 수 있다"면서도 "인건비를 현금으로 지급해줄 수 없다면 다른 방식으로 인적 네트워크를 보완할 수 있는 장치를 마련해야 한다"고 제안했다.

그는 "사회적기업이란 무엇인지 다시금 고찰하여 정책을 개선해야 한다"고 목소리를 냈다. "사회적기업의 존재의미는 일자리 창출에 국한되지 않는다"며 정부가 사회적기업의 일자리 창출에만 초점을 맞춘다면 이는 '소규모 창업 장려'에 불과한 것이라고 지적했다. 특히 "일자리 안정성은 고용의 질과 불가분의 관계임을 잊지 말아야 한다"고 말했다.

참고 출처1 : 메인에이지, 〈사회적기업을 말한다 – 사회적기업, 무엇이 문제인가?〉, 2016.03.28
참고 출처2 : SR와이어, 〈[특별기획] 사회적기업의 고민 – 고용 창출〉, 2014.01.02

● 자료12 사회적기업 정책 관련 주요 설문조사 결과

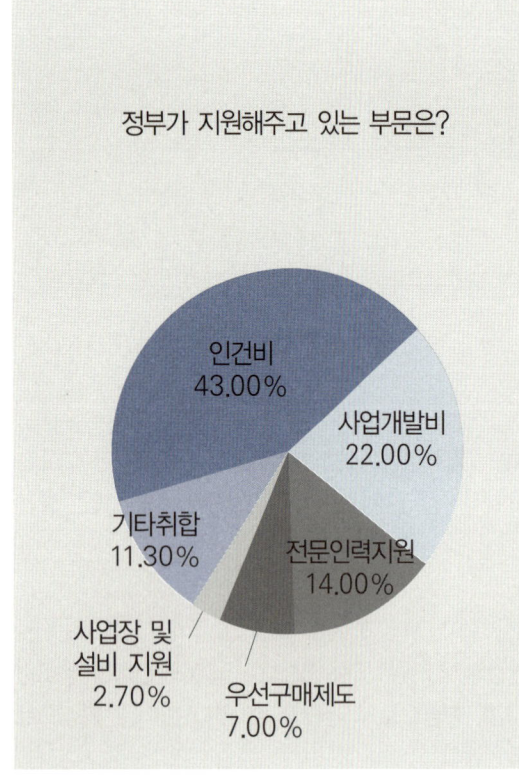

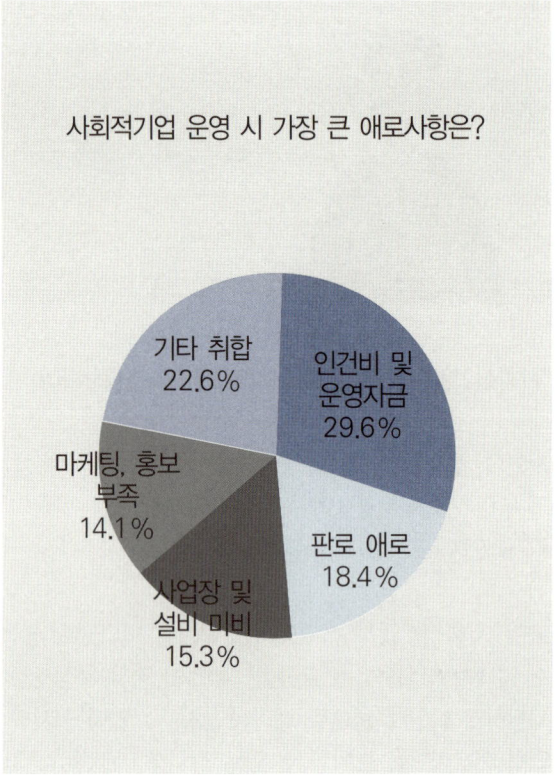

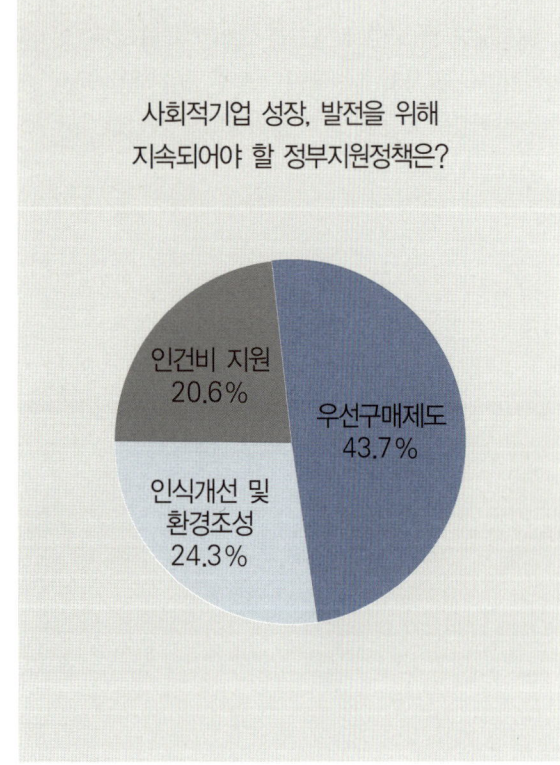

○ 인건비 및 운영자금 부족이 가장 높은 응답 비율을 차지하고 있어 대부분의 사회적기업의 재무상태가 취약함을 알 수 있음

○ 또한 제품·서비스의 판로개척 애로, 마케팅과 홍보역량 부족과 사업장, 장비 및 설비도 미비하다는 응답이 높은 비율을 보이고 있어서 사회적기업의 자립 기반이 전반적으로 빈약한 수준임을 짐작할 수 있음

○ 또한 사업개발비 지원과 전문인력 채용 지원도 각각 22%와 14%로서 이들 지원도 상당한 도움이 되고 있는 것으로 나타남

○ 그러나 사회적기업의 자생력 확보에 기여할 수 있는 지원정책인 공공기관 우선구매제도(7%), 사업장 및 설비 지원(2.7%), 자금대출 등 금융지원(2.2%), 경영컨설팅(2.3%), 지원사업의 경우에는 사회적기업에 크게 도움을 주지 못하고 있는 것으로 나타남

출처 : 국회입법조사처, '사회적기업 지원제도의 문제점과 개선방안', 2014

● **자료13** 설문결과 : 사회적기업의 정부 지원(육성)시책 미활용 사유

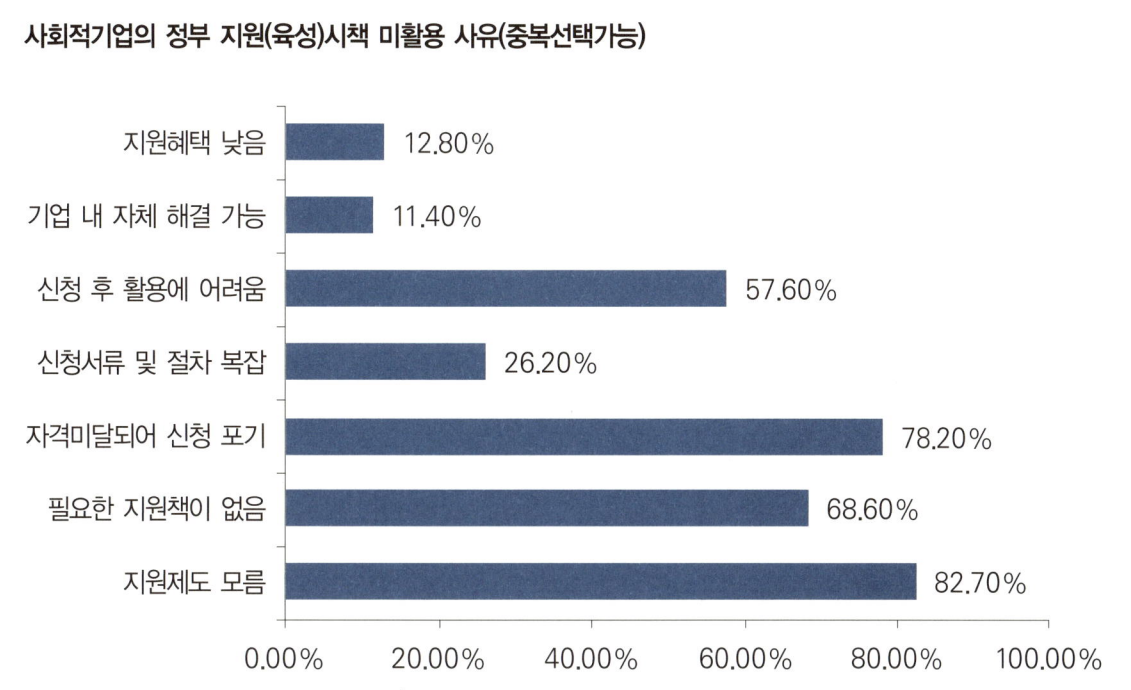

출처 : 한국사회적기업진흥원 사회적기업연구소 '사회적기업 경영실태조사보고서'

자료14 뉴스

〈앵커 멘트〉
상생과 경제적 이윤을 동시에 추구하는 사회적기업은 경제 민주화의 한 대안으로 꼽히고 있습니다. 현재 정부 인증을 받은 사회적기업은 774곳, 앞으로 5년 동안 3천 개로 늘리겠다는 게 정부의 목표입니다. 하지만 내적 성장이 무엇보다 중요한데요, 김경일 기자가, 먼저 사회적기업의 현주소를 살펴봤습니다.

〈리포트〉
서울 장수마을의 한 목공소. 목수가 원목을 깎아, 마을 사랑방 간판을 만듭니다. 노후 마을 주거지를 꾸미기 위해 설립된 '사회적기업'입니다. 이 회사는 마을 재생사업으로 5년 만에 매출 2억 원을 달성했습니다.

〈인터뷰〉
박기혁(사회적기업 '카펜터스' 대표) : "집 고치는 것보다 더 중요한 게… 의지할 수 있는 사람들과 같이 사는 것이거든요."

〈앵커 멘트〉
하지만, 반대사례가 더 많은 것이 현실입니다. 서울시 선정 예비 사회적기업' 가운데, 정부 인증을 받은 곳은 4곳 중 한 곳 뿐이고 나머지는 2년간의 지원이 끝나자, 폐업하거나 사회적기업을 포기했습니다. 이는 상당수가 직원 1인당 98만 원씩 지원되는 인건비만 보고 뛰어들었기 때문입니다. 정부 인증을 받은 곳도, 사정은 비슷합니다.

〈인터뷰〉
정미영('행복나눔터' 대표) : "한 사람 월급도 안 나와요. 이 인원이 다 매달려서 해도 그러니까 이런 일 해 가지고는 안 된다는 거예요."

〈인터뷰〉
성진훈(한라국정책분석평가위원장) : "취약계층 몇 명 고용하면 인건비 준다는 이 방식은 실제로 국가가 해야 될 일을 민간에 다 그냥 떠넘겼다고 봅니다." 지난해 지원예산 1,760억 원 가운데 70%는 인건비였습니다.
보여주기 식의 대책을 무분별하고 책임감 없이 내놓는다는 비판을 면하기 어려운 형국입니다.
양적인 지원도 필요하겠지만 무엇보다 사회적기업이 경쟁력을 갖추고 성장할 수 있는 내실 있는 지원책을 내놓아야 할 것으로 보입니다.

NBS 뉴스 김경일입니다.

참고 출처 : KBS 뉴스, 《[집중진단] 사회적기업 활성화…해외 성공 사례는?》, 2013.01.06

● 자료15 해외 우수사례

Global Magazine 제 267호

WEEKLY SKETCHY

절반 넘는 사회적기업이 정부 인건비에 의존한 일자리 제공 형태의 기업들인 대한민국의 현실! 삶의 질을 높이는 복지 지향적 기업은 거의 가뭄에 콩 나듯이 존재하고 있다.

이번 주는 복지 사각지대를 메우며 취약계층을 돌보는 외국의 사회적기업을 둘러보며 대한민국의 사회적기업이 가야 할 방향에 대해 생각해 볼 수 있기를 기대한다.

사회적기업이 운영하고 있다는 프랑스의 한 양로원을 찾아갔다. 이곳에는 여든 살 이상의 고령 노인들이 생활하고 있었다.

가족들이 내는 간병비로 사회적기업이 운영하는 이 양로원에 입소를 희망하는 노인 대기자만 백 명이 넘는다고 한다.

정부가 운영하는 양로원은 입소 절차가 까다롭지만 이곳은 기업이다 보니 편리한 점이 많기 때문이라는데, 한 노인과 인터뷰를 했다.

로베르토 카를로티(양로원 시설 책임자) : "(정부를 거치지 않고) 가족들에게 노인을 직접 인계 받아 많이 돌볼 수 있는 장점이 있습니다."

파리의 세느강 주변에 나무를 심는 사람들, 사회적기업에서 일하는 노숙자들이라고 한다. 하루 5시간 강둑을 청소하고 생태 공원을 조성하는 일로 원화로 90만 원 가량의 임금을 받는다고…

보싸노와(프랑스 파리 노숙자) : "생계가 어려웠는데 새롭게 출발하는 기회를 얻었습니다."

이 사회적기업의 노숙자 재활 프로그램을 통해 220여 명이 정식 취업해 노숙 생활을 청산했다고 한다. 버려진 땅은 녹지로 탈바꿈했다. 노숙자들에게는 재활할 수 있는 일자리를 주고 세느강 주변의 환경도 살리는 1석 2조의 효과를 거둔 것이다.

〈사진설명 : 파리 양로원 노인들이 아침 체조를 하는 모습이다.〉

참고 출처 : KBS 뉴스, 〈[집중진단] 사회적기업 활성화…해외 성공 사례는?〉, 2013.01.06

자료16 국가별 사회적기업 특성

국가	주요 법률·제도 및 정책특성	주요 활동 내용
프랑스	• 고용 부속 계약 • 조직간 통합 장려, 접적구조 간소화, 다양한 조직의 사회적기업 전환 유도 • 서비스바우처 등 사회적기업 지원을 위한 경제적 장치 설치	• 특정한 사회적·직업적 어려움을 겪고 있는 사람들에게 고용계약과 함께 직업에 관한 계획을 세우고 실행할 수 있도록 사회단결 프로그램을 제공하고 노동시장통합 촉진
이탈리아	• 1991년 유럽에서 최초로 사회기업 법제화 • 사회기업 전문지원기관 등 유기적 지원시스템 가동 • 세제혜택 등 사회기업 지원 통합기업지원 시스템 • 사회기업 부문 관련기관 형성과 서비스 제공을 위한 도구로써 컨소시엄 이용	• 사회기업 부문의 조직적 유연성을 확보하여 생산자, 이용자, 자원봉사자, 지역정부 등 다양한 이해관계자의 참여를 보장 • 컨소시엄 모델을 활용한 교육 훈련, 컨설팅 등 서비스 제공
영국	• 사회적기업청(SEU) • 사회적기업 육성을 위한 조직체계(제3섹터형)와 육성전략에 따른 체계적 육성 • 지역공동체 이익회사(CIC)법을 제정하여 간소한 사회적기업 설립운영모델 창출	• SEU는 사회적기업에 영향을 주는 정책결정을 위한 초점이자 코디네이터 역할을 할 뿐만 아니라 사회적기업을 활성화하고 홍보하는 일을 하고 있음
포르투갈	• 공공 사회복지제도와 IPSS(사회연대책임 민간단체)간의 공조협약	• 아동, 청소년, 노인, 장애인, 소외 가정, 소외 지역사회 등 특정집단에 대한 기본적인 사회 지원을 보장하는 데 그 목표를 둠
벨기에	• 창업센터(지역 인큐베이션 센터) • 사회적기업이 범위가 사회적 목적기업과 자활지원기업(노동통합기업)을 포괄 • 서비스바우처 등 사회적기업 지원을 위한 경제적 장치 설치 • 재정 혜택의 폭과 취약계층 고용률이 연동된 노동통합기업 지원	• 사회적 경제 내의 예비 기업가들이 사업 아이디어의 틀을 완성하고 이행하도록 도와주고, 불리한 위치에 있는 사람들을 고용하도록 장려함 • 창업센터에 보조금을 지급함으로써 플랜더스 당국은 사회적기업 부문이 자체적으로 • 개발, 발전하도록 돕는 중요한 수단을 제공
핀란드	• 사회기업지원정책기구(NSSSE)설립 • 대국민고용서비스법과 실업구제법에 의거 사회적기업에 보조금 지급	• 기존 및 예비 사회적기업들의 네트워크를 구축 및 지도하고, 사회적기업에 대한 • 사회적 인식을 높임
헝가리	• 7개의 사회적기업 총괄기구가 공적자금 지원으로 '민간고용워크(CFM)'프로그램을 실시 • 약 300개에 달하는 NOP 회원들과 함께 사회적기업의 창업과 프로그램, 재무계획서, 보조 신청서 등의 준비와 관련한 전문가 시스템 제공	• 사회적 부문에서 시민들의 화의 장을 마련 하고, 의사소통의 폭을 넓히고 질을 향상시키는 것을 목표로 하는 성공적인 협력 모델
폴란드	• 사회 협동조합법	• 사회적 배제로 인해 위협받는 사람들의 활성화와 포용에 초점 • 소득세를 경감해주고, 수입은 조합원의 사회적·직업적 재통합에 투입

6) 실전문제풀이 : 발표 및 인터뷰

답안 작성에 수고 많으셨습니다. 이제는 발표와 인터뷰를 진행하도록 하겠습니다. 발표 진행 시, 답지는 따로 제출하지 않습니다. 발표할 때 이를 보면서 진행하면 됩니다. 우선 5분 동안 발표를 진행하시고 이를 녹화하여 두십시오. 질의응답의 경우 실제로 질문을 보며 대답하듯 녹화를 하여도 좋고, 답변을 따로 기술해 두어도 좋습니다. 인터뷰의 내용은 아래와 같습니다.

사회적기업 지원대책 방안보고와 관련한 질문

Q1. 본 사안의 추진 배경은 무엇입니까?

Q2. 사회적기업에 대해 조금 더 자세히 설명해 주십시오.

Q3. 사회적기업은 어떤 형태를 보이고 있나요?

Q4. 사회적기업들의 경영 상황은 어떠한가요?

Q5. 사회적기업들의 급여 수준은 어떠한가요?

Q6. 사회적기업들에 대한 정부 지원은 적절한가요?

Q7. 전반적으로 나타난 사회적 기업의 지원에 대한 종합적인 의견을 말씀해 주시겠습니까?

Q8. 본 사안의 문제점을 말씀해 주십시오.

Q9. 각각의 문제점에 대한 배경을 설명해 주십시오.

Q10. 문제점을 해결하기 위한 개선방안을 말씀해 주십시오.

Q11. 귀하가 제시한 개선방안들은 문제점을 해결하기에 충분한가요?

Q12. 본 문제점을 해결하기 위해 추가적으로 요구되는 자료나 정보는 없는지요?

Q13. 설명한 개선방안들의 구체적인 실행방안에 대해 말씀해 주십시오.

Q14. 본 사안들은 추진할 때 우려되는 장애요인은 무엇인가요?

Q15. 위의 개선방안들이 실행되었을 때의 기대효과를 설명해 주십시오.

7) 조치가이드 : 보고서 작성

우선 조치 내용에 대해 살펴보도록 하겠습니다. 조치 가이드의 내용을 보시면서 여러분께서 작성하신 보고서 내용과 비교하여 보시기 바랍니다. 앞서 말씀드렸듯 5분 발표를 위해서는 1.5페이지 정도의 보고서가 적절하나 발표를 제외하는 기관의 경우를 고려하여 3페이지 분량의 조치 가이드를 작성하였습니다. 조치 가이드가 정답은 아니니 평가문제 개발자의 의도가 담긴 가이드로 판단하여 주시기 바랍니다. 여러분의 탁월한 조치 대응 수준을 기대합니다.

8) 조치가이드 : 발표 및 인터뷰

사회적기업 지원 대책 방안

1. 배경
사회적 서비스 확충과 일자리 창출을 목적으로 실시되고 있는 사회적기업 지원 사업은 올해 정부의 우선 정책 과제로서 이에 대한 개정의 필요성이 요구됨

2. 현황
사회적기업이란?
- 취약계층에 일자리 제공을 하거나 지역사회의 공헌을 하는 기업
- 현 정부의 "일자리 중심 창조경제"의 정책사업의 일환으로 추진됨

사회적기업의 현황
(현황) 일자리 제공형이 93%로 대다수가 일자리 창출에 국한되어 있으며, 사회적기업의 수는 매년 증가하고 있음(2008년 208개 → 2015년 1,350개)

(경영상황) 사회적기업은 평균 영업이익률이 OECD에 비해 저조함
* 전체 평균 영업이익률 : 5.7%(OECD 평균 : 2.1%)
(급여수준) 사회적기업의 평균월급은 129만 원으로 최저 생계비(167만 원)에 미치지 못함.
(정부지원) 사회적기업에 대한 지원은 직접 지원이 92%로 대다수를 차지하며 인건비 및 운영자금 지원에 치중됨
※ 시사점
- 정부지원으로 운영되는 사회적기업의 자립기반이 취약함
- 일자리 창출 중심의 현 제도는 사회적 가치 실현에 미비함

3. 문제점
제도의 미비
(정책방향) 정부의 사회적기업 정책이 일자리 창출에 국한되어 있음
(정부지원) 인건비 지원 등 직접적인 지원에 집중되어 있으며 사회적기업에 필요한 지원책이 없음
(정부규제) 획일적 정부지원 규정으로 기업들이 유연성을 요구함
- 신청 후 활용에 시간이 많이 소요됨
- 자격기준이 까다로움
(평가체계) 사업의 평가체계가 미비 되어 예산집행의 비효율성이 있음

홍보 미비
- 국민의 80% 이상이 사회적기업에 대해 모르는 등 사회적기업에 대한 인식이 현저히 낮음
- 사회적기업의 82%가 정부의 지원정책을 잘 모르고 있음

4. 전략 방향
일자리 창출을 넘어 사회적 가치를 창출하는 사회적기업 실현

5. 개선방안
제도 개선 및 수립
(정부지원의 개선) 직접지원과 더불어 우선구매제, 사업장 및 설비지원, 금융지원, 경영컨설팅의 확대
- 정부의 직·간접 지원 외에 민간연계 지원방안 수입
- 사회적기업에 대한 급여는 최저 생계비 수준까지 인상(126만 원→167만 원)
- 기업의 요구를 분석하여 현실적으로 필요한 기업 방안 모색
(정부규제의 완화) 사회적기업에 탄력적인 정부규제의 완화
- 신청 후 활용에 시간이 많이 소요된다는 의견을 반영하여 개선
- 자격기준이 까다롭다는 의견을 반영하여 개선
(평가체계 수립) 사회적기업 지원 사업의 평가체계 완비로 사업의 효율화

홍보 강화
- 대국민 홍보방안 수립 및 운영
- 사회적기업 대상 홍보방안 수립 및 운영

6. 세부실행계획
단기 실행과제
- 국민 및 기업을 대상으로 한 홍보강화
  · 본 홍보사업은 12월 말까지 구체적인 홍보방안을 수립하여 2019년 1월부터 12월까지 지속적으로 실시하여 현재 10~20%대인 인식의 수준을 50%까지 확대하겠음

장기 실행과제
- 제도의 개선 및 수립
  · 본 과제들은 2019년 6월까지 기본안을 수립하여 2019년 하반기까지 국회의 비준 완료 및 예산을 확보하여 2020년도 상반기부터 실시하겠음

7. 기대효과
본 사업의 적극적 추진으로 목적하는 사회적 통합과 국민의 삶의 질 향상에 이바지할 것으로 판단됨

이제는 녹화 내용 혹은 기술한 내용을 인터뷰 조치가이드와 비교해 보시기 바랍니다. 평가기준은 다음의 페이지에 있습니다.

Q1. 본 사안의 추진 배경은 무엇입니까?
A. 사회적기업 육성 사업은 사회적 서비스 확충과 일자리 창출을 목적으로 실시되고 있었습니다. 올해 정부의 우선 정책과제로 지정됨에 따라 적극적인 사업 추진이 요구되는바, 이를 위해 개정을 진행하고자 합니다.

Q2. 사회적기업 대해 조금 더 자세히 설명해 주십시오.
A. 사회적기업은 현 정부가 중점 추진하는 "일자리 중심 창조경제"의 정책사업 중 하나로 취약계층에게 일자리 제공을 하거나 지역사회의 공헌을 하는, 사회적 목적과 경제적 목적을 동시에 추구하는 기업을 의미합니다.

Q3. 사회적기업은 어떤 형태를 보이고 있나요?
A. 일자리 제공형이 대다수로(93%) 일자리 창출에 국한되어 있으며, 그 수는 2008년 208개에서 2015년에 1,350개로 매년 증가하고 있습니다.

Q4. 사회적기업들의 경영 상황은 어떠한가요?
A. 좋지 않습니다. 국내 사회적기업의 평균 영업 이익률은 -5.7%로 OECD 평균 2.1%에 비해 저조한 상황입니다.

Q5. 사회적기업의 급여 수준은 어떠한가요?
A. 급여 수준 역시 좋지 않습니다. 사회적기업의 평균 월급은 129만 원으로 167만 원인 최저 생계비에 미치지 못하는 실정입니다.

Q6. 사회적기업들에 대한 정부 지원은 적절한가요?
A. 사회적기업에 대한 정부 지원은 직접 지원이 92%로 대다수를 차지하며 인건비 및 운영자금 지원에 치중되어 있습니다.

Q7. 전반적으로 나타난 사회적기업의 지원에 대한 종합적인 의견을 말씀해 주시겠습니까?
A. 정부지원으로 운영되는 사회적기업의 자립기반이 취약하며, 일자리 창출 중심의 현 제도는 원래의 목적인 사회적 가치 실현에 미비하다고 판단됩니다.

Q8. 본 사안의 문제점을 말씀해 주십시오.
A. 본 사안의 문제점은 두 가지로 요약됩니다. 첫 번째는 정부 제도의 미비이고 두 번째는 홍보의 미비입니다.

Q9. 각각의 문제점에 대한 배경을 설명해 주십시오.
A. 첫 번째 문제점으로 말씀드린 정부제도 미비와 관련한 구체적인 내용은 네 가지입니다. 첫째, 정책 방향이 정부의 사회적기업 정책이 일자리 창출에 국한되어 있고, 둘째, 정부지원은 인건비 지원 등 직접적인 현금 지원에 집중되어 있으며, 사회적기업에 대한 필요한 지원책이 없습니다. 셋째, 정부의 규제가 획일적이며, 마지막으로 사업의 평가체계가 미비 되어 예산 집행이 비효율적입니다.
두 번째 문제점으로 말씀으로 홍보 미비와 관련한 구체적인 내용은, 조사결과 국민의 80% 이상이 사회적기업에 대해 모르고 기업들 또한 82%가 정부의 지원정책을 잘 모르는 현실입니다.

Q10. 문제점을 해결하기 위한 개선방안을 말씀해 주십시오.
A. 먼저 제도 개선과 관련하여 세 가지의 개선방안을 제시합니다.
첫 번째 정부지원의 개선으로 직접지원과 더불어 우선구매제, 사업장 및 설비지원, 금융지원, 경영컨설팅의 확대하겠습니다. 구체적인 내용으로
  - 정부의 직, 간접적 지원 외에 민간연계 지원방안을 수립하고,
  - 사회적기업에 대한 급여를 최저 생계비 수준(167만 원)까지 인상하고자 합니다.
  - 또 기업의 요구를 조사하여 현실적으로 필요한 기업 요구 사안들을 찾아 지원하겠습니다.
두 번째 정부규제의 완화로써 사회적기업에 탄력적으로 정부규제를 완화하겠습니다. 구체적으로,
  - 신청 후 활용에 시간이 많이 소요된다는 의견을 반영하여 개선하고,
  - 자격기준이 까다롭다는 의견을 반영하여 자격 기준을 완화 하겠습니다.

> 세 번째로 평가체계 수립입니다. 사회적기업 지원 사업의 평가체계 완비로 사업을 효율화하겠습니다.
> 두 번째 문제점인 홍보 미비와 관련하여 홍보를 강화하겠습니다. 구체적인 내용으로는
> - 대국민 홍보방안을 수립하여 운영하고
> - 사회적기업을 대상으로 홍보방안 수립하여 운영하겠습니다.
>
> **Q11. 귀하가 제시한 개선방안들은 문제점을 해결하기에 충분한가요?**
> A. 현상의 문제점만을 해결하는 데 그치지 않고 원래 목적으로 삼았던, 일자리 창출을 넘어 사회적 가치를 창출하는 사회적기업 실현을 이루어 낼 수 있습니다.
>
> **Q12. 본 문제점을 해결하기 위해 추가적으로 요구되는 자료나 정보는 없는지요?**
> A. 사회적기업이 잘 운영되고 있는 유럽의 운영실태를 유심히 보고 벤치마킹을 하는 것이 중요하다고 생각합니다. 특히 프랑스의 노숙인들 대상으로 한 사회적기업의 사례는 꼭 찾아서 살펴보고 타산지석으로 삼고 싶습니다.
>
> **Q13. 설명하신 개선방안들의 구체적인 실행방안에 대해 말씀해주십시오.**
> A. 장·단기로 실행과제를 구분하여 말씀드리겠습니다.
> 단기 실행과제로는 전국민 및 기업을 대상으로 한 홍보강화입니다.
> 본 홍보사업은 12월 말까지 구체적인 홍보방안을 수립하여 2019년 1월부터 12월까지 지속적으로 실시하여 현재 20%대인 인식의 수준을 50%까지 확대하겠습니다.
> 장기 실행과제로는 제도의 개선 및 수립입니다.
> 본 과제들은 2019년 6월까지 기본안을 수립하여 2019년 하반기까지 국회의 비준의 완료 및 예산을 확보하여 2020년도 상반기부터 실시하겠습니다.
>
> **Q14. 본 사안들은 추진할 때의 우려되는 장애요인은 무엇인가요?**
> A. 본 사업을 추진하고 하는 정부의 적극적인 의지와 부처 간의 협조라고 생각합니다. 이에 대한 적극적인 협조가 요구됩니다.
>
> **Q15. 위의 개선방안들이 실행되었을 때의 기대효과를 설명해 주십시오.**
> A. 본 사업의 적극적 추진으로 목적하는 사회적 통합과 국민의 삶의 질 향상에 이바질 할 것 것으로 판단됩니다.

9) 평가

자, 그럼 이제 작성한 답안, 발표 내용, 인터뷰 답안을 평가해보도록 하겠습니다. 제가 직접 여러분의 보고서와 발표 내용을 평가하여 정확한 수준을 알려드리지 못하는 점이 무척 아쉽습니다만, 대신 여러분의 역량을 스스로 평가할 수 있는 방법을 전해드리도록 하겠습니다.

평가는 행위관찰척도법(BOS, Behavior Observation Scale) 방식으로 시행하겠습니다. 기술된 내용의 잘된 점과 보완할 점을 기록한 뒤 각각의 빈도수를 기반으로 본인의 점수를 5점 척도로 평가하여 주십시오.

평가의 출발점은 3점입니다. 즉, 잘된 점과 보완할 점의 빈도수가 비슷하면 3점입니다. 잘된 점의 빈도수가 많으면 3점을 유지하거나 4점으로 올라가고 보완할 점의 빈도수가 많으면 2점으로 떨어집니다.

아래의 평가 기준은 보고서와 발표 및 인터뷰의 평가 기준을 형식과 내용으로 구분하여 구조화한 것입니다. 아래 기준에 근거하여 잘된 점과 보완할 점을 찾아봅시다.

구분	형식	내용
보고서	전체 목차의 배열이 적절한가? 목차에서 빠진 요소들은 없는가? 페이지의 양은 적절한가?	추진배경은 본 사안의 목적을 잘 설명하고 있는가? 전반적으로 내용의 유목화는 적절한가? 사용된 언어들은 내용을 효과적으로 함축하고 있는가? 전반적으로 보고서의 가독성은 좋은가?(표와 그래프 등의 사용) 문제점들은 제대로 적시하였는가? 제시된 개선방안들은 문제점을 해결할 수 있을 만큼 타당한가? 목표는 구체적이고 측정 가능한가? 개선방안들은 실행이 가능할 만큼 구체적인가?
발표	발표의 태도는 적절한가? 평가사를 설득하고 있는가?	발표 시에 발표순서를 먼저 설명하였는가? 평가사를 바라보며 발표하는가? 발표 시에 목소리는 편안하였는가? 발표 속도는 평가사가 충분히 알아들을 수 있도록 적절하였는가? 평가사의 반응이 호의적이었다고 생각하는가? 발표 내용이 설득에 가까웠는가?
인터뷰	답변의 태도는 적절한가? 답변의 내용은 논리적인가? 평가사와 소통하고 있는가?	평가사의 질문을 충분히 이해하였는가? 묻는 말에만 답했는가? 평가사가 알아듣기 편하게 천천히 대답하였는가? 평가사와 논쟁은 하지 않았는가? 답변의 내용에 평가사가 공감하였는가? 평가사와 소통이 이루어졌는가?

잘된 점	보완할 점

2 인바스켓(서류함 기법)

1) 기법의 이해

인바스켓 기법은 시뮬레이션 기반의 평가기법들 중 가장 널리 쓰이는 도구입니다. 인바스켓은 서류함기법이라고도 부르며, 문자 그대로 서류함(Basket) 안에 처리되지 않고 남아있는 사항들을 조치하는 것입니다. 인바스켓은 보통 다음과 같은 상황 설명으로 시작합니다.

> "귀하는 기획부서의 팀장입니다. 귀하는 1시간 후 해외 출장에 떠나야 하며, 그 전에 업무 처리를 완료해야 합니다."

인바스켓은 위와 같이 가상의 상황을 제시한 후 정해진 시간 안에 업무를 처리할 것을 요구합니다. 일반적으로 처리할 업무가 3~4개의 소과제로 제시되는데, 이 과제들을 독립적인 과제가 아닌 하나의 과제로 생각하고 풀이해야 합니다. 예를 들어, 세 개의 소과제가 제시되는 경우, 소과제1을 효과적으로 조치하기 위해서는 소과제1에 제시된 자료 외에 다른 자료들까지도 검토할 필요가 있습니다. 소과제1과 함께 제시된 자료를 분석하여도 어느 정도 과제 해결이 가능하나, 더 효과적인 대응을 위해서는 여러 자료들을 함께 분석해야 합니다. 때로는 소과제1의 문제점이 소과제3의 내용에서 나오기도 하며, 소과제1과 관련된 주요 내용이 과제 앞단의 조직 비전이나 조직도를 통해 제공되기도 합니다. 인바스켓이 다른 기법들보다 까다롭고 어렵게 느껴지는 것도 바로 이런 이유에서입니다. 인바스켓의 특성을 잘 모르는 경우 소과제별로 주어진 각각의 페이지만 보면서 개별적으로 문제를 해결하게 됩니다. 이런 경우에 자료들을 제대로 분석하였는데도 도저히 풀 수 없다고 생각하거나, 지나치게 평이한 답변만 하게 됩니다. 즉, 인바스켓 과제를 풀이하기 위해서는 기본적으로 자료를 종간, 횡간으로 종합하여 볼 수 있는 통찰력이 있어야 합니다. 나무가 아닌 숲을 볼 수 있어야 한다는 의미입니다. 인바스켓은 숲을 보는 역량이 부족하면 과제 자체를 해결하기 어려운 기법입니다.

표 2-1 과제 하나하나가 아닌 전체를 보자

과제	전체 과제개요	소과제 1	외국인 관광객의 불편사항 해결	소과제 2	역량개발계획서의 피드백	소과제 3	관광일정 조정
페이지 주제	과제 상황개요	페이지 주제	소과제 개요	페이지 주제	역량 진단 및 업무상담신청내역	페이지 주제	사랑시 오색 테마 여행 추진 계획
	사랑시 개요		사랑시 관광정책과 업무분장		역량개발 관련 자료(일부)		사랑시 행사 일정
	비전과 전략과제		사내 메신저 대화		2017년 진행 중인 교육		E-mail
	사랑시 조직도		사랑시 문화관광 본부 홈페이지 글		역량개발 목표 관리		전화메모

보통 출제자들은 평가대상자들이 주어진 시간을 효과적으로 사용하지 못할 경우 모든 과제를 조치할 수 없도록 과제의 난이도를 조절합니다. 따라서 인바스켓은 역량회복 훈련 편에서 소개한 내용 중 상황분석과 상황개념 단계 연습이 절대적으로 요구되는 기법으로 과제를 빠르게 분석하여 효율적으로 시간을 분배하는 능력이 필요합니다.

인바스켓 기법을 통해서는 주로 인지/사고역량군과 성취역량군, 조직역량군의 부하동기부여 역량을 평가하며, 관계역량군을 함께 평가하는 경우도 있습니다. 제시된 과제를 정확하게 인식하고 적합한 자료를 파악하여 내용을 분석하였는지, 파악한 내용을 논리적으로 구조화하였는지, 명확한 목표를 가지고 성과를 창출하기 위해 과제를 처리한 것인지, 이해관계자의 상황을 고려하였는지 등 다양한 기준에서 역량을 평가하게 됩니다.

인바스켓의 일반적인 진행 방식은 아래와 같으며, 인터뷰의 진행 여부에 따라 과정 및 평가진행에 있어 약간의 차이를 보입니다.

그림 2-3 인바스켓 진행 프로세스

과제 조치 → 조치 내용 복사 → 평가자 인터뷰 → 조치내용 및 인터뷰 기반 평가

인터뷰가 진행되지 않는 경우에는 답안에 대한 평가만 진행됩니다. 인터뷰가 진행되는 경우에는 작성한 조치 내용을 한 부 복사하여 평가자에게 제출하고, 평가자는 조치 내용과 사전에 제공된 평가자 매뉴얼을 기반으로 인터뷰를 진행합니다. 여기서 주의할 것은 인바스켓 업무 조치 시에는 외부의 정보나 자료를 활용하면 안 된다는 것입니다. 오로지 가상상황 정보와 자료만을 이용하여 답안을 작성해야 합니다. 과제를 조치하기 위해 본인의 경험이나 신문, 방송, 인터넷 등을 통해 접했던 정보를 제시하면 안 됩니다. 다만, 주어진 자료나 정보를 종합하여 새로운 정보를 만들거나, 원칙을 제시하는 것은 괜찮습니다. 예를 들어, 주어진 정보를 분석한 후 문제점을 정부, 사회, 가정의 세 가지 범주로 정리하여 구조화하는 것은 좋습니다. 또 자료를 분석하기 위해 기존에 활용되는 문제해결 방법론을 사용하는 것 역시 괜찮습니다. 육하원칙, SWOT분석, 3C기법, SMART기법 등의 다양한 기법들은 자유롭게 사용하면 됩니다.

2) 출제유형

인바스켓의 출제 유형은 과제 진행 방식과 내용에 따라 총 4가지 유형으로 구분할 수 있습니다. 유형별로 조금의 차이는 있지만 근본적인 과제 구성이나 풀이방법은 거의 다르지 않습니다. 보통 A유형이 가장 많이 사용되고 있으며, B, D유형을 사용하는 기관도 있습니다. B유형은 보고서와 IB의 혼합형태로 여러 개의 보고서를

작성한다고 생각하시면 됩니다. D유형은 다른 유형과 달리 조치해야 할 과제가 명시되어 있지 않기 때문에 자료 속에서 스스로 과제를 찾아야 합니다. 따라서 평가대상자에 따라 조치하는 과제 수가 달라질 수 있습니다. C유형은 인바스켓 초기 유형으로 요즘은 거의 사용하지 않습니다. 우선순위의 결정과 간단한 해결을 요하는 여러 개의 소과제로 구성되어 있습니다.

표 2-2 인바스켓 유형(과제 진행 방식에 따른 분류)

유형		과제풀이 시간	구체적인 과제 명시	인터뷰 진행
기본형	A유형	40분~60분	명시	진행(20분)
	B유형	180분~240분	명시	진행/진행하지 않음
	C유형	60분~100분	명시	진행하지 않음
혼합형	D유형	40분~60분	명시하지 않음	진행(20분)

내용에 따라서는 크게 두 가지로 구분할 수 있습니다. 업무에 따른 유·불리가 나타나지 않도록 하기 위해 자료가 평가대상자가 속한 조직의 내부 상황과 관련 없는 내용으로 구성되어 있는 '나'형 문제의 출제 비중은 높지 않으며, 특정한 직무에 대한 적합성을 보기 위해서 평가대상자가 속한 기관과 유관한 내용으로 구성된 '가'형 문제 유형이 대다수를 차지합니다.

표 2-3 인바스켓 유형(내용에 따른 분류)

유형	내용
가형	평가대상이 속한 조직의 내부적 상황에 기반한 과제로, 소속된 조직의 상황과 유사한 상황들이 제시됨. 유사한 조직 구조, 업무내용을 다루고 있음
나형	평가대상이 속한 조직의 내부적 상황과 관련이 없는 상황들이 제시됨. 어떤 직무를 맡고 있는지에 따라 유·불리가 나타나지 않도록 하기 위하여 내부적 상황과는 다른 상황들을 다루게 됨

기관 및 평가 역량에 따라 수행해야 할 소과제의 유형이 달라지는데, 최근에는 ①**작은 보고서 작성**, ②**이해관계 조정(갈등 조정)**, ③**부하직원 동기부여의 세 가지 업무 수행**과 관련된 소과제가 자주 출제되고 있습니다. 인바스켓 소과제 중 하나인 작은 보고서는 '정책기획보고와 발표 편'과 동일한 방식으로 접근하시면 됩니다.

3) 접근방법

인바스켓을 잘 풀기 위해서는 앞에서 말씀드렸던 인지/사고역량이 높아야 합니다. 인지/사고역량이 부족하면 과제의 핵심을 파악하고 과제 간의 관련성을 파악하여 전체를 구조화하는 데 오랜 시간이 걸립니다. 인바스켓을 푸는 것도 문제를 해결하는 과정입니다. 문제해결에 있어 가장 먼저 해야 할 것은 '문제를 정의하는 것'입니다.

(1) 상황과 역할의 명확화

인바스켓 문제를 제대로 해결하기 위해서는 가장 먼저 상황과 역할을 명확하게 인지해야 합니다.

아래의 예시에서 귀하에게 주어진 상황과 역할은 무엇인가요?

> - 당신은 역량시 문화관광국 관광정책과 관광개발팀장 나현석입니다.
> - 역량시는 평화국의 대표 도시로서, 5개의 행정구로 구성되어 있습니다. 각 행정구는 서로 다른 특색을 지니고 있어, 역량시의 문화관광국에서는 이 특색을 활용한 관광상품을 올해 처음 도입하였습니다.
> - 오늘은 2017년 3월 23일 수요일이고, 지금 시간은 11시입니다.
> - 9시부터 11시까지 국장님 주재 회의에 다녀온 당신의 책상에는 처리해야 할 업무가 놓여 있습니다. 당신은 이 업무를 모두 처리한 후 11시 40분에는 해외 출장을 위해 공항으로 떠나야 합니다.

위의 상황과 역할을 알리는 지문의 의미는 '귀하는 역량시 문화관광국 관광정책과 관광개발팀의 나현석 팀장이며, 지금부터 40분 내에 모든 업무를 처리해야 한다' 정도겠네요.

(2) 과제의 명확화

주어진 역할을 파악하셨다면 다음으로는 처리해야 할 과제를 명확하게 해야 합니다.

예를 들어, 주어진 과제를 다음과 같은 소과제로 구분하여 정리해볼 수 있습니다.

[예시] 과제의 명확화	1. 김보미 주무관의 '2016 역량시 관광홍보 마케팅 계획'에 대한 피드백 2. 외국인 관광객 Daniel Schmidt의 불만사항에 대한 조치 3. 오색테마여행 만족도 조사 결과 피드백 4. 오색테마여행의 일정 변경

과제를 명확히 하고 난 후 2분 동안 처리해야 할 과제에 대해 생각해 주십시오. 과제를 명확하게 정리하고 나면, 과제의 윤곽이 보일 것입니다. 전체 문제상황을 파악한 후 소과제를 해결하는 침착함이 반드시 필요합니다. 문제를 명확히 하고 윤곽을 파악했다면, 이제는 조치 우선순위를 생각해야 합니다.

(3) 조치 우선순위 선정

우선순위를 선정한다는 것은 무엇일까요? 예를 들어, 앞서 과제를 정의한 이후 '이번 문제에서는 오늘 오후 최종 PT가 예정되어 있는 2016 역량시 관광홍보 마케팅 계획에 대한 피드백을 1순위로 처리하겠다'가 바로 조치의 우선순위를 선정하는 것입니다. 우선순위를 선정하는 기준은 전적으로 여러분에게 달려있으며, 판단의 논리가 빈약하면 낮은 점수를 받게 됩니다.

그렇다면 판단의 논리라고 할 때 논리(論理)는 무엇을 의미할까요?

논리의 사전적 정의는

① 말이나 글에서의 짜임새나 갈피

② 생각이 지녀야 하는 형식(形式)이나 법칙(法則)

③ 사물(事物)의 이치(理致)나 법칙성(法則性) 입니다

논리의 정의를 고려할 때, 논리의 기본요건은 바로 이치에 맞아야 한다는 것입니다. 좀 더 쉽게 표현하자면, '말이 돼야 한다'는 것입니다. 논리는 말이 되는 상황이나 원칙, 글을 만드는 것입니다. 뛰어난 논리를 이야기하면 청자는 '진짜 말이 된다'고 합니다. 논리가 부족하면 '말이 안 된다'고 하죠. 우선순위를 정할 때 즉, 판단할 때는 '말이 되는' 우선순위가 있으면 됩니다.

우선순위를 정하는 방법에는 기본적으로 중요성과 시급(긴급)성을 고려하여 판단하는 방법이 있습니다. 긴급도는 사안의 시급성을 의미하는데, 자료에 제시된 업무의 마감기한 등을 고려하여 긴급도를 판단할 수 있습니다. 중요도는 사안을 바라보는 관점과 기준에 따라 달라질 수 있는데, 중요도를 판단하는 기준은 아래와 같습니다.

- 지시자의 위치(대통령 관심사항, 장관의 지시사항 등)
- 이해관계자들의 관심도(국민 의견 조사 결과, NGO들의 강력한 반발 성명 등)
- 프로젝트에 투여되는 인력과 예산의 규모(예산 10조원이 투자되는 국가적 사업 등)
- 국가 및 해당 부처, 기관의 전략적 우선순위(글로벌, 윤리경영, 고객만족 등)

그림 2-4 우선순위 매트릭스

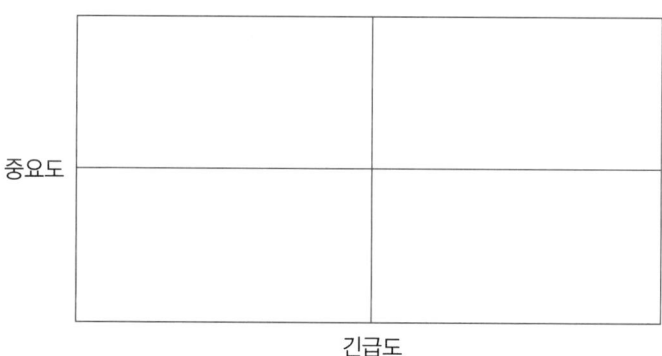

사안의 중요도와 긴급도를 판단했다면 제시된 매트릭스를 사용하여 중요도와 긴급도가 높은 업무에서 중요도와 긴급도가 낮은 업무 순으로 우선순위를 설정하실 수 있습니다.

이외에도 우선순위를 정하기 위해서 효율성을 논하는 경우도 있는데, 여기서 효율성이란 '내가 잘할 수 있는 일인가?'라고 생각하시면 됩니다. '내가 잘하는 일이어서 우선적으로 처리하였다.' 하는 것도 업무의 우선순위

를 논하는 하나의 기준으로 활용할 수 있습니다. (자료를 차분히 읽으면서 여러분 스스로 논리를 만들어 보시기 바랍니다. 단, 논리는 빠른 시간 내에 구상하셔야 합니다.)

(4) 과제해결

앞서 말씀드렸듯이, 소과제1번을 먼저 처리해야 한다고 해서 이것만을 생각해서는 곤란합니다. 문제를 풀이하실 때는 제시된 과제 모두를 염두에 두고 해결해야 합니다. 앞서 언급하였지만, 인바스켓 문제는 종간과 횡간을 함께 보는 인지/사고역량을 요구합니다. 그렇기 때문에 제시된 모든 과제를 항상 생각하며 과제 해결에 임하여야 합니다.

이제 인바스켓 기법에 대해 어느 정도 파악이 되셨는지요? 그렇다면, 지금부터는 직접 인바스켓 문제를 풀어 보도록 하겠습니다.

4) 실전문제풀이 : 과제 조치

본서에서는 인바스켓 유형 중 A유형의 인바스켓을 다루도록 하겠습니다. 내용적인 측면에서는 독자 여러분의 소속기관과 업무에 따라 제시되는 문제가 '가'형으로 느껴질 수도, '나'형으로 느껴질 수도 있습니다.

조치 시간은 50분이며 별도의 용지를 활용하여 조치 내용을 작성하여 주십시오. 제공된 과제들은 귀하께서 판단하신 우선순위에 의해 조치하시기 바랍니다.

반드시 시간을 엄수하여 작성하여 주십시오.

실전문제풀이 | 인바스켓

가족복지부 청소년정책실 청소년보호과 정한수 과장의 현안업무처리

과제 검토 50분
인터뷰 20분

● 역할 및 과제

**평가대상자
청소년보호과장
정한수**

1. 2018 흡연청소년 건강상담 및 금연침 사업 업체 선정
2. 일정조정 및 스케줄 관리
3. 인터뷰 질문에 대한 답변 작성
4. 청소년 유해매체물 이용 문제 개선 대책 보고서 작성

- 당신은 한라국 가족복지부의 청소년정책실 청소년보호과 정한수 과장입니다.
- 오늘은 2018년 3월 16일 월요일이고, 지금 시간은 13시입니다.
- 당신은 2018 흡연청소년 건강상담 및 금연침 사업 기관 선정 위탁업체 선정, 일정조정 및 스케줄 관리, 학교 밖 청소년 지원대책과 학업중단숙려제 프로그램 인터뷰, 청소년 유해매체접촉 문제점 개선 대책 보고서 작성 업무를 50분 내에 처리하고 외부 미팅에 참석을 위해 출발해야 합니다.
- 주어진 모든 자료를 활용하여 업무과제를 처리해야 합니다.

유관조직도

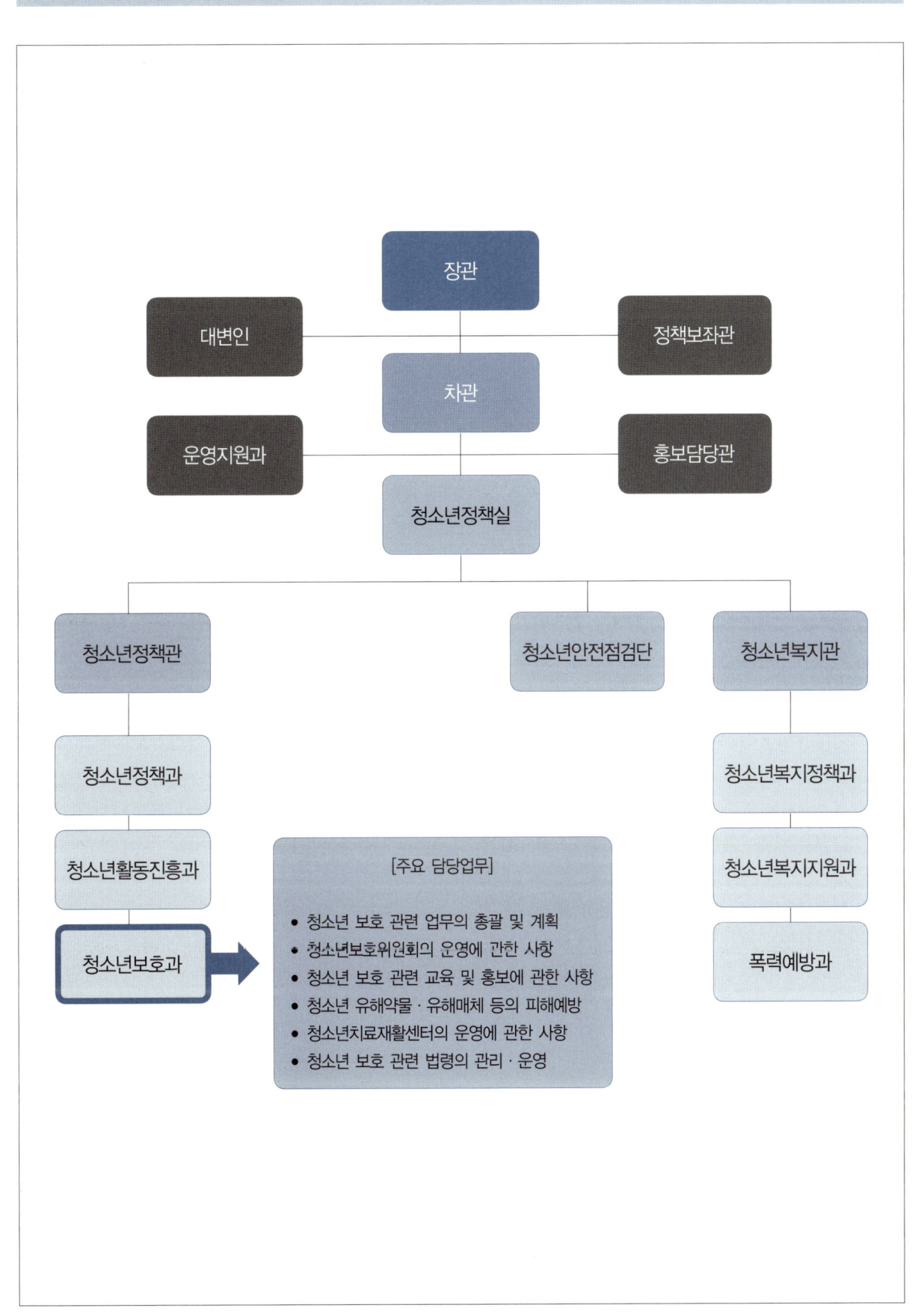

● 자료1-1 2018 흡연청소년 건강상담 및 금연침 사업 계획

□ 사업계획

○ **사업 추진 배경**
- 청소년 흡연은 청소년기뿐만 아니라 성인기까지 호흡기, 심혈관계, 운동능력 감소, 정신적 문제 유발 등 지속적으로 악영향을 미침
- 정부에서 앞장서서 청소년들의 금연을 장려하기 위한 정책을 추진할 필요성이 있음

○ **대상**
- 전국 중·고등학교 300개(약 1만 명)

○ **사업 내용**
- 전문 의료인(한의사)의 흡연예방 교육, 건강관리 상담 및 금연침 시술을 통해 청소년 흡연 예방과 금연을 지원함
- 청소년에게 흡연의 위험성과 흡연 시 나타나는 문제점에 대한 경각심을 일깨워주는 교육을 진행함
- 지속적인 상담을 통해 흡연 청소년의 금연을 유도하고 건강한 신체를 유지하도록 함

○ **핵심 사안**
- 청소년 금연 교육 : 금연의 필요성, 흡연의 위험성에 대한 정확하고 효과적인 정보 전달
- 청소년의 올바른 건강관리 방안 및 건강검진 방법 제시
- 홍보물 : 금연 교육 내용과 금연 가이드라인의 제작,
- 효과적인 배포 방안 제시
- 금연침 시술 및 상담을 통한 추후 사례관리

○ **소요예산안**
- 금연침 시술 : 30,000,000원(시술대상자 1,000명, 금연침 시술 1회 30,000원)
- 흡연청소년 건강상담 및 금연침 홍보물 : 6,000,000원
- 학교 순회 금연 상담 : 70,000,000원
- 건강검진 : 50,000,000원(대상자 1,000명, 검진비 1인당 50,000원)
  ※ 금연침 : 귀에 침을 놓는 이침 요법의 일종으로 1mm내외의 압정모양 피내침을 시술하고, 그 위에 살색 테이프를 붙인 후 담배 생각이 날 때 수시로 눌러 자극을 주어 흡연 욕구를 감소시키는 방법

자료1-2 E-mail

| 답장 | 전체답장 | 전달 | 삭제 | 스팸차단 | 이동 ▼ | 읽음표시 ▼ |

흡연청소년 건강상담 및 금연침 사업 운영 위탁업체 선정 PT 관련 피드백 요청 드립니다.

보낸 사람   청소년보호과 손호준 사무관
작성 일자   2018-03-16 10:10:51
받는 사람   청소년보호과 정한수 과장

과장님, 손호준입니다.

이번에 2018 흡연청소년 건강상담 및 금연침 운영 사업 위탁업체 선정을 위한 PT가 오늘 오후 1시에 가족복지부 제4회의실에서 진행될 예정입니다. PT 진행에 앞서 최종 후보로 선정된 세 업체의 제안내용을 과장님이 살펴보시고 가장 적합하다고 생각되는 업체가 어디인지, 그리고 사업 수행을 위해 더 보완해야 할 사항은 무엇인지 피드백해주시면, 제가 PT 진행 후 업체에 전달하고자 합니다.
그리고 이번 주 금요일 오후 1시에 흡연청소년 건강상담 및 금연침 사업 위탁업체 선정 결과를 청소년정책실장님께 보고하기로 하였는데, 과장님도 함께 참석하시는 게 어떤지 의견 듣고 싶습니다.

그럼 답변 부탁드립니다.

● 자료1-3 A업체 제안내용 요약본(일부)

1. 학교 순회 교육 상담 일정

강의시간	내용	비고
3시간	건강검진	
1시간	담배는 무엇인가?	
50분	담배와 병의 관계	강사 : 이양민
50분	흡연이 신체에 미치는 영향	
50분	담배 어떻게 끊을까?	

2. 교육 내용
1) **건강검진** : 청소년의 건강검진을 통해 각 개인의 건강 상태를 조기 진단하고 금연 교육 시 건강한 상태의 몸과 흡연 청소년의 몸 상태를 비교하여 흡연의 위험성을 일깨워 준다.(혈액검사, 흉부 x선 검사, 간염 항체 검사, 위내시경 등)
2) **담배는 무엇인가?** : 흡연 시 담배에서 나오는 유해 성분에 대한 내용
3) **담배와 병의 관계** : 흡연 관련 질병과 발병률
4) **흡연이 신체에 미치는 영향** : 흡연 시 몸에 나타나는 이상 현상에 대한 소개(동영상 시청 30분, 강의 20분)
5) **담배 어떻게 끊을까?** : 금연의 효과와 금연방법(금연침, 패치, 금연껌) 안내, 건강상담 및 금연침 홍보물 배포

3. 홍보물 내용 및 배포방안
- 2018 흡연청소년 건강상담 및 금연침 사업 안내
- 금연 교육 내용 요약
- 금연침 지정 한의원 연계 병원 전화번호 소개
- 학교에 배포

4. 건강상담 및 금연침 이용 방법

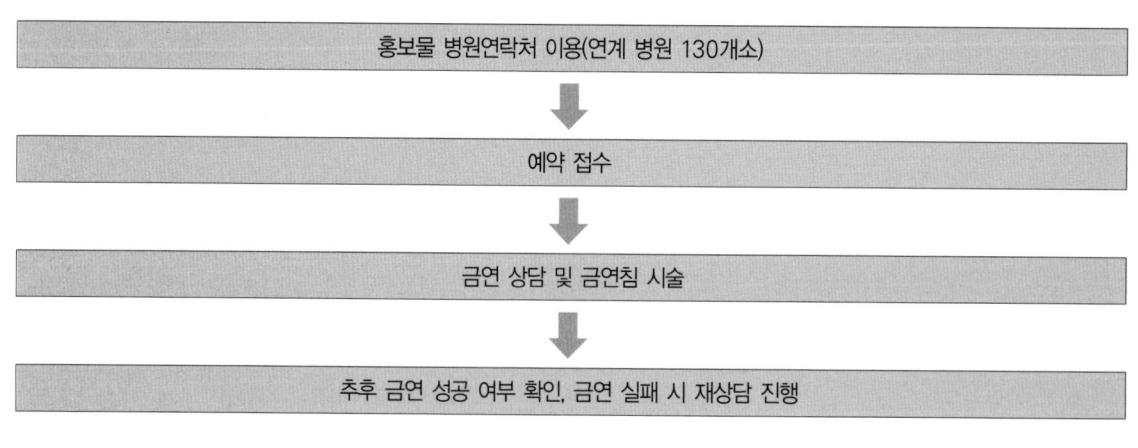

홍보물 병원연락처 이용(연계 병원 130개소)
↓
예약 접수
↓
금연 상담 및 금연침 시술
↓
추후 금연 성공 여부 확인, 금연 실패 시 재상담 진행

● 자료1-4 B업체 제안내용 요약본(일부)

1. 학교 순회 교육 상담 일정

강의시간	내용	비고
50분	담배의 진실	
50분	흡연에 대한 오해	강사 : 김남주
50분	금연의 효과	건강검진 : 동부 시립 병원
50분	금연 결의서 작성	

2. 교육 내용
담배에 대한 정보, 위험성, 흡연으로 인한 문제를 시각과 청각을 자극하는 자료로 전달함으로써 청소년들이 경각심을 가지도록 함. 흡연자들이 각종 질병에 안전하지 않다는 것을 인지시켜 흡연 청소년들의 흡연 의지를 약화시키는 동시에 비흡연자 청소년들의 흡연에 대한 호기심을 줄어들게 하는 것을 목표로 함.

3. 건강검진
학교 일정에 맞춰 학교장과의 협의

4. 홍보물 내용 및 배포방안
- 흡연에 대한 위험성 소개(시각 자료 활용)
- 교육 소개 및 교육 일정
- 금연 방법과 가이드라인 제시
- 금연침 이용 방법 및 금연침 연계 병원 연락처
- 스마트폰 어플, 지역 TV 광고 및 학교, 센터에 배포

5. 건강상담 및 금연침 이용 방법

가족복지부 홈페이지(홍보물 및 어플리케이션에 이용 방법 안내)

↓

금연침 지정 한의원 검색 및 전화번호 확인(연계 병원 143개소)

↓

예약 및 방문 접수

↓

방문하여 금연 상담 및 금연침 시술

● 자료1-5 C업체 제안내용 요약본(일부)

1. 학교 순회 교육 상담 일정

강의시간	내용	비고
50분	흡연이란	
50분	흡연의 위험성	강사 : 미정
50분	흡연과 암	건강검진 : 동부 시립 병원
50분	금연 실천 방법	
50분	건강검진	

2. 교육 내용
1) **흡연이란?** : 흡연에 대한 정확한 정보 전달
2) **흡연의 위험성** : 흡연에 의한 질병과 위험성 소개
3) **흡연과 암** : 암에 걸린 흡연자의 다큐멘터리 동영상 시청
4) **금연실천방법** : 다양한 금연 방법 안내, 금연침 사업 및 이용방법 안내

3. 건강검진
혈액검사, 흉부 x선 검사, 위장, 간 등의 상태 점검, 간염 항체 검사

4. 홍보물 내용 및 배포방안
- 흡연으로 인한 문제 및 심각성 소개
- 교육의 목적과 내용 소개
- 금연방법과 유익성 소개
- 건강상담 및 금연침 이용방법, 금연침 병원 연락처
- 학교 및 청소년 건강 센터에 배포

5. 건강상담 및 금연침 이용 방법

| 홍보물 및 청소년 건강협회 홈페이지(www.adolescent.com) 방문 |

| 가장 가까운 지역의 한의원 검색 및 전화번호 확인(연계 병원 200개소) |

| 한의원으로 연락하여 찾아가는 방법, 시간 등 문의 |

| 한의원으로 방문하여 금연 상담 및 금연침 시술 |

● 과제1 문제

제시된 자료를 활용하여 '흡연청소년 건강상담 및 금연침 사업' 진행에 가장 적합한 업체를 선정하고 추가적으로 보완해야 할 사항에 대해 피드백을 하시기 바랍니다.

● **자료2-1 E-mail**

| 답장 | 전체답장 | 전달 | 삭제 | 스팸차단 | 이동 ▼ | 읽음표시 ▼ |

청소년 보호정책에 대한 사항에 대해 이야기하고자 합니다.

보낸 사람　　　청소년정책실 황은지 정책관
작성 일자　　　2018-03-16 11:25:16
받는 사람　　　청소년보호과 정한수 과장

안녕하세요. 과장님. 황은지입니다.

다름이 아니라 차관님께서 학업중단숙려제 사업의 진행상황을 알고 싶어 하십니다.
차관님께 보고하기 전에 제가 먼저 진행상황을 확인하고자 하는데, 이번 주 20일에 2시에 잠깐 만나서 이야기를 나눌 수 있을까요?
이번에 차관님이 큰 관심을 보이고 계셔서 최대한 자세히 설명해 주셨으면 합니다.
금연침 사업 때문에 많이 바쁘시겠지만, 시간을 내주셨으면 좋겠습니다.
그럼 답변 기다리겠습니다.

감사합니다.

● 자료2-2 초대장

초대장

청소년보호과 정한수 과장님 앞

하시는 일에 늘 행운이 함께하길 기원하고 있습니다.
우리 사회의 미래인 청소년들이 여전히 유해환경에 노출되어 있습니다. 금년에는 청소년 유해약물 사고 발생 후 대처 과정에서의 문제점이 드러나면서 큰 혼란이 있었습니다. 그 만큼 우리 사회가 청소년 유해약물 예방 교육과 사후 대책 수립에 무심했다고 할 수 있습니다.

청소년의 건강을 해치고 나아가 우리 사회의 미래를 위협하는 청소년 유해약물 사고 방지를 위한 자구책 마련이 시급하다는 생각 하에 '청소년 유해약물 사고 예방 교육'이라는 주제로 워크숍을 진행코자 하니 꼭 참석하여 의견 제시해주셨으면 합니다.

일정 : 2018년 3월 20일 오후 2시 30분~4시
장소 : 고성 호텔 그랜드 볼룸

청소년유해약물예방협회장
이 상 일

● 과제2 문제

당신에게 여러 이메일 및 초대장이 도착하였습니다. 이들을 확인하여 청소년보호과장으로서 어떤 일정에 참석할지 결정하시기 바랍니다.

자료3-1 E-mail

| 답장 | 전체답장 | 전달 | 삭제 | 스팸차단 | 이동 ▼ | 읽음표시 ▼ |

인터뷰 요청 및 질문 송부

보낸 사람   홍보담당실 임현진 사무관
작성 일자   2018-03-16 11:34:19
받는 사람   청소년보호과 정한수 과장

과장님, 안녕하세요? 홍보담당관실의 임현진 사무관입니다.
2018년 정책 중 학교 밖 청소년 지원 대책과 학업중단숙려제 프로그램을 시행하기 앞서 기자 인터뷰를 진행하고자 합니다. 담당 기자는 내일 오전 10시에 우리 부처로 찾아온다고 합니다. 인터뷰 질문 내용은 제가 미리 받아 아래에 첨부하였습니다.
바쁘시겠지만 우리 부의 현안 사안인 만큼 언론에 잘 보도될 수 있도록 협조 부탁드리며,
인터뷰 질문에 대한 답변은 간단하게라도 미리 작성해 보내주시면 감사하겠습니다.

인터뷰 질문은 아래 3가지입니다.
1) 두 대책을 시행하고자 하는 목적이 무엇인가요?
2) 학교 밖 청소년 지원프로그램에 대해서 간략하게 설명해 주세요.
3) 학업중단숙려제 프로그램에 대해서 간략하게 설명해 주세요.

자료3-2 보도자료

가족부, '학교 밖 청소년 지원대책' 마련

청소년복지일보 [2018.03.13]

2018년 가족복지부는 학교를 그만두고 방향을 잡지 못하는 아이들, 즉 '학교 밖 청소년'들을 위한 지원대책을 마련했습니다. 매년 6만 명의 청소년이 학교를 떠나고 있습니다. 현재 '학교 밖 청소년'으로 분류되는 청소년 중 미인가 대안교육 시설이나 장기입원, 해외유학, 보호관찰과 같이 소재가 파악된 청소년은 30%에 불과하며, 나머지 70%의 청소년은 어디서 무엇을 하고 있는지 파악되지 않고 있습니다.

청소년들이 학교를 떠나는 이유는 초등학생과 중고등학생의 경우가 다릅니다. 초등학생의 경우 미인정 유학이나 해외출국이 가장 큰 이유이며, 중고등학생의 경우 학업이나 교우관계 문제, 학교 부적응의 경우가 50%, 학교 폭력이나 집단 따돌림으로 인한 것이 50%입니다.

이러한 '학교 밖 청소년'을 보호하기 위해 가족부는 '학교밖청소년지원법'을 통해 학교를 떠난 청소년들의 욕구를 채울 수 있는 교육을 지원하고 있습니다. 학업을 계속적으로 원하는 청소년은 학업진로 프로그램에 참여하고, 학업에 흥미가 없고 자립을 원하는 청소년은 취업사관학교나 취업성공패키지 등과 연계하여 직업훈련을 받고 있습니다.

또한 진로 선택에 혼란을 겪는 청소년에게는 동기부여나 심리상담, 1:1 맞춤형 지도를 통해 직업이나 학업을 이어갈 수 있도록 돕고 있습니다.

가족복지부의 또 다른 사업으로는 학업중단숙려제 프로그램이 있습니다. 학업을 중단하는 학생이 많이 발생하는 458개의 고등학교를 우선사업 대상으로 선정해 학업중단을 고민하는 학생들을 대상으로 예체능 활동, 직업체험, 대안교육 등으로 구성된 프로그램에 참여할 기회를 제공합니다.

이와 함께 학생의 소질과 적성을 고려한 맞춤형 대안교육을 강화하기 위해 대안교육 위탁 프로그램 제공기관을 대학, 직업훈련기관, 산업체 등으로 확대하고 진로·직업경험, 예술활동 등 프로그램을 다양화할 계획입니다. 또, 건강가정지원센터와 연계하여 가족 상담 등 가족관계 개선프로그램과 학업중단 위기청소년들에게 동료 간 정서적 지원을 제공하는 또래 상담 동아리를 지속적으로 운영합니다.

자료3-3 보도자료

'학교를 그만두기 전에 한번 더…'

청소년 연합뉴스 [2018.03.14]

학업중단에 앞서 2주간 숙려기간을 두는 '학업중단숙려제'가 올 4월부터 고등학생을 대상으로 시행된다. '학업중단숙려제'는 학교 밖 청소년을 줄이고 충동적인 학업중단을 사전에 예방하기 위한 것으로, 제도가 성공적으로 안착되면 고교생 학업 중단율이 10% 이상 감소할 것으로 전망된다.

학업 스트레스, 학교폭력 등 학교생활에 적응하지 못한 학생들이 학교를 떠나는 현상은 현재 꽤 심각한 상황이다. 교육 통계서비스에 따르면, 최근 3년간 학업을 중도 포기한 전국 초·중·고등학생은 20만여 명에 이르는 것으로 나타났다. 매년 평균 7만 명 안팎의 청소년이 학교를 떠난 셈이다. 그 가운데 고등학생은 3만 4천여 명으로 가장 높은 학업 중단율을 보이고 있다.

문제는 이렇게 학교 밖으로 내몰린 청소년들이 비행과 범죄에 쉽게 노출된다는 데 있다. 전문가들은 학교 밖 청소년 대부분이 1년 이내에 절도 등 범죄를 저지르거나 폭력에 가담하게 된다고 말한다.

학업중단을 예방하고 학교 밖 청소년을 보듬어야 하는 이유는 바로 여기에 있다. 곧 도입될 예정인 '학업중단숙려제'는 이러한 문제를 해결하는 열쇠가 될 것으로 전망되고 있다.

급증하는 이혼율을 낮추고 충동적인 이혼을 막기 위해 이혼숙려제를 도입한 것처럼, 학교 밖 청소년을 줄이기 위해 일정기간 숙려기간을 두는 것이 '학업중단숙려제'다.

지난 3월 10일 미래교육부는 가족복지부와 함께 '학업중단숙려제'를 오는 4월 1일부터 시행한다고 발표했다. 학업중단숙려제는 청소년기에 신중한 고민 없이 학업을 중단하는 사례를 방지하는 데 목적을 두고 있다.

따라서 학업중단의 징후가 발견되거나 학업중단 의사를 밝힌 학생 및 학부모는 우리센터, 청소년상담지원센터 등의 외부전문 상담을 받으며 2주 이상 숙려하는 기간을 갖게 된다. 숙려기간에는 우리센터 또는 청소년상담센터에서 심리검사, 집단상담, 학부모 상담 등 학업복귀 프로그램을 운영하며, 학업중단 이후 겪게 될 상황을 안내함으로써 충동적인 학업 중단을 예방한다. 그럼에도 불구하고 자퇴의사를 밝힌 경우에는 대안교육기관, 검정고시 준비 등 학업중단 이후 진로를 종합적으로 안내함으로써 학업중단 이후 사후관리를 진행하게 된다. 가족복지부는 학교 밖 청소년을 위해 학습지원 프로그램 등 각종 프로그램에 대한 정보를 제공할 계획이다.

올해는 학업 중단율이 높은 고등학생을 대상으로 먼저 실시된다. 상담이 진행되는 숙려기간은 출석으로 인정되며, 각 시·도 교육청은 필요에 따라 숙려기간을 2주 이상 운영할 수 있다.

참고 출처 : 교육부 월간지 '행복한 교육', 〈학업중단숙려제 도입〉, 2012.07

● 자료3-4 학업중단숙려제 운영 계획

학업중단숙려제 운영 절차

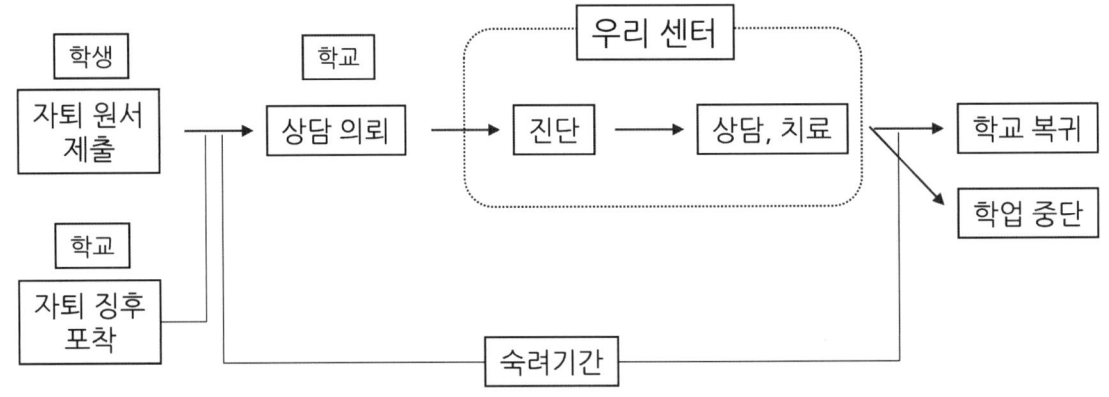

학업중단숙려제 상담 센터 개입 과정

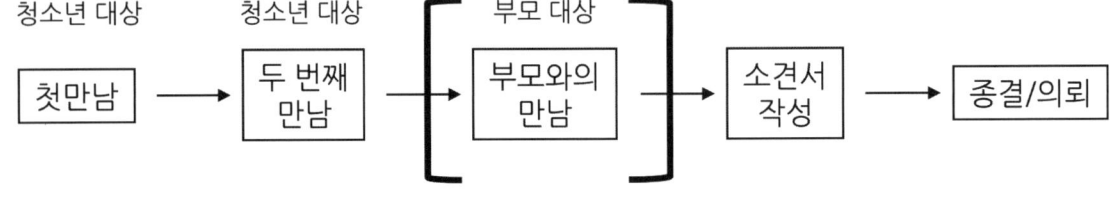

과제3 문제

학교 밖 청소년 지원대책과 학업중단숙려제 실시와 관련하여 기자 인터뷰가 진행될 예정입니다. 자료를 바탕으로 기자의 사전 질문에 대한 답을 작성하시기 바랍니다.

● **자료4-1 대화내용**

(정한수 청소년보호과장이 사무실에서 서류들을 살펴보고 있는 도중 전화벨이 울린다.)

정한수 정한수입니다.

황은지 잘 지내시나요? 황은지입니다.

정한수 아, 정책관님, 안녕하십니까?

황은지 그래요… 많이 바쁘죠?

정한수 아닙니다. 무슨 일이시죠?

황은지 오늘 전화한 건 다름이 아니라, 청소년의 유해매체물 이용 문제점 개선 대책에 대해 실장님이 자료를 요청하셔서요.

정한수 실장님께서요? 어느 정도의 자료를 요청하셨나요?

황은지 당장 내일까지 대책안을 작성해서 제출하라고 하시는데, 내가 지금 지방 출장을 나와서요. 급하겠지만 정 과장님이 대신 자료를 작성해 줄 수 있나요? 오늘 오후까지 작성해주면, 나머지 내용은 내가 보완해서 내일 오전에 보고 드릴게요.

정한수 오늘 오후까지요? 오늘 오후면 시간이 촉박하네요. 시간 내에 작성할 수 있을지 모르겠습니다.

황은지 상세한 내용을 담을 필요까진 없고, 지금 가지고 있는 자료를 바탕으로 간단하게만 작성해서 줘도 좋아요. 청소년의 유해매체물 이용 문제가 발생하는 배경과 개선 아이디어 위주로 작성해주면 될 것 같아요.

정한수 네, 그럼 말씀하신 대로 청소년유해 환경접촉 문제점 개선 대책 관련 내용을 메일로 보내겠습니다.

황은지 그래요. 정 과장이 열심히 하는 모습 보기 좋습니다. 메일 기다리고 있겠습니다.

정한수 네, 알겠습니다.

● **자료4-2 통계자료**

○ **2017년 청소년 유해매체물 이용 실태**

선정성 게임							
한번도 없음	등교 전	수업 중	방과 후	저녁시간	심야시간	무응답	사례 수
350	80	40	231	430	235	213	1,579

음란 사이트							
한번도 없음	등교 전	수업 중	방과 후	저녁시간	심야시간	무응답	사례 수
151	75	85	264	456	423	125	1,579

유해매체 차단 프로그램 설치 여부			
컴퓨터가 없다	설치되어 있지 않다	설치되어 있다	사례 수
111	1,032	436	1,579

○ **청소년 유해매체물 인터뷰 내용**
- 10대 청소년을 대상으로 설문조사를 진행한 결과 하루 중 방과 후에 유해매체물과 접촉하는 경우가 많음
- 유해매체 접촉은 대부분 가정에서 이뤄지며, 부모님이 맞벌이 부부라 청소년이 집에 혼자 있는 시간이 많은 경우에 더 쉽게 유해매체를 접하는 것으로 나타남
- 부모님이 컴퓨터나 통신기기를 잘 다루지 못하는 경우 부모의 감시에서 자유롭고, 부모가 이를 통제하거나 제재할 수단이 없음

● 자료4-3 통계자료

[연도별 청소년 유해매체물 차단 사업 투입 예산]

(단위 : 만 원)

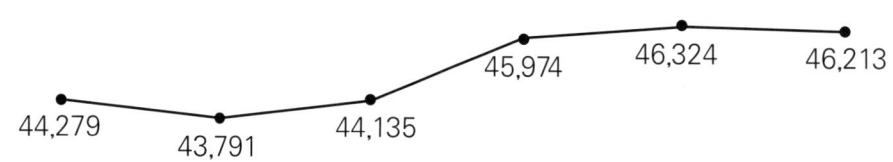

[연도별 청소년 유해매체물 적발 건수]

(단위 : 만 건)

연도	음란사이트	선정성 게임	총
2012	5,123	7,039	12,162
2013	6,421	7,183	13,604
2014	5,873	7,309	13,182
2015	7,399	9,327	16,726
2016	8,343	9,232	17,575
2017	9,374	10,324	19,698

과제3 문제

학교 밖 청소년 지원대책과 학업중단숙려제 실시와 관련하여 기자 인터뷰가 진행될 예정입니다. 자료를 바탕으로 기자의 사전 질문에 대한 답을 작성하시기 바랍니다.

자료4-1 대화내용

(정한수 청소년보호과장이 사무실에서 서류들을 살펴보고 있는 도중 전화벨이 울린다.)

정한수 정한수입니다.
황은지 잘 지내시나요? 황은지입니다.
정한수 아, 정책관님, 안녕하십니까?
황은지 그래요… 많이 바쁘죠?
정한수 아닙니다. 무슨 일이시죠?
황은지 오늘 전화한 건 다름이 아니라, 청소년의 유해매체물 이용 문제점 개선 대책에 대해 실장님이 자료를 요청하셔서요.
정한수 실장님께서요? 어느 정도의 자료를 요청하셨나요?
황은지 당장 내일까지 대책안을 작성해서 제출하라고 하시는데, 내가 지금 지방 출장을 나와서요. 급하겠지만 정 과장님이 대신 자료를 작성해 줄 수 있나요? 오늘 오후까지 작성해주면, 나머지 내용은 내가 보완해서 내일 오전에 보고 드릴게요.
정한수 오늘 오후까지요? 오늘 오후면 시간이 촉박하네요. 시간 내에 작성할 수 있을지 모르겠습니다.
황은지 상세한 내용을 담을 필요까진 없고, 지금 가지고 있는 자료를 바탕으로 간단하게만 작성해서 줘도 좋아요. 청소년의 유해매체물 이용 문제가 발생하는 배경과 개선 아이디어 위주로 작성해주면 될 것 같아요.
정한수 네, 그럼 말씀하신 대로 청소년유해 환경접촉 문제점 개선 대책 관련 내용을 메일로 보내겠습니다.
황은지 그래요. 정 과장이 열심히 하는 모습 보기 좋습니다. 메일 기다리고 있겠습니다.
정한수 네, 알겠습니다.

● **자료4-2 통계자료**

○ **2017년 청소년 유해매체물 이용 실태**

선정성 게임							
한번도 없음	등교 전	수업 중	방과 후	저녁시간	심야시간	무응답	사례 수
350	80	40	231	430	235	213	1,579

음란 사이트							
한번도 없음	등교 전	수업 중	방과 후	저녁시간	심야시간	무응답	사례 수
151	75	85	264	456	423	125	1,579

유해매체 차단 프로그램 설치 여부			
컴퓨터가 없다	설치되어 있지 않다	설치되어 있다	사례 수
111	1,032	436	1,579

○ **청소년 유해매체물 인터뷰 내용**
- 10대 청소년을 대상으로 설문조사를 진행한 결과 하루 중 방과 후에 유해매체물과 접촉하는 경우가 많음
- 유해매체 접촉은 대부분 가정에서 이뤄지며, 부모님이 맞벌이 부부라 청소년이 집에 혼자 있는 시간이 많은 경우에 더 쉽게 유해매체를 접하는 것으로 나타남
- 부모님이 컴퓨터나 통신기기를 잘 다루지 못하는 경우 부모의 감시에서 자유롭고, 부모가 이를 통제하거나 제재할 수단이 없음

● 자료4-3 통계자료

[연도별 청소년 유해매체물 차단 사업 투입 예산]

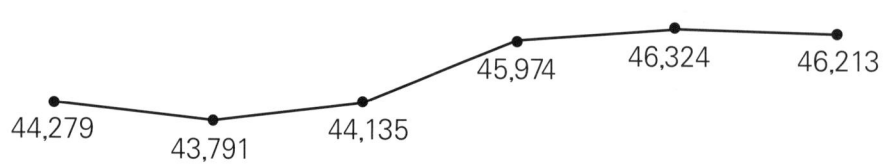

(단위 : 만 원)

44,279 / 43,791 / 44,135 / 45,974 / 46,324 / 46,213
2012 / 2013 / 2014 / 2015 / 2016 / 2017

[연도별 청소년 유해매체물 적발 건수]

(단위 : 만 건)

연도	음란사이트	선정성 게임	총
2012	5,123	7,039	12,162
2013	6,421	7,183	13,604
2014	5,873	7,309	13,182
2015	7,399	9,327	16,726
2016	8,343	9,232	17,575
2017	9,374	10,324	19,698

● 자료4-4 인터뷰 내용

청소년 유해매체 교육 어디로 가야 하나?

한주뉴스 [2018.02.23]

인터뷰 - 청소년보호재단 이원호 이사장

Q. 청소년 유해매체 교육은 학교와 국가, 가정의 관심과 지원이 필요하리라 생각한다. 분명 청소년 자녀 유해매체 교육에 대한 부모의 한계가 있을 것으로 보이는데, 이와 관련 정부에 대한 바람이 있다면?

A. 청소년의 유해매체 교육을 하는 데 있어 정부와 학교에서의 교육만으로는 한계가 있음이 분명하다. 유해매체 접촉은 학교 밖에서 이루어지는데 청소년의 부모들을 대상으로 한 유해매체에 대한 교육을 진행할 수 없어 자녀의 유해매체 예방교육은 학교에만 전적으로 의지하고 있다.

각종 설문조사 결과, 청소년들이 유해매체를 주로 접하는 장소는 '현재 거주하는 집'으로 나타났다.(전체의 45%) 그러나 청소년의 80.4%는 집에 있는 컴퓨터에 인터넷 사용제한 프로그램이 설치되어있지 않다고 응답했다. 가정에서 유해매체 접촉의 대부분이 이루어지지만, 대부분의 부모는 자녀에 비해 매체에 대한 접근 능력이 부족하기 때문에 자녀를 교육하거나 통제하는 데 영향력을 발휘하지 못하고 있다.

이에 학교에서 부모를 위한 유해매체 예방교육이 필요하며 컴퓨터·인터넷·텔레비전 비밀번호 지정 및 이용수칙에 대한 교육이 필요하다. 또한 학교와 관공서 등에서 자녀의 미디어 이용에 관한 부모교육 매뉴얼을 제작 배포하고 현재 일부에서 시행되고 있는 학부모대상 미디어 교육 프로그램을 좀 더 활성화할 필요가 있다. 덧붙여 학부모를 대상으로 한 인터넷 사용제한 프로그램을 보급하고 홍보를 강화해야 할 것이다.

● 자료4-5 보도자료

청소년 유해매체 이용 문제 심각

매일뉴스 [2018.02.28]

그동안 많은 연구에서 유해매체 예방교육의 중요성이 강조되어 왔지만 2018년 조사결과에 따르면 유해매체 예방교육을 받은 경험자의 비율이 51.9%로 전체의 절반 남짓한 수준인 것으로 나타났다. 또한, 유해매체 접촉의 저연령화 현상이 나타나고 있어 조기 미디어 교육을 포함한 유해매체 예방교육이 시급한 것으로 나타났다. 하지만 교육내용이 유해매체의 유해성을 강조하는 데 그친다면 아무런 효과가 없을 것이다. 성인용 음란 폭력물에 대한 의식 조사에서 음란물을 이용한 청소년 중 대부분이 유해성을 몰라서 유해매체를 접촉하는 것이 아니라 알면서도 이용하고 있다고 답했다.

가족복지부가 리서치연구소에 의뢰해 전국 중학교 이상 19세 미만 청소년 18,544명(일반청소년 16,572명, 위기청소년 1,972명)을 대상으로 조사한 결과 유해매체를 접촉한 일반청소년의 32%(남학생 45%, 여학생 16%), 위기 청소년의 44.1%(남학생 45.9%, 여학생 41.1%)가 성관계를 경험한 것으로 드러났다. 연령대 평균은 일반청소년 15.6세, 위기청소년 14.9세였다. 이 같은 결과는 유해매체가 청소년들에게 실질적으로 악영향을 미치고 있다는 증거이다. 청소년들이 컴퓨터 및 모바일을 통해 가장 많이 접촉하는 유해매체물은 온라인 사행성게임과 성인용 게임이었다.

이에 관련하여 복지대 청소년문화학과 유배인 교수는 "유해매체 교육은 단순히 예방교육에 그치는 것이 아니라, 청소년의 삶에 깊숙이 영향을 미치고 있는 사회환경의 하나인 매체환경에 대한 비판적 수용 능력을 배양함으로써 청소년이 불가피하게 유해매체를 접촉하게 되더라도 스스로 악영향을 피해갈 수 있는 저항력을 길러줄 수 있어야 한다. 교육내용에는 정보윤리 교육 및 인터넷중독 예방교육을 비롯해 건전한 미디어문화 확산을 위한 교육 및 홍보, 미디어를 활용한 잠재력 개발까지 포함돼야 하고, 더 나아가서는 유해매체가 유해하다는 사실을 알면서도 달리 여가시간에 할 일이 없어 유해매체를 이용하게 되는 청소년을 위해 건전한 여가 시간 활용 방법으로서 방과 후 프로그램의 활성화가 필요하다고 생각된다."고 말하였다.

● **자료4-6 보도자료**

청소년 유해매체 감시단 발족 – 서울 여성연합, 감시단원 1천여 명 다양한 활동 전개

하루일보 [2018.03.03]

통학 길의 청소년을 유혹하는 향락업소, 학교주변에서도 쉽게 접할 수 있는 내용을 담은 영화 포스터, 저질 만화, 음란 비디오 등 청소년에게 심각한 영향을 미치는 유해 매체의 문제를 해결하기 위해 여성단체가 발 벗고 나섰다.

서울 여성연합의 회장 김복규는 3일 오후 2시 서울 여성연합 명동본부에서 유해매체 감시단발대식을 갖고 명동일대를 돌며 캠페인을 전개한다. 청소년 유해매체 문제는 이미 오래전부터 논의되어 왔으나 뚜렷한 대책 없이 방치되어 왔는데 최근에는 컴퓨터 보급에 따라 음란, 도박 프로그램이 유행하는가 하면 전화 유료정보서비스가 새로운 문제로 떠오르고 있다. 이에 서울 여성연합이 나선 것인데 여성단체로는 유례없는 1천여 명의 참가인원으로 올해 말까지 운영될 감시단은 4월 모니터 요원 교육을 시작으로 12월 보고서 발간까지 9개월에 걸쳐 지역 유해매체 감시, 법규 위반 업체 경고 등 다양한 활동을 전개할 예정이다.

감시단은 4개 분야로 나눠 활동을 벌이는데, 인쇄매체협의회(만화, 잡지)와 영상매체협의회(TV, 비디오, 음란 디스켓), 통신매체협의회(PC통신, 유료음성 정보서비스), 유해시설감시단(학교 주변, 향락업소 밀집지역) 등이 주축이다.

각 협회는 월 1회 모임을 갖는 2~3개의 모니터회를 운영, 꾸준한 감시활동을 벌이며 방학 중에는 청소년들로 구성된 모니터회도 운영할 계획이다. 또 정기보고서 작성과 모니터 요원 재교육 등도 실시한다.

감시단은 감시활동과 함께 정부 정책 개선을 촉구하는 활동도 함께 전개해 나간다. 연령 제한 및 본인확인 제한을 강화하고 규정 위반 시 콘텐츠 제공자를 엄격하게 처벌하는 등 유해매체 공급자에 대한 행동을 요구할 예정이다.

● 과제4 문제

황은지 청소년정책관이 급하게 청소년 유해매체물 이용 문제점 개선 대책 보고서를 요청했습니다. 제시된 자료를 이용하여 청소년의 유해매체물 이용 문제점과 이를 개선하기 위한 대책을 담은 보고서를 작성하시기 바랍니다.

5) 실전문제풀이 : 인터뷰

과제 조치를 완료하셨다면 이제는 인터뷰를 진행해보시기 바랍니다. 인터뷰 시간은 20분이며, 진행 방식은 발표에서 인터뷰를 진행한 것과 같이 녹화를 하셔도 좋고 서면으로 진행하셔도 좋습니다. 인터뷰의 내용은 아래와 같습니다.

과제 0 전체 조치에 대한 질문

Q1. 제시된 상황에서 귀하의 역할은 무엇입니까?

Q2. 귀하가 조치한 내용은 무엇인지 설명해 주십시오.

Q3. 귀하가 조치한 내용에 우선순위가 있습니까? 있다면 어떤 사안부터 조치하였으며, 그 배경은 무엇입니까?

Q4. 본 현안업무를 효과적으로 처리하기 위해 타인의 도움을 받거나 업무를 위임할 생각이 있습니까?

Q5. 본 현안업무를 처리하면서 과제 간의 관련성을 보셨습니까? 관련성이 있다면 설명해 주십시오.

과제 1 2015 흡연청소년 건강상담 및 금연침 사업 업체 선정

Q1. 본 사업의 목적은 무엇입니까?

Q2. 업체 선정 기준은 무엇입니까?

Q3. 업체를 선정함에 있어 추가적으로 필요한 정보나 자료는 없습니까? 있다면 어떠한 경로를 통해 이를 입수할 수 있나요?

Q4. 선정된 업체의 구체적인 선정 배경을 설명해 주십시오.

Q5. 사업의 완성을 위해 보완해야 할 사항은 무엇입니까?

과제 2 일정조정 및 스케줄 관리

Q1. 참석여부를 결정해야 하는 일정은 어떤 것입니까?
___

Q2. 어떤 일정에 참석할 예정이며, 참석여부를 결정할 때 가장 중요하게 고려한 점은 무엇입니까?
___

Q3. 스케줄 조정 후 그 결과는 누구에게, 어떻게 전달할 생각이었나요?
___

과제 3 학교 밖 청소년 지원 대책과 학업중단숙려제 프로그램 인터뷰 자료 작성

Q1. 인터뷰를 진행하는 목적이 무엇입니까?
___

Q2. 학교 밖 청소년 지원 대책에 대해 설명해 주십시오.
___

Q3. 학업중단숙려제 프로그램에 대해 설명해 주십시오.
___

과제 4 청소년 유해매체물 이용 문제 개선 대책 보고서 작성

Q1. 본 보고서 작성의 목적은 무엇인가요?
___

Q2. 제시된 자료 중 가장 중요하게 참고한 자료는 무엇입니까?
___

Q3. 청소년 유해매체물 이용의 문제점은 무엇인가요?
___

Q4. 위의 문제점을 해결하기 위한 대안은 무엇인가요?
___

Q5. 제시한 대안을 실행할 구체적인 계획을 말씀하여 주십시오.
___

6) 조치가이드 : 과제조치

답안 작성 및 인터뷰에 수고 많으셨습니다.

조치 가이드의 내용을 보시면서 본인의 답안 및 인터뷰 내용과 비교하여 보시기 바랍니다. 앞서 설명한 대로 조치 가이드는 정답이 아니며, 평가문제 개발자의 의도가 담긴 가이드로 판단하여 주시고, 여러분의 더 탁월한 조치 대응 수준을 기대합니다.

과제 1

현안업무	2018 흡연청소년 건강상담 및 금연침 사업 업체 선정	우선순위	1순위
조치방법	E-mail	수신자	손호준 사무관

1. 위탁업체 선정조건
  흡연교육에 대한 정보전달 및 자세한 교육 내용이 있는가?
  건강검진 내용과 일정이 있는가?
  홍보물 내용에 금연교육과 금연 가이드라인, 홍보물 배포방안이 제시되어 있는가?
  금연침과 상담을 통해 추후사례관리가 되는가?

2. 업체분석

		A업체	B업체	C업체
교육 내용	교육 내용 소개	충분	불명확함	충분
건강검진	세부내용	충분	불충분	충분
홍보물	금연 교육 내용	있음	있음	있음
	금연 가이드라인	없음	있음	없음
	배포방안	부족	충분	적정
추후 사례관리	추후 사례관리 계획	있음	없음	없음
	연계병원	적정	적정	충분

3. 업체선정
  선정기준 : 자세한 교육내용, 건강검진 일정, 홍보물에 금연교육 내용과 금연 가이드라인 홍보물 배포방안, 추후 사례관리
  선정업체 : A업체
  선정사유 : 홍보물 내용이 부족하긴 하나, 교육 내용, 건강검진, 추후사례관리 계획 등 다른 주요 항목이 충실히 작성됨
  　　　　　- B업체 : 흡연 교육 및 건강검진 계획이 불충분함
  　　　　　- C업체 : 사례관리 항목 외에 다른 항목이 충실하게 작성되었으나, A업체보다 추후 사례 관리계획이 충실하지 못함
  보완사항 : 홍보물 보완(금연 가이드라인 안내, 배포 방안 추가), 연계병원 추가 확보

과제 2

현안업무	일정 조정 및 스케줄 관리	우선순위	4순위
조치방법	E-mail, 전화	수신자	손호준 사무관, 황은지 정책관

1. 흡연 청소년 건강상담 및 금연침 사업 위탁업체 선정 최종보고 참석
 – 수신자 : 손호준 사무관(이메일)
 일정 조정이 불가능하며 기관 업무이기 때문에 1순위로 참석

2. 학업중단숙려제 사업 진행사항 보고 요청
 – 수신자 : 황은지 정책관(전화)
 일정 조정이 가능하며 기관 업무이기 때문에 전화로 미팅시간 변경 요청
 (금연침 사업 업체 선정 최종보고에 참석해야 함을 알리고, 다른 날짜 혹은 시간대로 미팅 시간 변경 요청)

3. 청소년 약물과 유해매체 교육 워크숍 참석 요청
 – 수신자 : 없음
 일정 조정이 불가능하며 기관 업무가 아니기 때문에 금연침 사업 업체 선정 최종보고의 종료시간 확인 후 참석 여부 결정

과제 3

현안업무	인터뷰 질문에 대한 답변 작성	우선순위	3순위
조치방법	E-mail	수신자	홍보담당관실 임현진

〈질문 내용에 대한 답변〉

1. 학교 밖 청소년 지원 프로그램과 학업중단숙려제 도입 목적
 두 제도의 공통적인 목적은 비행과 범죄에 쉽게 노출되는 학교 밖 청소년을 보호하는 것임
 학교 밖 청소년 지원 프로그램은 학교를 떠난 후에도 청소년들이 학업을 유지하고 취업을 준비할 수 있도록 하기 위함
 학업중단숙려제는 새로 발생하는 학교 밖 청소년의 수를 최소화하는 것을 목표로 함

2. 학교 밖 청소년 지원 프로그램에 대한 설명
 학업을 지속적으로 원하면 학업진로 프로그램에 참여 가능
 학업을 원하지 않는다면 취업성공패키지 등과 연계하여 직업훈련에 참여
 진로를 결정하지 못한 청소년의 경우 동기부여나 1:1 심리상담 맞춤형 지도를 통해 어떤 프로그램에 참여할지 결정할 수 있음

3. 학업중단숙려제에 대한 설명
 학업중단을 결정하기 전 2주간의 숙려기간을 두는 제도
 숙려기간 동안 우리 센터 혹은 청소년 상담센터의 학업복귀프로그램에 참여하며 학업중단 이후 겪게 될 일에 대해 배움
 그 후에도 학업중단 의사를 밝힌 청소년에게는 대안교육기관 입학, 검정고시 준비 등 사후관리 진행
 제도가 성공적으로 정착할 경우 학업중단율이 10% 감소할 것으로 예상됨
 458개의 고등학교에 시범적으로 도입

과제 4

현안업무	청소년 유해매체물 이용 문제 개선 대책 보고서 작성	우선순위	2순위
조치방법	E-mail	수신자	황은지 청소년정책관

청소년 유해매체물 이용 문제 개선 대책

1. 추진배경
- 인터넷 및 모바일을 통해 청소년 유해매체물이 급속도로 보급됨에 따라 청소년들은 더 쉽게 유해매체에 노출되고 있음
- 매년 청소년 유해매체물 적발 건수는 꾸준히 증가하고 있으나, 이에 투입되는 예산은 소폭 상승하거나 오히려 감소하기도 함
 (적발 건수 : 2012년 12,162만 건 → 2017년 19,688만 건, 투자 예산 : 2012년 44,279만 원 → 2017년 46,213만 원)
- 청소년들은 유해매체물의 유해성을 알면서도 청소년 유해매체물을 이용하고 있음
 청소년 유해매체 교육을 충분히 받고, 청소년 유해매체 이용의 위험성을 인지하고 있음에도 이를 계속 이용하는 청소년들을 정상적인 생활로 이끌어내기 위해 기존과 다른 조치가 필요함

2. 청소년 유해매체물 이용의 문제점
- 가정에서의 청소년 유해매체물 이용 차단이 적절하게 이루어지지 못함
- 맞벌이 부모를 두어 자녀가 집에 혼자 있는 시간이 증가함
- 부모가 컴퓨터 및 통신기기를 잘 다루지 못하는 경우 적절한 제재가 가해지지 않음
- 유해매체 차단 프로그램이 설치되어 있지 않은 경우가 대부분임
- 적절한 정부 대책 도입 실패
- 청소년의 절반 이상이 청소년 유해매체 교육을 들었지만 실효성이 없음
- 사회환경의 영향
 청소년이 건전하게 스트레스를 해소할 수 있는 방안 부족

3. 대책
- 청소년 유해매체 교육 콘텐츠 보완(~'18.06)
 정보윤리 교육, 인터넷 중독 예방교육, 건전한 미디어 문화 확산을 위한 교육, 미디어를 활용한 잠재력 개발 내용 포함
- 학부모 대상 유해매체 관리 교육 실시(~'18.12)
 컴퓨터 인터넷 텔레비전 비밀번호 지정 및 이용수칙에 관한 교육
 학교와 관공서 등에서 자녀의 미디어 교육프로그램 활성화 자료 및 부모교육 매뉴얼 배포
 인터넷 사용제한 프로그램 모급 및 홍보
- 청소년 유해매체 감시단 운영(~'18.12)
 지자체 중심의 유해매체 감시단 운영
 인쇄매체협의회, 영상매체협의회, 통신매체 협의회, 유해시설감시단 등 유해매체별 감시단 운영
 지역 청소년 유해매체 감시 및 위반 업체에 대한 경고 발행
- 청소년 유해매체에 대한 처벌 강화(~'18.12)
 청소년 유해매체 이용자에 대한 본인확인 절차 강화
 규정을 위반한 공급자에 대해 처벌 강화
- 건전한 청소년 여가문화 확산(~'19.06)
 학교 방과 후 프로그램 활성화
 건전한 청소년 여가문화 확산 캠페인 시행

4. 기대효과
- 부모의 유해매체 예방교육을 통한 청소년 유해매체 이용 통제 및 감시
- 청소년 유해매체 교육을 통한 청소년들의 인식 개선
- 청소년 여가시간 프로그램 활성화로 청소년의 건전한 여가활동 증가
- 유해매체 감시단 운영, 처벌 강화를 통해 청소년 유해매체물 공급자에 대한 관리 강화

7) 조치가이드 : 인터뷰

인터뷰 진행 녹화 내용 혹은 서면에 기술한 내용을 조치가이드와 비교해 보시기 바랍니다.

과제 0 전체조치 관련 질문

Q1. 제시된 상황에서 귀하의 역할은 무엇입니까?
A. 가족복지부의 청소년보호과장이며, 50분 내에 청소년 보호 정책과 관련된 현안을 처리해야 한다.

☞ 평가기준 : 자신의 역할을 파악하고 있는가

Q2. 귀하가 조치한 내용은 무엇인지 설명해주십시오.
A. 총 4개의 현안업무가 제시되었으며, 이는 2018 청소년 건강 상담 및 금연침 사업 위탁업체 선정, 일정 조정, 학교 밖 청소년 지원 정책 및 학업중단숙려제 관련 인터뷰 대응, 청소년 유해매체물 이용 문제 개선 대책 보고서 작성이다.

☞ 평가기준 : 문제상황에 맞는 조치를 취할 수 있는가

Q3. 귀하가 조치한 내용에 우선순위가 있습니까? 있다면 어떤 사안부터 조치하였으며, 그 배경은 무엇입니까?
A. 총 4개의 현안업무가 제시되었으며, 2018 청소년 건강 상담 및 금연침 사업 위탁업체 선정을 가장 먼저 조치하였다. 시급성을 가장 우선적으로 고려하였다.

☞ 평가기준 : 기준에 따라 우선순위를 정할 수 있는가

Q4. 본 현안업무를 효과적으로 처리하기 위해 타인의 도움을 받거나 업무를 위임할 생각은 없었습니까?
A. 생각은 하였으나, 제가 직접 처리해야 하는 업무가 대부분이어서 직접 처리하였다. 청소년 유해매체물 이용 문제 개선 대책 보고서 작성 업무는 위임이 가능할 것 같다.

☞ 평가기준 : 업무의 중요도와 규모를 파악하고 있는가

Q5. 본 현안업무를 처리하면서 과제간의 관련성을 보셨습니까? 관련성이 있다면 설명해 주십시오.
A. 과제 간의 관련성은 거의 파악하지 못하였다. 다만 일정을 조정할 때 자료 6과 7에 제시된 이메일과 초대장 외에, 자료2에 제시된 정보 역시 활용하였다.

☞ 평가기준 : 필요한 정보를 정확히 파악하고 있는가

과제 1 관련 질문 2018 흡연청소년 건강상담 및 금연침 사업 업체 선정

Q1. 본 사업의 목적은 무엇입니까?
A. 흡연청소년에 대한 건강상담을 통해 흡연의 위험성을 알리고, 금연침을 시술함으로써 청소년의 금연을 돕는 것이다.

☞ 평가기준 : 추진하고자 하는 사업의 목적, 방향을 파악하고 있는가

Q2. 업체를 선정한 기준은 무엇입니까? 본인이 제시한 기준 중 가장 중요하다고 생각한 것은 무엇입니까?
A. 핵심사안이 모두 들어가 있는가를 최우선으로 평가하였다.

☞ 평가기준 : 목적에 맞는 기준을 세울 수 있는가, 기준에 따라 문서를 판단할 수 있는가

Q3. 업체 선정에 있어 추가적으로 필요한 정보나 자료는 없습니까? 있다면 어떠한 경로를 통해 입수할 수 있나요?
A. 사업을 안정적으로 추진하기 위해 보유 인력 현황 및 구체적인 사업 추진 일정이 필요할 것 같다.

☞ 평가기준 : 제안서를 비판적으로 검토하였는가

Q4. 선정한 업체는 어디이며 구체적인 선정 배경은 무엇입니까?
A. A업체를 선정하였다. 홍보물 내용이 부족하긴 하나, 교육 내용, 건강검진, 추후사례관리 계획 등 다른 주요 항목이 충실히 작성되었기 때문이다.

☞ 평가기준 : 기준에 따라 가장 적합한 대안을 선택할 수 있는가

Q5. 사업의 완성을 위해 보완해야 할 점은 무엇입니까?
A. 홍보물의 내용 등 구체화되지 않은 사항을 목적에 맞게 구체화시킬 필요가 있다.

☞ 평가기준 : 제안서를 비판적으로 검토하였는가, 필요한 정보를 정확히 파악하고 있는가

과제 2 관련 질문 일정조정 및 스케줄 관리

Q1. 참석 여부를 결정해야 하는 일정은 어떤 것입니까?
A. 흡연청소년 건강상담 및 금연침 사업 위탁업체 선정 최종보고, 학업중단숙려제 진행상황 보고, 청소년 유해약물 사고 예방 교육 관련 워크샵의 참석여부를 결정해야 한다.

☞ 평가기준 : 문제 상황을 정확하게 파악하고 있는가

Q2. 어떤 일정에 참석할 것이며, 참석 여부를 결정할 때 가장 중요하게 고려한 점은 무엇입니까?
A. 흡연청소년 건강상담 및 금연침 사업업체 선정 최종 보고에 참석할 것이다. 위임이 가능한 업무인지와 조정이 가능한 일인지를 가장 중요하게 생각했다.

☞ 평가기준 : 타당한 기준에 따라 우선순위를 결정하였는가

Q3. 스케줄 조정 후 그 결과는 누구에게, 어떻게 전달할 생각이었나요? 선택한 방식이 최선이라고 생각하십니까?
A. 손호준 사무관에게는 메일로, 황은지 정책관에게는 전화로 전달할 생각이었다.

☞ 평가기준 : 제시된 정보를 비판적으로 검토하였는가, 다양한 관점에서 자료를 분석하였는가

과제 3 관련 질문 학교 밖 청소년 지원 대책과 학업중단숙려제 프로그램 인터뷰 자료 작성

Q1. 인터뷰를 진행하는 목적이 무엇입니까? 작성한 문서가 목적에 부합한다고 생각하십니까?
A. 학교 밖 청소년 지원 대책 및 학업중단숙려제를 시행하기 전 시행 목적과 그 내용을 알리기 위해서이다.

☞ 평가기준 : 문서를 작성하는 목적을 파악하였는가, 작성한 문서를 비판적으로 검토하였는가

Q2. 학교 밖 청소년 지원 대책에 대해 설명하여 주십시오.
A. 학업을 중단한 학교 밖 청소년들이 사회에서 도태되지 않도록 학업, 진로 상담, 취업 준비 등을 지원하는 프로그램이다.

☞ 평가기준 : 자료의 내용을 정확히 파악하였는가

Q3. 학업중단숙려제 프로그램에 대해 설명해 주십시오.
A. 청소년이 학업을 중단하기 전 2주 동안 고려기간을 두고, 상담 및 학업복귀 프로그램에 참여하도록 함으로써 충동적인 학업 중단을 방지하는 프로그램이다.

☞ 평가기준 : 자료의 내용을 정확히 파악하였는가

> **과제 4** 관련 질문 청소년 유해매체물 이용 문제 개선 대책 보고서 작성
>
> **Q1. 본 보고서를 작성한 목적은 무엇입니까? 작성한 문서가 목적에 부합한다고 생각하십니까?**
> A. 청소년 유해매체물 이용을 줄일 수 있는 방안에 대한 아이디어를 제시하는 것이다.
>
> ☞ 평가기준 : 문제상황을 정확하게 파악하고 있는가, 작성한 문서를 비판적으로 검토하였는가
>
> **Q2. 제시된 자료 중 가장 중요하게 참고한 자료는 무엇입니까? 왜 그 자료가 가장 중요하다고 생각하십니까?**
> A. 청소년 유해매체 교육의 방향을 제시한 자료16의 보도자료가 가장 중요하다고 생각하였다.
>
> ☞ 평가기준 : 필요한 정보와 불필요한 정보를 파악할 수 있는가, 유의미한 정보를 탐색하고 이를 논리를 강화하는 데 사용할 수 있는가
>
> **Q3. 청소년 유해매체물 이용의 문제점은 무엇인가요?**
> A. 첫째, 가정에서 적절한 교육이 이뤄지고 있지 않으며, 둘째, 기존에 시행되는 대책들이 실효성이 없으며, 셋째, 청소년들에게 건전한 여가 문화를 제공할 사회적 환경이 마련되어 있지 않다는 것입니다.
>
> ☞ 평가기준 : 자료를 비판적으로 검토하며 문서를 작성하였는가
>
> **Q4. 제시한 문제점들을 해결하기 위한 대안은 무엇인가요?**
> A. 청소년 유해매체 교육 콘텐츠 보완, 학부모 대상 유해매체 관리 교육 실시, 청소년 유해매체 감시단 운영, 청소년 유해매체 보급에 대한 처벌 강화, 건전한 청소년 여가문화 확산 등의 대안을 생각하였습니다.
>
> ☞ 평가기준 : 자료에서 핵심적인 내용을 찾아낼 수 있는가, 타당한 대안을 제시하였는가
>
> **Q5. 제시한 대안들을 실행할 구체적인 계획을 말씀하여 주십시오.**
> A. 우선 올 상반기까지 청소년 유해매체 교육 콘텐츠 보완 작업을 마치고, 올해 안에 학부모 대상 유해매체 관리 교육, 청소년 유해매체 감시단 운영을 통해 청소년 유해매체에 대한 관리 감독을 강화할 것이다. 동시에 처벌 강화 작업도 진행할 것이다. 장기적으로는 건전한 청소년 문화 확산을 위해 학교 방과 후 프로그램 활성화를 장려하겠다.
>
> ☞ 평가기준 : 구체적인 그림을 그리고 있는가

8) 평가

전문 평가사들은 여러분이 작성한 기록지와 인터뷰 내용들을 기반으로 2~3단계에 거쳐 평가점수를 평정합니다. 1명의 평가대상자를 2명 이상의 평가사들이 동시에 평가하고, 상호 합의를 통해 최종 평가점수를 확정합니다.

평가는 조치 기록지 검토를 통한 서면 평가, 인터뷰 내용을 기반으로 한 구술 평가, 인터뷰 시 나타나는 태도를 기반으로 한 태도 평가로 구성됩니다. 행동과 행동을 통해 나타난 것만이 평가 대상이 되며, 평가사의 개인적인 느낌이나 평가사가 유추한 내용은 평가되지 않습니다. 잘한 혹은 잘하지 못한 행동의 빈도에 따라 평가점수가 달라지게 됩니다.

조치 내용을 직접 보지 못하고, 인터뷰 역시 대면 진행을 할 수 없어 여러분의 정확한 수준을 알려드리지 못하는 점이 무척 아쉽습니다. 대신 여러분의 역량을 스스로 평가해보도록 합시다.

평가 방법은 보고서 작성 평가방법과 동일한 BOS 방식입니다.

여러분이 작성한 조치 기록지와 인터뷰 기록지, 그리고 제시된 조치가이드를 비교하면서 스스로 잘한 점과 잘못한 점을 기술하여 주십시오. 평가기준은 '7) 조치가이드 : 인터뷰'의 각 질문의 하단에 표기되어 있습니다.

예시

Q4. 제시한 문제점들을 해결하기 위한 대안은 무엇인가요?

A. 청소년 유해매체 교육 콘텐츠 보완, 학부모 대상 유해매체 관리 교육 실시, 청소년 유해매체 감시단 운영, 청소년 유해매체 보급에 대한 처벌 강화, 건전한 청소년 여가문화 확산 등의 대안을 생각하였습니다.

☞ 평가기준 : 자료에서 핵심적인 내용을 찾아낼 수 있는가, 타당한 대안을 제시하였는가

잘된 점	보완할 점

3 역할연기

1) 기법 이해하기

　역할연기(Role Playing)는 시뮬레이션을 기반으로 한 역량평가 기법 중 하나로 연극수법을 이용한 평가방식입니다. 역할연기는 궁극적으로 주어진 상황을 분석하고 타인에게 효과적으로 대응하여 목적한 바를 이루는 과정을 평가하는 방법론으로, 평가대상자에게 특정한 상황을 주고 연극을 하듯 대화를 통해 평가하는 방법입니다. 국내에는 정신분석학 또는 교육장면에서 주로 쓰이는 기법이다 보니 많은 분들께서 실제 평가장에서 어떻게 과제를 수행해야 하는지 당황하곤 합니다. 역할연기는 1:1 역할연기와 1:2 역할연기가 있는데 1:2 역할연기는 중앙정부 주관의 고위공무원단 평가 시에 사용하는 기법으로 일반적으로는 자주 사용되는 기법은 아닙니다. 따라서 본서에서는 1:1 역할연기를 기반으로 설명을 드리고자 합니다.

　일반적으로 역할연기의 진행방식은 다음과 같습니다.

　역할연기에서는 약 30분간 주어진 상황을 분석한 후 평가대상자와 20분 동안 연극을 하듯 질의응답을 진행합니다. 다루어지는 주제는 부처마다, 평가 역량마다 조금씩 다른 모습을 보입니다. 역할연기를 통해 평가하는 역량은 기본적으로 관계역량군과 조직역량군에 속한 역량들이며, 이외에 인지/사고역량도 부가적으로 평가될 수 있습니다. 조직역량군에는 대인영향력, 대인이해력, 조직인식력, 관계구축력, 고객지향성, 동기부여, 육성력, 팀 리더십 역량이 포함되며 국내에서는 해당 역량들을 인간관계, 대인관계, 의사소통, 고객지향, 조정통합, 동기부여, 부하육성 등으로 표현하고 있습니다.

2) 출제 유형 및 접근 방법

역할연기에서 주로 출제되는 상황은 다음과 같습니다.

(1) 부하직원의 코칭(애로 사항 해소)
(2) 주민 대표 및 NGO 대표, 타 부처와의 조정통합
(3) 기자 인터뷰

　중앙정부 주관 서기관 후보의 평가 시에는 부하직원 코칭을 주로 다루고 있으며, 사무관 평가 시에는 부하직원 코칭과 주민대표 및 타 부분과의 조정통합이 주요상황으로 주어집니다. 중앙정부 주관 고위공무원단 평가에서는 기자 인터뷰를 주로 진행하고 있습니다.

역할연기는 주어지는 상황이 무엇이냐에 따라 대응방법이 확연히 달라지는데, 지금부터는 각 상황에 대한 적절한 대응 방법을 설명 드리겠습니다.

(1) 부하직원의 코칭 – 동기부여 역할연기

본 역할연기의 기본적 배경은 부서 내 부하직원의 동기가 저하되어있는 상황을 전제로 합니다. 주로 나타나는 동기 저하의 요인은 다음과 같습니다.

▷ 성과평가 결과의 불만
▷ 업무 분장 문제(업무의 과다 또는 적성에 맞지 않음)
▷ 다른 구성원 및 부서와의 갈등

본 부하직원 코칭-동기부여 역할연기는 위와 같은 불만을 가지고 있는 부하직원에게 동기를 부여하는 과정입니다. 간단한 것 같아 보이지만, 20분 내에 부하직원의 불만을 해소하고 다시 일을 열심히 할 수 있도록 동기를 부여하는 일은 쉬운 일이 아닙니다. 실제 업무상에서는 따끔하게 조언을 할 수도 있겠지만, 평가 시에 혼을 내는 상황을 연출하는 것은 적절치 않습니다. 상대는 평가사이기 때문입니다. 평가사는 부하직원의 역할을 맡아 여러분의 질의에 당황스럽게 대꾸하며 곤란한 상황을 만듭니다. 이때, 격앙된 모습을 보인다면 여러분은 평가사의 함정에 빠지는 것입니다. 대다수의 평가대상자들은 선배들에게 전수받은 대로 딱딱한 분위기를 깨기 위해 덕담을 나누며 라포(Rapport)를 형성하고자 합니다. 부하의 장점을 먼저 부각시킨 후 서서히 단점을 지적하여 부하직원이 스스로 일을 열심히 하겠다는 반응을 이끌어내고자 하는 것입니다. 하지만 평가사들은 이 정도의 대응은 이미 예측하고 있습니다. 만약 라포를 형성하는 단계에서 부하직원의 역할을 맡은 평가사가 "이번의 성과평가는 도저히 수용할 수 없습니다."라고 먼저 말한다면 여러분은 어떻게 대응하실 생각인가요?

저는 평가사가 아무리 강하게 대응한다고 해도 당황하지 않고 차분히 대응할 수 있는 GROW질문기법을 소개하고자 합니다. 본 질문법은 코칭에 매우 유용하게 활용되는 기법으로 현업 및 일상생활 속 자녀들과의 대화 방법으로도 매우 유용하게 활용될 수 있는 방법입니다.

기존 부하직원 동기부여 역할연기의 흐름은 관계(라포)를 형성하고 현실의 상황(Reality)를 깨닫게 한 후 현실을 개선할 수 있는 방안(Option)을 설계하여 구성원이 실행하게 하는(Will) ROW의 대화기법이었습니다. GROW질문기법은 위의 대화기법에 G(Goal)가 더하여진 기법으로 현실의 상황(Reality) 일깨우기에 앞서 부하직원 궁극적으로 원하는 모습(Goal)이 무엇인지 먼저 생각하게 하는 방법입니다. 이는 부하직원이 개인적인 목표를 함께 고려하는 변혁적 리더십(Transformational Leadership)의 전형으로 최근 권장되고 있는 리더십의 모습이기도 합니다.

부하직원의 동기부여 역할연기를 수행할 때는 이런 GROW질문기법을 기본 바탕으로, 관계적 대화와 사실적 대화의 적절한 조합을 통해 대화를 이끌어가야 합니다. 여기서 관계적 대화란 상호 간에 관계를 만들어가기 위한 대화를 의미하고, 사실적 대화는 업무와 관련된 대화를 말합니다. 평가 시에 자연스럽게 대화를 이끌어가기 위해서는 관계적 대화를 통해 관계를 형성한 후 사실적 대화를 이어나가는 방법이 좋습니다.

다만 호의적인 관계를 형성하기 위해 무작정 관계적 대화만을 시도하는 것은 가벼운 사람으로 보일 수 있습니다. 여러분은 상사의 위치에 있기 때문에 너무 가벼운 모습을 보이는 것은 적절치 않습니다. 관계적 대화는 대화를 매끄럽게 만드는 선에서 적절히 사용하시기 바랍니다. 만나서 반갑다는 가벼운 인사와 더불어 부하직원의 넥타이의 색깔이나 헤어스타일 등을 칭찬해 주면서 관계적 대화를 시도하면 됩니다. **예를 들어, "김 주무관, 반갑습니다. 안색이 매우 좋네요. 김 주무관이 들어오니 주위가 환해집니다.", "자주 만나야 하는데 바쁘다는 이유로 그동안 격조했습니다."** 등의 관계적인 인사말로 대화를 시작한 후, 자료에 언급되어있는 부하직원의 장점을 덧붙여 주신다면 질 높은 라포를 형성할 수 있습니다.

이외에 대화 시에는 반말을 하지 않도록 주의하십시오. 아무리 상사의 위치에 있다 하더라도 부하직원을 존중하는 모습을 보여주어야 합니다.

① 목표확인(Goal)

이렇게 관계적 대화를 통해 분위기를 형성한 후, 부하직원이 가지고 있는 개인적인 비전이나 목표를 확인해야 합니다. 즉, 개인이 가지고 있는 Goal(목표)를 확인하는 과정이 필요합니다.

"김 주무관에게 물어보고 싶은 것이 있습니다. 김 주무관이 가지고 있는 공직자로서의 목표는 무엇인가요? 아니면 개인적인 비전 같은 것도 좋습니다." 와 같이 부하직원이 가지고 있는 개인의 목표를 확인해 주시기 바랍니다. 일생생활에서 자녀나 나이 어린 학생들과 대화를 할 때 '미래의 꿈'과 관련하여 "너는 커서 무엇이 되고 싶니?"와 같은 질문을 많이 하곤 합니다. 이와 같은 접근이라고 생각하면 됩니다. 그 외에 목표를 확인하기 위해 아래와 같은 질문들을 사용할 수 있습니다.

- 당신은 다른 사람들에게 어떤 사람으로 기억되고 싶은가요?
- 그렇게 되는 것이 당신에게 어떤 의미가 있나요?
- 그것이 어떻게 해결되기를 원하시나요?
- 그것이 달성되면 어떤 점이 좋은가요?
- 그것이 이루어졌다고 생각하고 그때의 모습을 설명해 보시겠습니까?

부하직원의 목표를 확인하는 것은 부하직원의 관점에서 대화의 방향을 설정하도록 돕는 매우 유용한 기법입니다.

② 현실파악(Reality)

목표를 확인했다면 다음 단계는 현실에 대한 접근입니다. 현실에 대한 질문은 민감할 수 있기 때문에 조심스럽게 접근하셔야 합니다. 예를 들어 성과에 관련된 대화에서는 부하직원이 잘한 점이나 강점들을 먼저 이야기해 주셔야 합니다. "김 주무관이 보여준 지난 2010년의 성과는 정말 대단했다고 생각해요. 그래서 지금도 부처 내에서 회자되고 있잖아요? 정말 자랑스러운 일이라고 생각합니다." 등의 표현으로 긍정적으로 접근한 후 현실적인 아쉬움에 대한 표현이 이어져야 합니다.

또한, 동기부여 역할연기에서는 평가사의 기세에 눌리지 않는 것이 중요합니다. 평가사가 아무리 강하게 대응하더라도 당황하지 않고 차분히 대응할 수 있어야 합니다. 성과에 대해 평가사의 격렬한 반응이 있더라도 **"이번에 실시된 다면평가 결과에 아쉬움이 있는데 무슨 일이 있었던 건가요?" "작년의 성과가 예년보다 아쉬움이 있던데 혹 무슨 애로사항이 있는가요?"** 등의 표현으로 현실적인 상황을 다루어나가야 합니다. 부하직원에게 현재 상황을 명확히 인식하게 하기 위한 질문내용은 다음과 같습니다.

- 지금 현재 당신의 상태는 어떤가요?
- 당신의 상황을 1~10점으로 점수를 매기면 몇 점인가요?
- 지금 상황에서 어떤 것을 변화시키고 싶은가요?
- 지금까지 어떤 노력을 해 보았나요?
- 보다 용기가 있다면 무엇을 해보고 싶나요?
- 지금의 삶에서 만족스러운 것은 무엇입니까?

부하직원 동기부여에서 현실상황을 명확히 인식시키는 것은 매우 중요합니다. 개인적으로 이 단계가 부하직원 면담상황에서 가장 중요한 순간이라고 생각합니다. 면담에 참여하는 구성원이 현실의 상황에 대해 동의하고 따라오게 하는 것이 동기부여이 핵심입니다. 물론 평가사들은 호락호락하지 않아 쉽게 동의하고 따라오시 않습니다. 평가사들은 계속적으로 타인을 거론하며 다른 사람을 탓할 가능성이 높습니다. '다른 부서와의 협조가 안 된다.', '다른 구성원들의 수준이 너무 낮다.' 등의 다른 이유를 제시할 것입니다. 이런 다양한 핑계를 내세울 때 의견을 묵살하는 것보다는 일단 부하직원이 말한 내용에 동의를 표시한 후 여러분의 의견을 제시해야 합니다. **"많이 답답했겠네요. 진작 나를 찾아오지 그랬어요."** 등의 표현으로 상대에게 동의를 표한 다음 **"큰 비전을 가진 사람이라면 꼭 이겨내야 하는 힘든 상황이네요. 그렇다면 현재 김 주무관은 다른 부서 및 다른 동료들과의 소통에 어려움을 느끼고 있다고 판단해도 되는지요?"** 와 같이 현재의 문제점을 명확히 합니다. 이쯤 되면 평가사도 어느 정도 동의하고 넘어가는 경우가 많습니다.

③ 해결 대안 모색(Option)

현실을 완전히 인식했다면, 다음은 해결 대안을 모색할 차례입니다. 전략 수립 시에 흔히 활용하는 기법으로 바람직한 상태(To Be)와 현실 상황(As Is)의 차이(Gap) 분석이 있습니다. 이 분석 방법을 사용할 때에는 목표하는 바람직한 상태와 현실의 상황을 명확히 해야 그 차이에 무엇을 채워 넣을지 생각할 수 있습니다. 현재 우리는 GROW질문기법의 G와 R을 통해 바람직한 상태와 현실 상황을 명확히 하였습니다. 이를 바탕으로 대안을 찾아낼 수 있습니다. 만약 부하직원이 최근에 소통과 관련된 어려움을 겪고 있다는 사실을 알게 되었다면 소통 역량을 강화할 수 있는 프로그램을 찾거나 관련 대상자들과의 직접적인 대화 혹은 만남을 통해 부하직원과 대상자들 간의 소통을 강화하는 방법을 대안으로 제시할 수 있습니다.

해결 대안을 모색할 때는 단순히 여러분이 생각하는 대안을 제시하기보다는 **"김 주무관은 현 상황을 타개하기 위한 복안을 가지고 있는지요?"** 등의 표현으로 상대가 가지고 있는 대안을 우선 파악해야 합니다. 물론 평가사는 대안이 없다고 대답할 것입니다. 이때 여러 질문을 통해 부하직원 스스로 대안을 찾도록 해주는 것이 좋습니다. 여러분에게 주어진 역할상황은 부하직원 코칭입니다. 코칭(Coaching)은 티칭(Teaching)과는 다릅니다. '답은 나에게 있다'는 것을 전제로 하는 티칭과 달리, 코칭은 '답은 당신에게 있다'는 것을 전제로 하여 진행됩니다. 그러므로 부하직원 코칭을 위해서는 질문을 통해 상대가 스스로 답을 찾을 수 있도록 해야 합니다.

상대가 스스로 해결 대안을 모색할 수 있도록 돕는 질문의 내용은 다음과 같습니다.

- 원하는 모습이 되기 위해서 해야 할 것이 있다면 무엇입니까?
- 해보고 싶었지만, 하지 않은 것은 있나요?
- 잘하는 사람들은 이런 상황에서 어떻게 행동하나요?
- 절대로 실패하지 않는 상황이라면 무엇을 해보고 싶은가요?
- 초심으로 돌아가 생각해 본다면 무엇을 해보고 싶은가요?

위의 질문을 통해서도 면담대상자가 해결 대안(Option)을 찾지 못한다면 여러분이 대안을 제시해야 합니다. 해결 대안은 면담에 앞서 진행하는 30분간의 분석 과정에서 이미 완성이 되어 있어야 합니다. 해결 대안은 반드시 주어진 자료 안에 포함되어 있습니다. 만약 자료 안에서 대안을 찾을 수 없다면 잘못된 과제입니다. 대안을 제시하시기 전에 **"현재 상황의 원인은 김 주무관이 꼭 극복해야 하는 아주 중요한 이슈인 것 같은데, 제가 제안을 드려도 괜찮은지요?"라고 물어보신 후 적절한 대안을 제시해 주시면 됩니다.** 평가가 이 정도 진행된 상황이라면 평가사가 제안을 마다할 이유가 없게 됩니다. 이제 여러분은 자연스럽게 관련된 교육훈련 혹은 직접 대면을 통한 소통의 방법 등 미리 구성한 해결 대안을 제시하면 됩니다. 제시하는 대안은 현실 업무에서 통상적으로 접할 수 있는 일반적인 방법을 제시하여 주면 됩니다.

④ 실행(Will)

이제 실행(Will) 작업만 남았습니다. 본 단계에서 가장 중요한 것은 결과이미지(Out-Put)와 일정(Schedule)입니다. 아래의 질문들은 실행단계에 활용 가능한 예시들입니다.

- 무엇이 당신을 가로막고 있나요?
- 예상되는 장애요인은 무엇인가요?
- 지금 당장 해야 할 것은 무엇입니까?
- 누구의 도움을 받을 수 있나요?
- 언제 시작하겠습니까?
- 예상되는 결과이미지(Out-Put)는 무엇인가요?

위의 질문들을 적절히 활용하여 대답을 이끌어 낸 후 "그럼 우리가 한 달 후에 본 사안을 점검하는 미팅을 하도록 합니다. 그때는 다른 구성원들과 소통하는 김 주무관의 모습을 기대합니다." 등의 말로 마무리합니다.

본 역할연기는 부하직원의 동기부여가 핵심입니다. GROW와 같은 기법들이 제대로 효과를 발휘하려면 여러분이 부하직원을 어떤 관점에서 바라보는지가 가장 중요합니다. 제시한 GROW질문 기법은 말 그대로 기법에 불과하며 부하직원이 어려운 상황을 딛고 올라가 새롭게 힘을 얻게 하기 위해서는 **부하직원을 진심으로 사랑하는 자세가 가장 필요합니다.** 부하직원의 어려움을 진심으로 공감하고 이를 극복하기 위해 함께 노력하겠다는 적극적인 자세로 임해야 좋은 결과를 기대할 수 있습니다.

(2) 주민 대표 및 NGO 대표, 타 부처와의 조정통합

주민 대표, NGO 대표 면담, 타 부처와의 협의 역할연기는 사무관 승진선발 평가에서 주로 사용되는 기법입니다. 다른 역할연기와 마찬가지로 30분 과제를 푼 후 20분 역할연기 순서로 진행됩니다. 본 역할연기의 핵심은 갈등을 해소하는 것으로, 갈등의 주요 이슈 사안으로는 예산, 기간, 자원배분이 있습니다.

① 주민 대표 면담

주민 대표 면담에서의 핵심 사안은 주로 예산과 관련한 것입니다. 그 예시는 다음과 같습니다.

- 필요 사업에 대한 예산 증액 요구
- 사업권 또는 주민 시설 설치 요구
- 주민 불편사항 제거 요구

주민 대표는 위의 요구가 관철되지 않으면 단체 행동을 하겠다는 입장입니다. 여러분은 이슈의 핵심을 빨리 파악하여 대응방안을 수립해야 합니다. 예를 들어, 예산의 증액을 요구할 경우 예산 자체가 핵심이기 때문에 해당 예산을 빨리 확보하는 것이 관건입니다. 예산을 확보한 다음에 대민 대표와 협상을 하여야 합니다. 예산을 집행할 때도 논리적인 근거가 있어야 합니다. 다른 시·도와의 형평성을 고려하여 증액 예산 규모를 설정하거나, 정부 고시 내용에 기반하여 개인별 보상액수를 결정하는 등 논리적인 근거를 제공해야 합니다.

평가사는 본 역할연기에서 주민 대표 역할을 수행합니다. 평가사가 역할연기 초반에 화를 내는 등 싸늘한 분위기를 연출하더라도 여러분은 이런 연기에 동화되면 안 됩니다. 말 그대로 평가사는 연기를 하고 있기 때문에 평가사가 화를 낸다고 덩달아 흥분하면 곤란합니다. 차분하게 대응하며 예산에 관한 협의안을 조금씩 제안하여 합의를 이끌어내야 합니다. 평가사는 처음 10분 동안에는 화를 낸다거나 아주 냉소적으로 여러분을 몰아붙이더라도 그 이후에는 적절히 대응하며 합의해 줍니다.

② NGO 대표와의 면담

NGO 대표는 주로 평가대상자가 속한 부처가 시행하는 사업의 모순점을 지적하면서 개선방안을 요구합니다. 주로 다루어지는 이슈는 다음과 같습니다.

- 시행 사업의 허점 지적
- 사업 시행 시기의 적절성 공격
- 추가 예산 배정 요구

우선 핵심 이슈가 무엇인지 빨리 파악해야 합니다. 상대방이 원하는 것이 예산인지, 사업의 시행 시기인지, 추진 사업의 보완인지 파악한 후 대안을 모색해야 합니다. 상대가 원하는 대안은 모두 자료 안에 제시되어 있습니다. 도저히 대안을 찾을 수 없는 경우에는 상식적인 수준에서 대안을 스스로 마련해야 합니다. NGO 대표가 시행사업의 허점을 집요하게 비판하는데 적절한 대안이 생각나지 않는다면 '**완벽한 정책은 없다. 시행하면서 문제가 발생하면 즉각 개정해나갈 것이다.**' 정도로 대응하면 됩니다. NGO 대표의 역할을 수행하는 평가사가 역할연기 초반에 여러분을 거칠게 몰아붙이더라도 냉정함을 잃지 말아야 합니다.

③ 타 부처와의 면담

타 부처와의 면담 역할연기는 같은 공무원 또는 공공부문의 담당자와의 면담으로, 주민 대표나 NGO 대표와의 면담보다는 훨씬 부드럽게 진행이 됩니다. 하지만 훨씬 복잡한 상황들이 배경에 깔려있다는 것을 명심해야 합니다. 주로 제시되는 상황은 다음과 같습니다.

- 중복 사업 조정(자원의 재분배)
- 예산 분배

- 추가 사업의 협조 등

이슈가 되는 사안은 반드시 딜레마적인 상황을 기반으로 하고 있습니다. 때문에 하나를 얻기 위해서 다른 하나를 내주어야 한다는 생각으로 협상에 임해야 합니다. 주로 예산, 자원의 효율화, 혹은 사업의 시행 시기가 합의의 핵심임을 염두에 두고 대응하는 것이 좋습니다.

(3) 기자 인터뷰 역할연기

기자 인터뷰 역할연기는 중앙정부 주관 고위공무원단 선발을 위한 역량평가에서 사용되고 있으며, 최근에는 타 부처 혹은 기관에서도 시행되고 있습니다. 다른 역할연기와 마찬가지로 30분간 과제를 분석하고 20~30분간 질의응답을 합니다. 핵심 내용은 정부 및 기관에서 추진하고 있는 정책에 대한 모순점 지적과 보완방안 질의에 대응하는 것입니다. 기자 역할을 맡는 평가사의 질문이 예리하니 사전 과제 검토 시 추진정책의 보완내용 등을 정확히 파악해야 합니다.

기자 인터뷰에서 평가사가 주로 던지는 질문의 중점 내용은 다음과 같습니다.

- 정책의 추진배경
- 정책의 기대효과
- 정책 추진 과정에서 나타나는 역기능
- 정책이 지니는 모순점

언뜻 보기에는 간단히 답할 수 있을 것 같지만 결코 녹녹하지 않습니다. 본 역할연기의 전제는 평가사가 평가대상자가 추진하고자 하는 정책의 모순점을 집요하게 파고든다는 것입니다. 모순(矛盾)은 앞뒤가 맞지 않는, 이치(理致)에 맞지 않은 상황입니다. 즉, 논리(論理)가 부족한 부분을 공격한다고 생각하면 됩니다. 그렇기 때문에 본 역할연기에 효과적으로 대응하기 위해서는 평가사의 논리(論理)를 반박하고 이길 수 있는 새로운 논리를 만들어야 합니다. 하지만 짧은 시간 안에 노련한 평가사를 설득할 수 있는 논리를 만들기란 결코 쉬운 일이 아닙니다.

이 시점에서 논리(論理)가 무엇인지 생각해볼 필요가 있습니다. 앞서 인바스켓 기법을 설명하면서 말했듯이 **논리란 '누구나 일반적으로 옳다고 여기고 공감하는 것'**입니다. 짧은 시간 동안 상식적인 수준에서 말이 되는 말, 즉 논리를 만들어내는 것이 바로 역량입니다.

기자가 제시하는 주요 질문의 내용에 대한 대응 방법을 살펴보겠습니다.

▷ **정책의 추진배경**
일반적인 질문이며 해당 내용은 주어진 자료의 초두에 주로 기술되어 있습니다.

▷ 정책의 기대효과

기대효과는 추진배경과 유사한 부분이 많습니다. 이 때는 정책과 관련된 이해관계자를 중심으로 각 이해관계자가 얻을 수 있는 기대효과를 설명하면 됩니다. 일반적으로 정부 정책의 이해관계자는 정부, 국민, 지방자치단체, 정부관련기관(한국전력, 국민건강보험공단 등), NGO(월드비전, 기아대책 등), 언론기관, 기타 민간단체(유치원연합회, 의사협회 등) 등이 있습니다.

▷ 정책 추진 과정에서 나타나는 역기능

정책을 추진하는 과정에서 나타나는 역기능을 물어보는 경우 상충관계(Trade-Off)처럼 이익을 얻는 분야(또는 집단)가 있다면 손해를 보는 분야(또는 집단)도 있다는 것을 고려하여 대응하면 됩니다. 급격한 변화를 거부하는 국민이나 특정 분야, 집단의 저항을 역기능으로 볼 수 있습니다.

▷ 정책이 지니는 모순점

정책이 지니는 모순점은 정책의 허점이라고 생각하면 됩니다. 내용적인 측면에서 '**국민의 의견을 모두 반영하지 못하였다.**', '**해외의 좋은 사례를 반영하지 못하였다.**', '**법적인 검토가 미진하다.**' 등의 모순점을 제시할 수 있습니다. 시간적인 측면에서는 '**지금 당장 시작하기에는 준비가 미흡하다.**' 등을 허점이라고 볼 수 있습니다. 평가사와의 논리공방은 모순점을 논할 때 본격적으로 이루어지므로 평가사의 공격포인트를 사전에 파악하여 대비하여야 합니다. 자료를 통해 찬성과 반대 의견이 함께 제시되니 반대 측의 주장 및 논리를 잘 분석하여 공격에 대비하면 됩니다.

역할연기의 출제유형 및 접근방법에 대한 설명을 마쳤습니다. 지금부터는 직접 역할연기 과제를 풀이하겠습니다.

3) 실전문제풀이 : 과제조치

여러분이 해결해야 할 문제는 '선행학습금지법 시행과 관련한 기자 인터뷰'입니다. 자료 검토 시간은 30분으로 꼭 준수하여 주시고 별도의 용지를 사용하여 작성하여 주십시오.

실전문제풀이 | 역할연기

선행학습금지법 기자 인터뷰

자료검토 30분
역할연기 20분

역할 및 상황설명

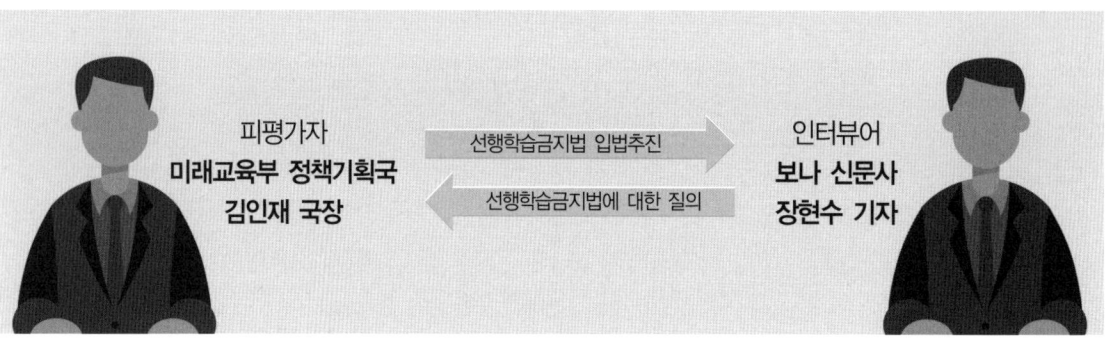

- 당신은 한라국 미래교육부 정책기획국 김인재 국장입니다.
- 귀하께서는 보나신문사의 강현수 기자로부터 인터뷰요청을 받았습니다.
- 기자가 요청한 인터뷰의 주요내용은
  - 선행학습금지법에 관한 입법취지
  - 선행학습금지법의 기대효과
  - 선행학습금지법의 시행에 대한 문제점들과 보완방안 외 기타
- 당신은 교육부 정책기획국 국장으로서 이번 인터뷰에서 보나신문사 강현수 기자에게 선행학습금지법이 현 상황에서 가장 효과적인 정책대안임을 공유하고 입법에 협조를 이끌어내야 합니다.
- 주어진 자료의 분석 시간은 30분이며, 인터뷰 진행시간은 20분입니다.

● 자료1 보도자료

'선행학습' 법으로 막을 수 있나?

정부가 지난달 25일 선행학습을 막기 위한 종합대책을 발표한 가운데 선행학습 문제가 정치권과 교육계의 뜨거운 감자로 떠오르고 있다. 정치권에서는 사교육 문제 해결을 위해 선행학습을 막을 대책이 필요하다는 주장을 펼치며 곧 있을 대선의 주요 이슈 중 하나로 부상할 조짐을 보이고 있다.

이처럼 정치권 등에서는 법안의 취지와 입법 필요성에 공감하는 분위기지만 법안의 실효성에 대해서는 의문이 제기되는 상황이다. 국회 교육과학기술위원회 소속 의원실의 한 관계자는 "법안의 추진 취지는 찬성하지만 선행교육 여부를 판단해 위법행위를 규제하기 위한 행정력이 확보되기 힘들다"고 지적했다. 게다가 선행학습 범위가 학교마다 다르고 규제기준도 법률로 획일적 잣대를 들이대 정하는 게 현실성이 떨어질 수 있다고 설명했다. 사교육협회 역시 법안의 실효성에 대해서 의문을 제기하며 입법을 반대하고 있으며, 학교 자율권을 지나치게 침범할 수 있다는 점에 대해 우려를 표하였다.

미래 교육부도 선행학습 문제의 개선 필요성에 동의하면서도 법안 발의에는 신중한 입장으로, 미래교육부 이찬호 장관 역시 언론과의 인터뷰를 통해 "선행학습 문제가 마지막 남은 큰 숙제"라면서도 "무조건 금지하느냐, 적절히 규제하느냐 아니면 어떤 부분은 자율에 맡기느냐 등에 대해서는 충분한 논의가 있어야 한다"고 말했다.

이로 인해 선행학습의 문제점을 공유하고 있는 주요 대선 주자들을 비롯한 정부, 시민사회 등이 선행교육 금지법과 관련해 어떤 '옥동자'를 만들어낼지 주목된다.

참고 출처 : News1, 〈'선행학습' 법으로 막을 수 있나?〉, 2012.10.05

자료2 선행학습금지법 법안

[선행학습금지법의 법안]

미래교육부는 '공교육 정상화 촉진·선행교육 규제 특별법'을 입안하였으며 입법예고를 위한 관계기관협의를 진행중이다. 이는 대통령의 대선 공약 중 하나였으며, 언론에서는 선행학습금지법이라는 명칭으로 불리고 있다. 본 법률은 명칭에서 보듯이 공교육에서 선행교육과 관련된 문제의 출제를 금지하고, 위반한 경우 재정 지원 중단이나 학생 정원의 감축 등의 징계를 골자로 하고 있으며, 사립학원에서의 선행학습 학생모집을 위한 광고/선전을 금지하는 것이다.

1	학교장은 선행교육에 대해 지도 감독해야 하며 선행학습을 예방하기 위한 교육을 정기적으로 실시하고 이에 관한 계획을 수립 후에 시행한다.
2	학교 정규 교육과정 및 방과후 학교과정에서 선행교육 및 선행학습을 유발하는 평가 등의 행위를 금지한다.
3	학원 교습소 또는 개인과외 교습자는 선행교육을 광고하거나 선전해서는 안 된다.
4	학교의 입학전형은 해당학교 입학단계 이전의 교육과정의 범위와 수준을 벗어나서는 안 되고, 입학전형에 대한 선행학습 영향 평가를 실시한다.
5	국립대 및 사립대의 선행교육 유발행위 등에 대한 심사의결을 위해 교육부 장관 소속으로 교육과정정상화 심의위원회를 설치 및 운영한다.
6	교육부장관 또는 교육감은 교육관련기관이 선행교육을 하거나 선행학습을 유발하는 행위를 한 경우 시정이나 변경을 명할 수 있다.
7	초중고등학교의 선행교육 유발행위 여부에 대한 심사의결을 위해 시도교육감 소속으로 시도 교육과정 정상화 심의 위원회를 설치 및 운영한다.
8	정당한 사유 없이 지정된 기간에 이를 이행하지 않을 경우 관련 교원 징계 재정지원 중단 또는 삭감 학생정원 감축 학습 또는 학과감축/폐지 또는 학생 모집 정지 조치 등을 내릴 수 있다.
9	영재교육, 초중등 교육법에 따른 조기진급 또는 조기졸업 대상자, 국가교육과정과 시도 교육과정 가운데 체육 예술 교과, 기술가정교과, 실과, 제2외국어, 한문, 교양 등의 전문교과 등은 해당 법의 적용을 받지 않는다.

● **자료3** 사교육 현황

초·중·고생 사교육비 현황

(단위 : 억 원)

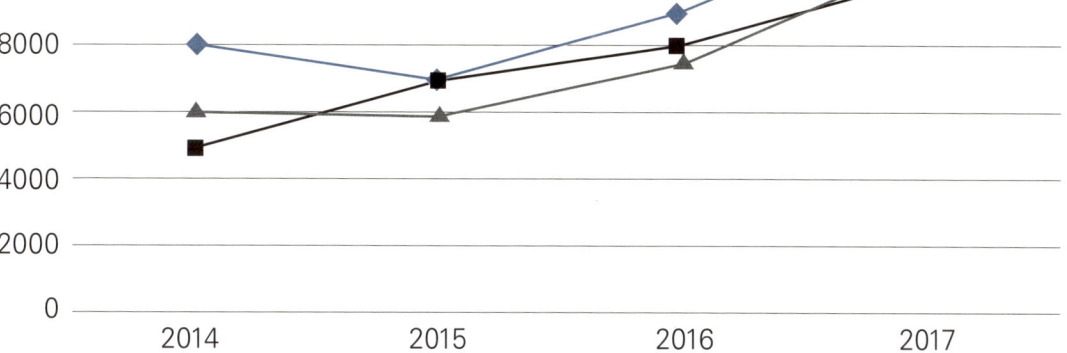

◆ 초등 ■ 중등 ▲ 고등

사교육을 받는 이유는 무엇인가요?

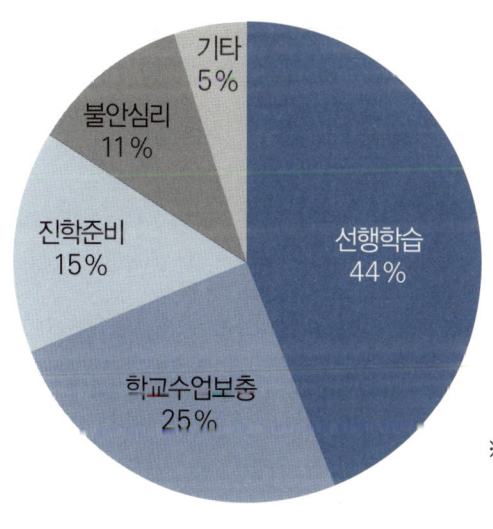

※ 설문조사 대상
　학부모 1,000명과 초·중·고생 12,000명

자료4 중고등학생의 학업 흥미도

한라국 중고생, 수학 흥미도 OECD 국가 중 '10년 내리 꼴찌'

한라국이 OECD 국제 학업성취도 평가(PISA) 수학 부분에서 1위를 차지하는 등 높은 성과를 거뒀지만 흥미, 즐거움 등 학습 태도 부분에서는 하위권을 기록한 것으로 드러났다.

이를 두고 한라국 교육이 학생들에게 학업에 대한 흥미와 자신감을 심어주지 못하고 선행학습과 문제풀이 위주로 학습 흥미도를 오히려 떨어뜨렸다는 지적이 일고 있다. 전국교직원노동조합은 "우리나라 학생들이 수학 공부에 많은 시간을 투자하며 열심히 노력하고 있지만 수학공부에 대한 흥미와 목표의식은 매우 떨어지고 있음을 보인 것"이라며 "이번 성적표는 세계 최장시간 학습노동과 지나친 선행학습과 문제풀이 위주 학습의 결과"라고 비판했다.

OECD 기준 중고생 학업흥미도/불안감/동기 점수 비교

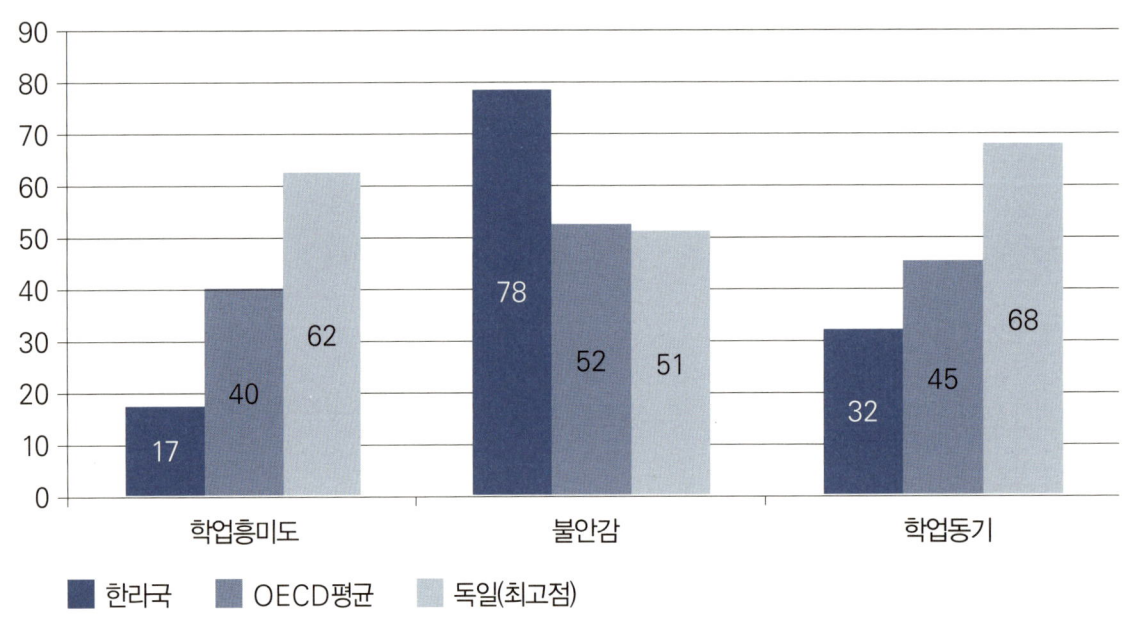

참고 출처 : 교육희망, 〈한라국 중고생, 수학 흥미도 '10년 내리 꼴찌'〉, 2013.12.03

● 자료5 선행학습의 연구결과

과도한 '선행학습'에 지친 아이, 뇌가 멍들고 있다.

최근 한라국뇌과학연구소는 과도한 주입식 선행학습은 스트레스를 유발해 뇌 발달을 저해할 수 있다는 연구결과를 발표했다. 표정헌 한라국뇌과학연구소장(행복대 의대 약리학교실 교수)은 "두뇌와 교육은 밀접한 관계를 갖고 있지만 지금까지 우리의 교육은 뇌 건강은 고려하지 않은 채 이뤄져 왔다"며 "아이의 창조성이나 인성의 발달보다는 어떻게 하면 남보다 '일찍', '많이' 학습시켜 높은 점수를 받을 것인지에만 관심을 두고 있다"고 우려했다. 김 원장은 "무분별한 선행학습은 아이에게 반복적인 스트레스를 줄 수 있다"며 "이런 경우 기억중추인 해마신경세포에서 정보전달이 이뤄지는 수상돌기가 망가지고 위축된다"고 설명했다.

선행학습의 또 다른 문제는 학생이 학습내용을 알고 있다는 우월감에 빠져 수업에 집중하지 못한다는 점이다. 참교육학부모협회는 최근 발간한 '왜 선행학습을 금지해야 할까'에서 "지나친 주입식 선행학습은 한창 호기심이 많을 아이의 지적 능력과 창의성을 떨어뜨리게 된다"며 "자신이 알고 있다는 것을 과시해 수업의 흐름을 깨거나 아예 수업 자체에 흥미를 잃어버릴 수 있다"고 밝혔다.

선행학습 과외 여부에 따른 석차백분위

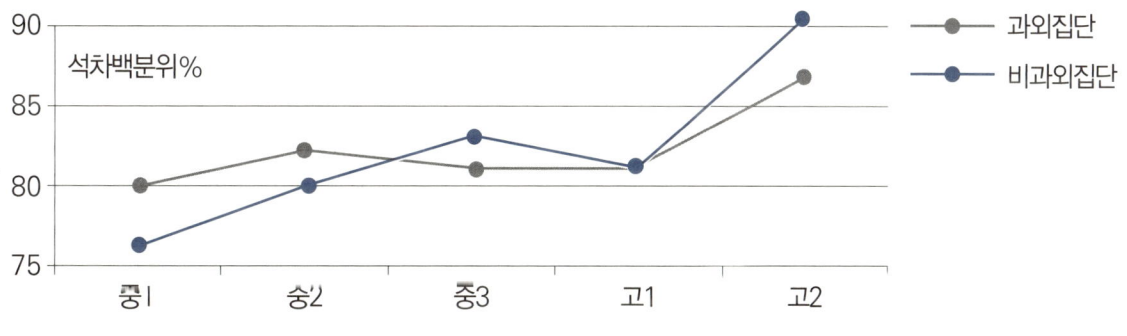

출처 : '선행학습 효과에 관한 연구'(이종태 외 한국교육개발원, 2002)

참고 출처 : 브릿지경제, 〈과도한 '선행학습'에 지친 아이, 뇌 멍들고 있다〉, 2013.10.15

자료6 칼럼

[수요칼럼] 선행학습으로 망가져 버린 교실…

선행학습은 교실파괴의 주범이다. 겨우겨우 수업 분위기를 잡아 진도를 나가려면 오늘 배울 내용을 알고 있는 몇몇 학생이 수업을 방해하기 시작한다. 과정을 설명하려는데 답을 미리 발표해 수업의 흐름을 깨버리면 아무리 유능한 교사라도 수업을 제대로 진행할 수 없다. 교사들의 권리도 심각하게 침해되는 것이 현실이다. 학생들이 사교육을 통해 다 배워오기 때문에 원리부터 차근차근 설명하면서 진도를 나가면 실력 없는 교사로 생각되기 십상이고, 흥미를 잃은 학생들은 엎드려 잔다고 어려움을 토로했다.

선행학습을 하지 않고 학교수업을 기다리고 온 학생들은 어떻게 될까? 이렇게 선행학습은 교사도 선행학습을 받은 학생도 또 선행학습을 받지 않고 온 학생도 모두가 피해자가 되는 게 선행학습이다.

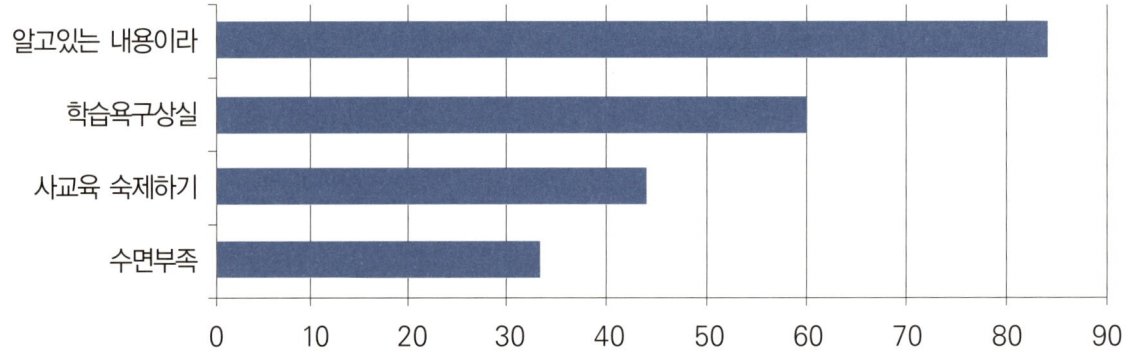

참고 출처 : 김용택의 참교육이야기, 〈모두를 피해자로 만드는 선행학습, 왜 좋아할까?〉, 2012.07.26

● **자료7** 국민여론조사

선행학습금지법 입법화에 대한 국민 여론조사(2017년도 3월 한라국사회여론연구소)

'한라국사회여론연구소'가 지난 3월에 성인 남녀 1천 명을 대상으로 여론조사를 실시한 결과 67.6%가 선행 교육이 문제가 있다고 응답하였고, 59.5%가 선행 교육 규제에 찬성한다고 응답하였다. 이는 국민 대다수가 선행 교육의 폐해를 통감하고 규제를 원한다는 것이 수치로 분명하게 드러난 것이다.

학부모들은 선행학습을 시킬 수밖에 없는 주된 이유를, △대학입시 등 상급학교 입시에서 학교 진도를 벗어난 어려운 문제 출제를 하기 때문이라는 응답과 △선행학습을 부추기는 학원의 홍보와 선전 때문이라고 응답했습니다. 학원가에서 무차별 진행되는 선행교육 상품 판매가, 학생들의 선택이나 대입 시 요인만이 아니라, 선행학습을 조장하는 사교육의 환경적 요인도 크다는 것입니다.

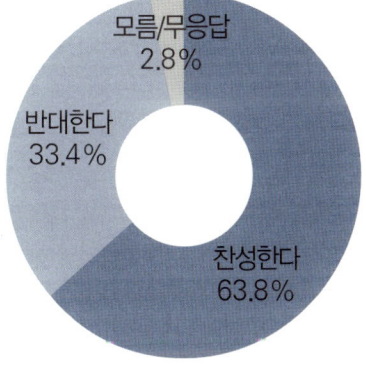

선행교육 금지법
도입 찬반

모름/무응답 2.8%
반대한다 33.4%
찬성한다 63.8%

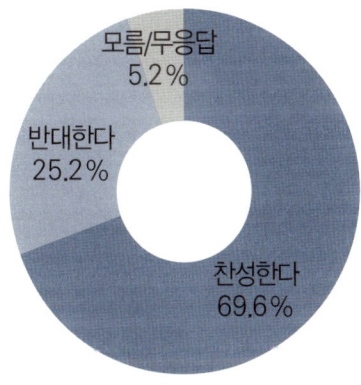

공교육정상화촉진 특별법 내,
학원 등의 선행교육
상품판매 및 홍보 금지 도입 찬반

모름/무응답 5.2%
반대한다 25.2%
찬성한다 69.6%

참고 출처1 : 사교육걱정없는세상, 〈15개 주요 학원들 대상, 선행 교육 상품 판매 및 홍보 실태 조사 결과 발표 보도자료〉, 2013.06.13
참고 출처2 : 김용택의 참교육이야기, 〈모두를 피해자로 만드는 선행학습, 왜 좋아할까?〉, 2012.07.26

● **자료8 효과적인 교육방법**

효과적인 학습방법은 복습

독일의 심리학자 에빙하우스는 망각으로부터 기억을 지켜내기 위한 가장 효과적인 방법은 복습이라는 것을 밝혀냈다. 그의 연구에 의하면 학습을 한 뒤 10분이 지나면 망각이 시작된다고 한다. 따라서 그는 복습의 중요성을 강조한다. 10분 후에 1차 복습을 하면 1일 동안 기억되고, 1일 후에 2차 복습을 하면 1주일 동안 기억된다고 한다. 더 나아가 1주일 후에 3차 복습을 하면 1달 동안, 1달 후에 다시 4차 복습을 한다면 이제 6개월 이상 길게 기억된다는 것이다. 그렇다면 이만큼 더 효과적인 학습방법이 또 있을까?

제철 적기학습의 효과

선행학습을 설익은 과일에 비유한다면, 학교 진도에 맞춘 학습은 가장 맛있는 제철과일이다. 즉 제철과일이 가장 맛있듯이 공부도 적기에 해야 효과적이라는 뜻이다. 따라서 자기 학년에 맞추어 자신이 소화할 수 있는 만큼의 분량을 꼼꼼하게 익혀 나가는 것이 가장 중요하다. 그래야 아이들의 눈은 호기심으로 반짝이고 교실마다 다시 질문이 넘쳐나게 될 것이다.

아동기에는 무한한 창의력과 상상력이 나래를 펼칠 수 있어야 한다. 그러나 우리 교육의 현실은 지나친 선행학습으로 이 시기에 누려야 할 다양한 취미활동과 여가생활, 독서를 통한 깨달음의 기회를 모두 잃어가고 있다. 아이들은 생각할 시간도 휴식도 없이 오로지 진도경쟁, 속도경쟁에만 매달리고 있다. 이제 아이들이 학습연령과 학교 진도에 맞는 제철 적기학습을 할 수 있도록 도와주어야 한다. 스스로 공부하고, 다양한 체험학습을 통하여 창의력을 기를 수 있도록 모두가 노력해야 할 때이다.

참고 출처 : 서울시 교육청 공식 블로그, 〈선행학습 폐해와 문제점〉, 2012.11.09

자료9 관련 해외사례

독일의 학교교육

독일은 토론식 수업과 사고력을 높이는 평가를 통해 높은 학업 성취도를 보이고 있으며 체계적인 교육 복지 정책을 펴고 있는 나라입니다. 또 독일 교육은 직업교육 영역이 잘 갖춰진 것으로 잘 알려져 있으며, 대학입시 방식인 아비투어는 고등학교 성적을 효율적으로 대학 입시에 활용하고 있는 것으로 평가받고 있습니다. 이러한 독일 교육의 사례는 입시 과열과 사교육비 문제로 어려움을 겪고 있는 우리나라 교육에 중요한 착안점을 주고 있습니다.

덴마크의 고등학교 전인을 위한 교육

덴마크는 IMD(스위스 국가경영개발연구원)에서 선정한 교육부문 국가경쟁력 1위(2011년)를 차지한 나라입니다. 그러면서도 OECD 행복지수에서 1위(한라국보건사회연구원 자료)를 기록하고 있습니다. 전인교육을 추구하면서도 높은 교육 경쟁력을 지닌 덴마크의 사례는, PISA가 발표한 학업성취도 결과에서 학업 수준은 높으나 자신감과 흥미도는 최하위권인 우리나라에 의미 있는 시사점을 주고 있습니다.

영국의 고교교육체제

영국이 고교교육과 대학입시를 밀접하게 연계하는 방식과 UCAS(대학입학지원청)을 통한 일원화된 대학 입시 관리 체계를 갖추고 있는 선진화된 고교 교육체제로, 하라국 고교교육체계에서 가장 벤치마킹 하기 좋은 나라로 평가되고 있습니다.

참고 출처 : 사교육걱정없는세상, 《'낡은 고교체제 쇄신' 12회 연속 토론회 – 제9차 토론회 예고 보도자료, 2014.01.07

자료10 보도자료

선행학습금지법은 사교육을 부추길 뿐이다.

선행학습금지법의 가장 심각한 문제점은, 이 법률이 '현행 교육과정 자체는 합리적'이라는 가정에 기초하고 있다는 점이다. 하지만 현재의 국가 수준 교육과정 및 이에 근거한 학교 교육과정은 과연 합리적인가?
특히 선행학습금지법이 시행되면 고등학교가 혼란에 빠질 우려가 있다. 현재 공식적인 고교 교육과정은 수능을 고려하지 않고 3학년 말까지 진도를 나가는 것을 가정하여 마련되어 있다. 하지만 우리나라 현실에서 수능 대비 문제풀이를 학교에서 해주지 않으면 큰 혼란이 벌어지고 사교육비가 급증할 것이다.

규제ㆍ단속 위주 대책 부작용… 또 다른 형태 사교육 유발

이런 점에서 규제, 처벌, 단속 위주의 선행학습금지법은 공교육 정상화를 위한 근본적인 대책으로 보기 힘들다. 사교육에 대한 분명한 대책 없이 공교육에 대한 규제와 처벌, 단속을 강화하면 이는 곧 공교육을 위축시켜 사교육을 조장하는 결과를 초래할 수 있다. 교육과정 운영이 비교적 자유로운 특수목적고나 영재교육기관 진학을 위한 유ㆍ초ㆍ중학생의 사교육이나 온라인을 통한 사교육 등 새로운 형태의 사교육을 유발할 여지도 있다. 단속으로 사교육이 음성화하면 고액과외로 변질될 가능성을 배제할 수 없다.

선행학습금지법으로 사교육이 줄어들까요?(국민 빅데이터 여론조사 결과)

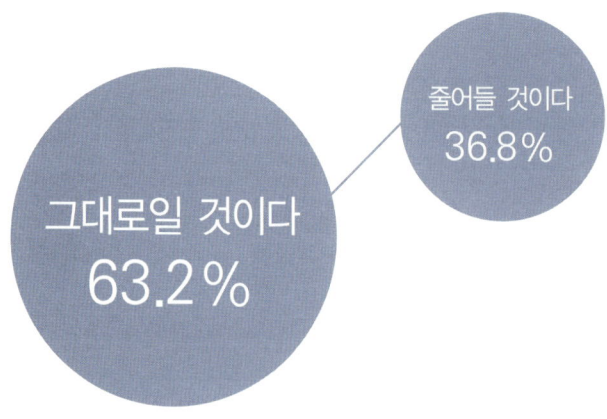

참고 출처1: 허핑턴포스트, 〈선행학습 금지법, 일반고에 시행하면 안되는 이유〉, 2014.04.09
참고 출처2: 한라국경제, 〈선행학습 막아야 하나〉, 2014.02.28

● 자료11 보도자료

선행학습 금지, 공교육 상에서 가능한 시나리오인가?

선행학습금지법 시행이 공교육 현장에서 현실적으로 실행이 불가능할 것이고, 가장 우려가 되는 부분은 '선행교육'에 대한 정의와 범위가 모호해 교육 현장에 혼란을 야기할 것이란 우려이다. 교육과정은 다양하게 해석될 수 있고 각각의 해석에 따라 많은 논란이 생길 수 있다. 교과서에 실린 내용만 교육과정으로 볼 것인지, 아니면 교육과정에 근거한 관련 내용까지도 교육과정상의 내용으로 볼 것인지에 대한 기준이 명확하지 않다. 학교 시험이나 입시에서 출제된 특정 문제가 선행 내용인지, 심화 내용인지, 교육과정을 벗어난 것인지에 대한 판단 기준이 불명확할 경우 이는 곧 사회적, 법적 문제로 비화될 여지도 있다. 각종 시험 및 입시에서 교육과정 이외의 문제 출제를 금지하고 이를 어길 경우 교사와 학교장을 처벌한다고 하면, 이는 학교 교육과정 운영의 자율권과 교사의 교육권을 침해해 학교 교육을 위축시킬 우려가 있다.

학교에서 선행학습금지법을 시행할 준비가 되어 있습니까?

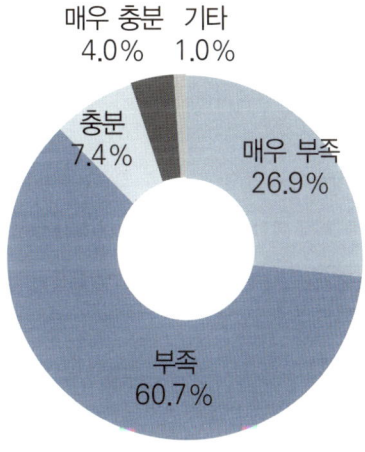

매우 충분 4.0% 기타 1.0%
충분 7.4%
매우 부족 26.9%
부족 60.7%

시험 출제 시 선행학습 유발 시험문제 여부를 가릴 수 있는 교육청 또는 학교 차원의 기준이 있습니까?

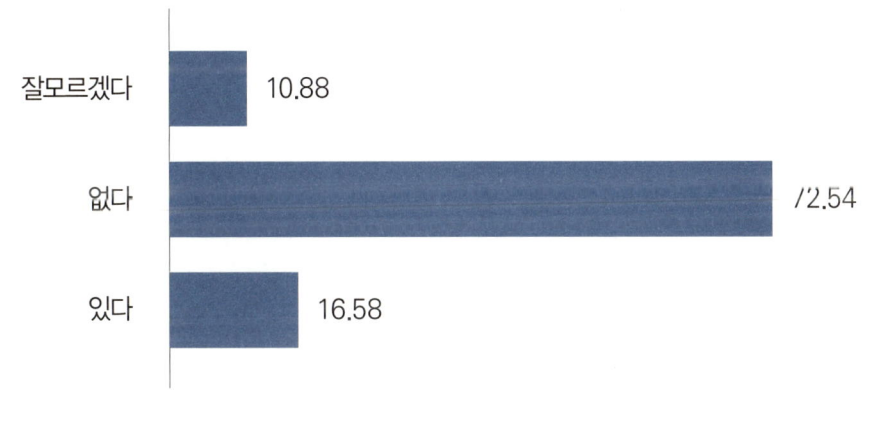

잘모르겠다 10.88
없다 72.54
있다 16.58

참고 출처 : 한라국경제, 〈선행학습 막아야 하나〉, 2014.02.28

● **자료12** 학생들의 견해

이성호 군(고3)

한민지 양(중3)

"학교현장을 무시하고 규제만 앞세운 것 같아요."

'선행학습금지법'의 가장 큰 문제점은 학생의 필요와 욕구를 제대로 인식하지 못한 채 규제만 앞세웠다는 점이에요. 학생과 학부모가 선행학습을 선택하는 가장 큰 이유는 공교육의 정규 교육과정만으로는 질적으로는 물론 양적으로도 충분한 학습을 할 수 없기 때문입니다. 현재 우리 교육현장에서는 학생들마다 다른 학습 능력과 필요를 무시한 채 모두가 동일한 교육과정으로 수업을 받고 있기에 학생 개개인의 학습 욕구를 충족시키기에는 한계가 있습니다. 이러한 상황에서 수준 높은 교육을 원하는 학생의 필요를 부정한 채 선행학습을 금지하는 것은 명백한 학습 자율권 침해라고 생각해요.

"과연 선행학습금지법으로 사교육 규제가 될까요?"

우선 정부가 정한 선행학습의 기준이 명확하지 않더라고요.
법안에 의하면 선행학습은 '국가 교육 과정을 벗어난'이라고 규정되어 있을 뿐 구체적인 기준이 명시되어 있지 않았습니다.
또 다른 문제는 이 법안이 사교육을 줄이자는 의도를 가지고 있음에도 불구하고 사교육에 대한 제제가 공교육에 비해 미미하다는 점입니다. 때문에 `사교육을 줄이자` 라는 목적으로 실행된 이 법안이 역효과로 공교육을 위축시키고 사교육 시장을 넓히는 데 일조할 것이라는 지적이 나오고 있는 것 아닐까요?

참고 출처 : 매일경제, 〈학습자율권 침해… 풍선효과 불보듯〉, 2014.03.19

● 자료13 학업성취도와 선행학습

선행학습과 학업성취도 간의 상관관계 보고서 결과

- 선행학습 실시 집단과 비 실시집단으로 구분하여 실험한 결과 모든 학년에서 관계없이 선행학습을 실시한 집단이 상위권 성적 수준을 보임
- 학업성취도가 낮은 학생들이 선행학습을 받음으로써 우수한 성적을 보임
- 과목별 학업성취도와 사교육 참여 간의 중요한 상관관계가 보여짐
- 해당 과목을 잘할수록 선행학습 참여율이 높은 특징을 보임

[그래프1] 선행학습 정도와 학업성취도 수준

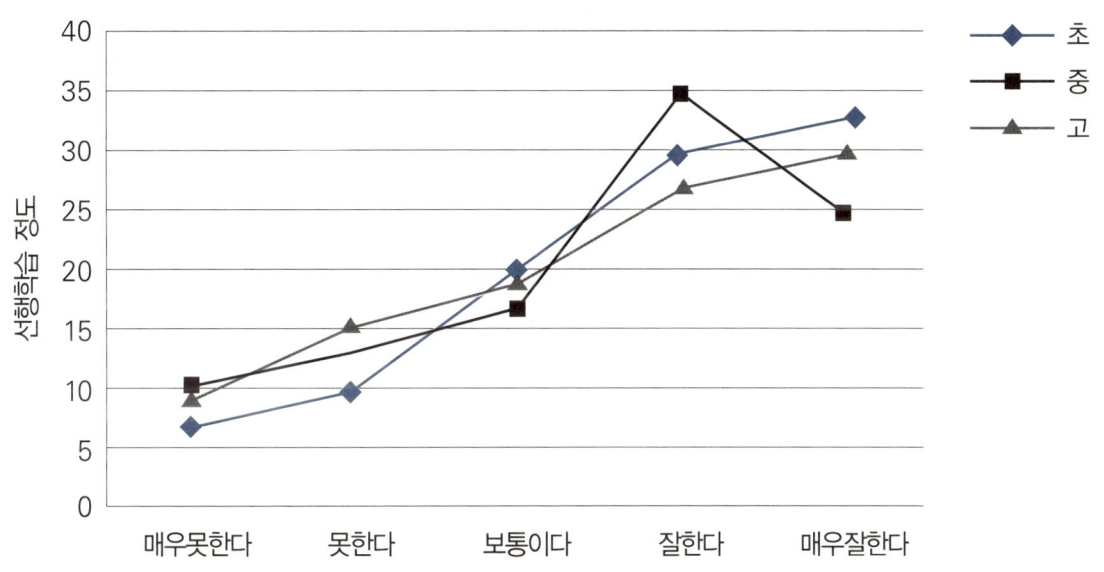

학년	성적수준	선행학습여부	
		비 실시	실시
초	상	29%	71%
	중	16%	84%
	하	40%	60%
중	상	15%	85%
	중	10.7%	89.3%
	하	27.4%	72.6%
고	상	13.7%	86.3%
	중	8%	92%
	하	35.7%	64.3%

● 자료14 칼럼

공교육에서 채우지 못하는 것들… 선행학습으로 가능하다

공교육에 갈증을 느끼는 아이들은 수학, 영어 등 주요 과목에서 이미 1년 이상 선행한다. '선행학습'이라는 말에 과외나 학원이 먼저 떠오르는 것도 무리는 아니다. 선행학습은 사교육 시장이 위주다. 역시 부정할 수 없는 현실이지만, 선행학습의 본의가 왜곡되기 쉽다.

사교육 시장이 과열됐다는 지적이 틀린 말은 아니지만, 공교육에서 느껴지는 갈증도 무시할 순 없다. 다섯 개의 뜀틀을 넘을 수 있는 아이에게 세 개의 뜀틀로 만족하라는 것이 지금의 공교육이다. 그러나 6학년 과정을 5학년 때 배웠다고 해서 끝나는 게 아니다. 진정한 '선행학습'은 목적은 아이의 잠재력을 최대로 끌어줄 수 있다.

"교육개발원에서 5년을 일했죠. 다양한 잠재력을 가진 아이가 있는데, 중간치로 자를 수밖에 없는 것이 공교육의 현실이에요. 일종의 틀이죠. 그러다 보니 요즘 아이들은 앞만 보고 끌려 다니기만 하는 것 같아요. 세상이 이래서, 아이들이 불쌍하죠."

선행학습이 대세라는 것을 인정하자. 그렇다면 우리 아이는 어느 정도 선까지 앞서가야 합리적일까. 아이의 미래에 얼마나 도움이 될까. 선행학습에 대한 현실을 인정하고, 이성적인 가이드라인을 제시하는 것이 진정한 교육을 위한 길이라고 강기수 박사는 조언한다.

공교육 교육과정 만족도 조사			
분야	초	중	고
기초학력육성	44.9%	40%	47%
창의력육성	7.1%	8.5%	5.7%
수업방식	13.6%	24.5%	25.3%
수준별 교육	3.4%	10.2%	2.4%
진로지도	31%	16.8%	19.6%
합계	100%	100%	100%

참고 출처 : 레이디경향, 〈오영주 박사와 김미숙 소장이 말하는 선행학습·영재교육〉, 2008.06

4) 실전문제풀이 : 인터뷰

과제조치를 완료하셨다면 아래 질문지에 기반하여 기자 인터뷰를 진행하기 바랍니다. 인터뷰 시간은 20분이며, 진행 방식은 발표에서 인터뷰를 진행했던 것과 같이 녹화를 하셔도 좋고 서면으로 진행하셔도 좋습니다.

Q1. 기자를 환영하면서 오늘 자리에 대한 모두발언을 실시하십시오.(귀하께서 기자를 맞이하는 자리입니다)

Q2. 선행학습금지법이 추진되는 본질적 의미는 무엇인가요?

Q3. 선행학습금지법의 시행됨으로 인해 나타나는 기대효과는 무엇인가요?

Q4. 위 법안의 효과와 순기능에 대해 말씀해 주셨는데 그러면 우려되는 역기능은 무엇인가요?

Q5. 조기졸업자나 영재들에 대해서는 선행학습이 가능하다고 했는데, 그 기준이 무엇인가요?

Q6. 선행학습금지법과 관련하여 법제화까지는 너무 심한 것 아닌가요? 단속을 한다고 해도 창의력 수학 등 다른 이름으로 얼마든지 수업을 진행할 수 있는데, 사교육의 씨를 말려버리려는 시작 아닌가요?

Q7. 사교육협의회 등 관련 단체들은 동의는 어떻게 이끌어내실 생각인가요?

Q8. 기본적으로 선행학습금지법은 학생들의 학습권 침해입니다. 국민에게 부여된 기본권을 박탈하겠다는 것인가요?

Q9. 여러 가지로 준비가 부족한 상황인데 실시 시기를 5년 후로 늦추는 방안은 어떠한가요?

Q10. 마지막으로 본 법안과 관련하여 국민들에게 선하고 싶은 말은 없는지요?

5) 조치가이드 : 인터뷰

실전문제풀이에 제시된 질문은 예시일 뿐이며, 실제 평가 시에는 여러분이 답한 내용을 기반으로 꼬리에 꼬리를 무는 추가 질문들이 쏟아집니다. 이제는 여러분이 대응한 내용들과 가이드에 제시된 내용을 비교해 보시기 바랍니다.

Q1. 기자를 환영하면서 오늘 자리에 모두 발언을 실시하십시오.
A. 강현수기자님 어서 오십시오. 김인재 국장입니다. 기자님도 잘 아시다시피 사교육비의 증가로 인해 부모님은 경제적 어려움을 학생들은 과다한 학습량으로 고통을 받고 있습니다. 이에 대통령님은 국민들의 고통을 개선하고자 선행학습금지를 대선의 공약사항으로 내걸었으며 국민들의 여론 조사에서도 63.9%가 선행학습금지법에 찬성의 의견을 보여주셨습니다. 또한 독일과 덴마크들의 교육선진국에서도 선행학습을 철저히 규제하고 있습니다. 이에 본 법안을 시행하고자 합니다.

Q2. 선행학습금지법이 추진되는 본질적 의미는 무엇인가요?
A. 추진하고자 하는 의미는 모두발언에서 말씀 드렸다시피 국민들이 고통을 받는다는 것입니다. 국민들의 고통 해소하고 자 본 법안이 실시됩니다.

Q3. 선행학습금지법의 시행됨으로 인해 나타나는 기대효과는 무엇인가요?
A. 기대효과는 부모의 관점에서는 사교육비에 부담이 낮아진다는 것입니다. 사교육비는 매년 가파르게 상승하고 있습니다. 학생들의 입장에서는 연구결과에서도 나타났듯이 선행학습으로 인해 학업흥미도가 떨어지고 뇌는 멍들어가고 있습니다. 선행학습금지법은 학생들의 학업 흥미도를 올리는데 기여를 하리라고 생각합니다. 학교의 입장에서도 무질서하게 시행되고 있는 선행학습을 규제함으로써 공 교육을 세우는데 큰 기여를 할 것으로 판단하고 있습니다.

Q4. 위 법안의 효과와 순기능에 대해 말씀해 주셨는데 그러면 기대되는 역기능은 무엇인가요?
A. 일부 사교육현장에서의 혼란은 예상됩니다. 선행학습이라는 이름으로 많은 사교육기관이 영업을 해왔는데 이러한 사교육기관들에게 타격은 있으리라고 생각됩니다. 그러나 바로 잡힐 것은 약간의 고통이 수반된다 하더라도 해결되어야 한다고 생각합니다. 또한 공교육 현장에서 어려움도 예상이 됩니다. 특히 고3 학생들이 모두 선행학습을 하고 있는 상황에서 혼란은 예상됩니다만 이 부분도 해결되어야 할 부분들이라고 생각합니다.

Q5. 조기졸업자나 영재들에 대해서는 선행학습이 가능하다고 했는데... 그 기준이 무엇인가요?
A. 영재로 판명된 학생들에 대해서는 선행학습을 통해 조기진학이 가능하도록 하자는 취지입니다. 영재 판별에 대한 기준이나 방법에 대한 시행안이 확보된 것은 아닙니다만 조만간 관련 안을 수립할 예정입니다.

Q6. 선행학습금지법과 관련하여 법제화 까지는 너무 심한 것 아닌가요? 단속을 한다고 해도 창의력 수학 등 다른 이름으로 얼마든지 수업을 진행 할 수 있는데, 사교육의 씨를 말려버리려는 시작 아닌가요?
A. 기대효과에서 언급 하였듯이 일정부분 사교육 시장에서의 혼란은 예상됩니다만 대다수 국민들이 고통스러워 하는데 이를 두고 볼 수는 없다고 생각합니다. 법령이 시행되면 다른 이름을 달고 수업을 진행할 수 있다 라고도 생각됩니다. 하지만 수업의 내용을 보고 선행학습을 판단하기 때문에 교과목의 제목은 큰 상관이 없다고 생각하고 있습니다.

Q7. 사교육협의회 등 관련 단체들은 동의는 어떻게 이끌어 내실 생각인가요?
A. 사교육협의회 등 사교육시장에 계시는 분들의 반발이 지금도 무척 셉니다. 조만간 이 분들도 만나서 상황을 설명하고 동의를 이끌어 낼 계획입니다. 또한 사교육시장도 우리나라 교육시장의 한 축으로 분명히 기여한 부분들도 많다고 생각하는바 사교육이 담당해야 할 역할들을 만들어서 사교육시장의 충격을 최소화 할 방안들을 수립하도록 하겠습니다.

Q8. 기본적으로 선행학습 금지법은 학생들의 학습권 침해입니다. 국민에게 부여된 기본권을 박탈하겠다는 것인가요?
A. 국민들의 기본권 침해라는 것에 대해서는 기본적으로 동의합니다. 하지만 헌법에 보장된 기본권이라 하더라고 과도하게 남용되어 사회적인 물의를 일으킨다면 이는 제제해야 할 사항들 아닌가요? 이 부분은 법리적인 검토를 좀더 해야 하지만 큰 문제는 없다고 생각합니다.

Q9. 여러 가지로 준비가 부족한 상황인데 실시 시기를 5년 후로 늦추는 방안은 어떠한가요?
A. 기자님의 우려도 인정은 됩니다만 국민적인 요구가 높은 본 사안을 늦춘다면 국민들의 실망은 커질 것이라고 생각됩니다. 물론 약간 보완해야 할 사안들은 있다고 저도 생각합니다만 원래 완벽한 법이 어디있나요? 시행하면서 보완할 사항들은 찾아보고 개정 보완을 하도록 하겠습니다.

Q10. 마지막으로 본 법안과 관련하여 국민들에게 전하고 싶은 말은 없는지요?
A. 본 선행학습 금지법은 국민들의 안녕과 학생들의 건강한 학업을 지원하고자 시행된 법입니다. 시행과정에서 약간의 혼란은 예상됩니다만 궁극적으로 국민 여러분들에게 적극적인 지원을 받을 것이라고 예상됩니다. 국민 여러분들의 적극적인 지원과 관심바랍니다. 감사합니다.

6) 평가

이제 가이드와 여러분이 작성한 내용을 비교하면서 스스로 평가를 하도록 하겠습니다. 아래의 평가 기준을 보면서 잘한 점과 보완할 점을 찾도록 하겠습니다.

평가 기준
기대효과의 기술과 설명은 적절한가?
본 법안의 시행으로 나타나는 역기능에 대해 잘 파악되었는가?
구체적인 법안의 내용들에 대해 잘 숙지하고 있는가?
법안시행으로 나타날 수 있는 저항에 대해 준비하고 대응하였는가?
기자를 내용적인 측면에서 효과적으로 설득하였다고 생각되는가?

잘된 점	보완할 점

④ 집단토론

1) 기법 이해하기

집단토론(Group Discussion)은 현재 진행 중인 역량평가 기법 중 가장 일반화되어있는 평가 방식으로 공공부문의 평가 외에도 공기업, 일반기업의 신입사원 채용 시에도 자주 활용되고 있습니다.

집단토론은 역할이 있는 집단토론과 역할이 없는 집단토론이 있는데, 전자는 토론 내에서 담당하는 역할이 정해져 있으며, 후자는 특별히 주어진 역할이 없이 주제와 관련한 논의를 진행한다는 점에서 차이가 있습니다. 역할이 없는 집단토론의 경우 주로 신입사원 선발 시에 활용되며, 승진 역량평가에서는 역할이 있는 집단토론이 주로 진행됩니다. 따라서 본서에서는 역할이 있는 집단토론에 대해 집중적으로 다루겠습니다.

- 역할이 있는 집단토론 : 참가자의 역할이 정해져 있으며 역할에 맞게 토론에 임해야 함. 공통자료와 함께 역할별로 다른 내용의 개별자료가 제공됨(예산, 인력, 자원 등)
- 역할이 없는 과제 : 참가자의 역할이 정해져 있지 않고 사회적으로 이슈가 되는 공통의 주제에 대해 토론하며 참가자에게 동일한 내용의 과제물이 제공됨(사드 배치 찬반, 출산율 제고 방안 등)

역할이 있는 집단토론에서는 3~6명의 평가대상자들이 함께 토론을 진행하게 됩니다. 토론을 진행하기 전 평가대상자에게는 본인의 역할과 함께 약 20~50페이지 분량의 자료가 제공됩니다. 자료에는 토론의 주제 및 배경을 제시하는 공통자료와 주어진 역할에 맞게 논지를 펼칠 수 있는 근거를 제공하는 역할별 자료가 있습니다. 자료 분석 시간은 약 20분에서 40분이 주어지며, 자료 분석 시간이 종료되면 평가대상자들은 각자의 역할에 따라 토론을 진행합니다. 토론은 약 20분에서 50분가량 진행되며, 이 시간 동안 토론을 통해 목적에 맞는 결과를 도출해내야 합니다. 여기서 목적에 맞는 결과란 토론 참가자 간 합의에 도달하는 것을 의미합니다. 합의에 도달하지 하지 못한 토론은 실패한 토론이며, 토론이 종료되기 전 반드시 합의에 도달해야 합니다.

집단토론을 통해서는 조정통합, 의사소통, 갈등관리, 고객지향, 문제해결, 이해관계조정 등의 역량을 평가합니다.

2) 출제유형

집단토론에서 주로 출제되는 주제 유형은 예산의 배분, 인력의 선발 및 배분, 자원의 배분과 감축이 있습니다.

(1) 예산의 배분

예산 배분 유형에서는 중앙의 예산 관리부서가 부처별 사업 예산을 감축하고 조정할 것을 요구합니다. 이에 따라 관계 부처 및 부서의 담당자(토론 참가자)들이 합의를 통해 예산 절감에 대응하고 한정된 예산을 어떻게 배분할 것인지 결정해야 합니다.

예) 기획재정부의 예산담당자가 직장 내 성희롱 예방사업과 관련하여 고용노동부(50억 원 필요), 경찰청(50억 원 필요), 여성가족부(50억 원 필요)가 요구하는 총 150억 원 예산 중 100억 원만 지급 가능하다고 통보하며 각 부처 간의 합의, 조정을 요구함에 따라 고용노동부, 경찰청, 여성가족부의 담당자들이 모여 예산 절감에 대한 합의를 도출하는 상황

(2) 인력의 배분 및 선발

인력 배분 유형은 주로 중앙의 인사 담당 부서에서 각 부처 및 부서에서 요구하는 필요인력에 대해 모든 요구를 수용하지 못하는 한계를 설명하며 각 부처 및 부서의 필요 인력 감축 및 조정을 요구합니다. 이 외에 필요사업 또는 교육에 필요한 인력을 선발하기 위한 각 부처 및 부서의 합의를 요구하는 내용이 출제되는 경우도 있습니다.

예) 본사 경영지원본부에서 각 본부가 요구하는 신년도 필요인력에 대해 예산 제약 등의 이유로 요구하는 인원을 모두 충원할 수 없다며 마케팅(10명 요구), 생산(10명 요구), 연구개발(10명 요구) 본부의 담당자들 간 합의를 통해 제공 가능한 20명을 배분하라고 요구하는 상황

예) 본사 경영지원본부에서 금년도 해외 MBA 선발 인원과 관련하여 마케팅, 생산, 연구개발 부서가 보내고자 하는 인력 중 담당자들 간의 합의를 통해 1명만 선발하라고 요구하는 상황

(3) 자원의 배분과 감축

자원의 배분과 감축 유형도 타 유형과 유사하게 각 부처 및 부서에서 요구하는 자원을 중앙 관리 부서에서 제공 가능한 한계 이내로 조정할 것을 요구합니다.

예) 중앙소방본부의 요구에 따라 소방헬기 배치를 요청한 지방자치단체 소방담당자들이 합의를 통해 소방헬기를 배치할 한 곳을 결정해야 하는 상황

이외에도 사업권 조정(우선추진사업과 차신추진사업 결정 등)을 주제로 하는 과제도 출제되고 있으나, 이 세 가지 유형의 과제들이 주로 출제되고 있습니다. 위의 출제 유형들 통해 파악할 수 있듯이, 집단토론의 모든 과제들은 딜레마적인 상황을 만들어 평가대상자들을 곤혹스럽게 만듭니다. 제시된 과제에는 소속 부서의 요구사항이 관철되어야 한다는 내용이 반드시 포함되는데, 이는 평가대상자들을 자연스럽게 경쟁적인 상황으로 몰아갑니다. 하지만, 경쟁 상황일지라도 상대방을 이기고자 하는 방식으로는 제대로 토론을 이끌어 나갈 수 없으며, 궁극적인 목적인 합의에 도달할 수도 없습니다.

3) 접근방법

(1) 토론에서 주도권을 잡는 법

집단토론이 평가대상자들에게 어렵다고 느껴지는 이유는 바로 평가대상자들이 경쟁토론에 익숙하지 않기 때문입니다. 현업에서는 토론이 아닌 회의가 주로 진행되기 때문에 이와 같이 익숙하지 않은 경쟁 토론 상황이 제시되는 경우 평가대상자들은 다소 격앙되곤 합니다. 혹자는 이런 격앙된 분위기에서 논리적인 대안으로 상대를 설득해야 한다고 말합니다. 뿐만 아니라 상대방의 의견을 경청하며 공감을 이끌어내어 토론을 주도하라고 말합니다. 모두 맞는 말이지만 토론 상황에서 평가대상자들이 상대를 논리적으로 설득하는 것은 거의 불가능합니다. 그 이유는 무엇일까요?

경쟁적인 분위기에서 평가대상자들은 일방적으로 자신의 의견을 내세우게 됩니다.

논리적으로 설득하는 것이 토론의 기본이라고 알고 있지만 실제로는 **누구도 설득 당하려고 하지 않습니다.** 평가대상자들은 경쟁적인 토론 상황 속에서 설득 당하는 순간 본인이 진다는 생각을 하게 되고, 지지 않기 위해 본인의견의 강점만 계속 강조합니다. 물론 때때로 토론 참가자들은 논리적인 대안, 즉, 새로운 합의 기준을 제시하기도 하지만 참가자 모두가 합의할 수 있는, 그리고 모두의 합의를 이끌어 낼 수 있는 과제는 없습니다. 출제자들은 결코 단번에 해결 가능한 단순한 문제상황을 제시하지 않기 때문입니다. 본인의 관점에서 논리적이라고 여겨지는 대안일지라도 토론 상황에서는 결코 효과적인 방법이 되지 않을 가능성이 높습니다.

어수선한 토론장의 분위기 때문에 평가대상자들 간에 원활한 소통이 이루어지지 못합니다.

경청, 공감, 소통은 토론에서 기본적으로 다뤄지는 내용입니다. 절차적으로 본다면 '**경청을 하여 공감과 수용을 표현하고 이를 통해 소통을 이룬다.**'가 적절할 것 같습니다. 그러나 실제 평가장에서 평가대상자들은 각자 본인의 자료를 보느라 정신이 없고, 본인이 다음에 이야기할 것을 준비하느라 상대방의 대화 내용은 안중에도 없습니다. 이렇듯 평가장에서 토론하는 경우에는 경청을 하기 무척 힘듭니다. 더구나 평가대상자들은 오로지 타인의 허점을 찾고 본인의 강점을 강조하여 본인이 이겨야 한다는 생각밖에 하지 않습니다. 따라서 평가장에서의 토론에서 공감을 끌어내고 소통을 한다는 것은 거의 불가능합니다.

자칫 평가대상자들의 토론주도권 싸움으로 이어질 수 있습니다.

토론을 주도하는 행동이 매우 매력적으로 보이는 것은 사실입니다. 그래서 참가자들은 토론을 주도하기 위해 그라운드 룰(Ground Rule)과 합의 기준을 제시하면서 토론을 주도하고자 많은 노력을 합니다. 하지만, 이런 노력들은 큰 효과를 거두지 못하고, 오히려 주도권 뺏기 싸움으로 변질되어 갈등을 야기할 가능성이 있습니다. 일반적인 토론 상황에서는 토론의 주관자 및 상사가 토론 및 회의를 주도합니다. 일반 참가자들에게서 토론을 주도한다는 것은 어려운 일이며, 매력적이지도 않습니다. 왜냐하면 우리 국민 정서는 겸양을 중시하고 나서기를 싫어하기 때문입니다. 하지만 집단 토론에 임하게 되면 적극적인 자세를 보여 주어야 합니다.

그렇다면 평가 시에 토론을 주도하면서 경청을 통해 공감을 이끌어내고 이를 기반으로 합의에 이르게 하기 위해서는 어떻게 해야 할까요?

저는 '질문을 하라'고 말하고 싶습니다. 질문은 주도, 설득, 경청, 공감, 소통을 이끌어낼 수 있는 매우 유용한 방법으로 집단토론 시에 꼭 필요합니다. 또한, 질문을 통해서 상대방의 요구 사항을 확인할 수 있습니다.

집단토론에 참여하는 대다수의 참가자들은 본인들의 강점 혹은 절박한 상황만을 토로합니다. 이러한 상황에서의 질문을 하게 될 경우 상대방은 발언 기회를 잡았다고 생각하여 매우 호의적으로 변하게 됩니다. 예를 들어 **"금번에 귀 부처에서 실시하고 하는 능력개발사업의 내용이 궁금한데 소개를 해줄 수 있나요?"** 라고 질문을 한다면 상대는 본인 부처의 사업의 중요성을 설명할 좋은 기회라고 생각하고 진지하게 설명을 할 것입니다. 물론 질문을 받은 참가자가 내용을 잘 파악하지 못하고 있다면 곤란해 할 수도 있는데, 이럴 때는 상대방을 밀어붙이지 말고 도와주어야 합니다. 상대가 답을 못한다면 **"제가 파악한 바로는 온라인 중심으로 진행된다고 들었는데 제 검토가 맞는지요?"** 등 내용을 보완하여 다시 질문하면 됩니다. 다른 토론 참가자와 적대적인 분위기를 만들면 절대 안 됩니다.

이렇게 질문과 대답이 오가는 동안 귀하는 상대방의 말을 경청을 하게 되고, 상대는 귀하에게 공감을 표시할 것입니다. 이러한 과정을 통해 토론의 경쟁적 분위기는 누그러지고 토론 참가자들 사이에 상호공감이 일어나게 됩니다. 궁극적으로 질문을 통해 여러분은 토론을 주도할 수 있고, 경청과 공감을 통한 합의로 나아갈 수 있습니다.

어떤 분들은 '질문만 던졌을 뿐인데 어떻게 토론을 주도할 수 있지?' 하는 의문을 가질 수도 있습니다. 우리는 평소 TV를 통해 많은 토론 장면을 봅니다. 토론 장면에는 패널과 앵커가 나오는데, 앵커는 질문을 던지고 패널은 주로 설명을 합니다. 이때 누가 토론을 주도한다고 생각하시나요? 여기서 질문을 하는 것이 어떻게 토론을 주도하는 것이 되는지에 대한 답이 나오게 됩니다. 훌륭한 토론자는 말을 많이 하는 사람이 아닙니다. 훌륭한 토론자란 질문을 통해 상대방이 말을 많이 하도록 유도하며 토론을 주도해나가는 사람입니다.

옛말에 **'일고수 이명창'** 이라는 말이 있습니다. 판소리 창을 할 때 창을 하는 사람보다도 고수가 더 중요하다는 의미입니다. 리듬을 정확히 잡아주고, 추임새 등을 통해 흥을 돋우어주는 고수가 명창을 만드는 것입니다. 훌륭한 토론자는 타인이 토론에 열심히 임할 수 있도록 분위기를 조성하고, 말을 많이 하게 하며, 토론의 목적에 다다르게 하는 고수의 역할을 수행합니다.

참가자 중 누군가가 초반에 토론을 주도하려 하면 주도권을 잡기 위해 기 싸움하지 말고 일단 상대방에게 맡겨두십시오. 그런 다음 토론 중간에 질문을 하면서 자연스럽게 주도권을 회복하면 됩니다.

(2) 토론의 목적을 생각하기

기본적으로 집단토론은 쉽게 합의에 도달되기 힘든 구조와 내용으로 구성되어 있습니다. 제 기억에 남는 토론 문제 중 하나의 주제는 3개의 부서장이 토론을 통해 **'하나의 부서를 없애 두 개의 부서로 흡수 통합하라'** 는 것이었습니다. 토론 결과에 따라 3명의 부서장 중 한 명은 보직을 면하게 되고, 그 부서의 부서원들은 다른 부서로 흡수되게 됩니다. 이러한 가혹한 상황 속에서 과연 합의가 이루어질 수 있을까요? 여러분이 토론자 중 한 명이라면 어떤 결론을 내리실 건가요? 일반적으로 이런 상황에서는 본인들의 부서가 살아남아야 한다는 논리를 내세우며 갑론을박을 하게 될 것입니다.

이 상황에서 가장 중요한 것은 토론의 궁극적인 목적을 생각해야 한다는 것입니다. 위 토론의 목적은 하나의 부서를 없애고 두 개의 부서로 흡수 통합하는 합의를 이끌어내는 것입니다. 분명 해당 기관은 내·외부적으로 이러한 상황이 올 수밖에 없는 환경에 처해 있을 것이고, 따라서 국소적으로 본인이 속한 부서의 입장만을 생각하기보다는 조직 전체의 관점에서 사안을 바라봐야 합니다. 두 부서의 부서장이 절대 포기할 생각이 없다면 본인이 포기할 생각을 해야 합니다. 여기서 절대적으로 중요한 것은 본인의 부서가 없어지더라도 부서가 수행하고 있는 업무가 사라져서는 안 된다는 것입니다. 조직 전체의 이익 관점에서 수행하는 업무들의 최적점을 생각해야 합니다. 세 부서가 담당하는 업무의 중요도 등을 분석하여 한 부서가 없어지더라도 이 부서의 업무를 두 개의 부서에 이관하여 업무에 차질이 없도록 해야 합니다. 본인 소속 부서의 존립을 포기하는 경우 부서의 업무 및 구성원들의 특성을 고려하여 다른 두 부서에 업무와 구성원 배분을 어떻게 할지 고려해야 합니다. 이런 상황에서 평가사들은 여러분을 어떻게 생각할까요? 전체 조직의 관점에서 효율성을 고려한 판단을 한다고 평가할 것입니다.

(3) 상황을 최적화, 효율화하는 방법 생각하기

효과적인 토론 진행의 핵심은 과제의 내용을 깊이 있게 검토하여 목적을 파악하고 **주어진 상황을 최적화, 효율화하는 것입니다.** 출제유형을 고려할 때, 조직 전체의 관점에서 예산의 최적화, 조직의 효율화, 자원의 최적화 등을 말할 수 있습니다.

앞서 언급했듯이 모든 토론에는 문제를 단번에 해결할 수 있는 대안이 주어지지 않습니다. 각각의 이해관계가 겹겹이 얽혀 있기 때문에 복잡하게 얽혀있는 사안들을 하나씩 풀어나가야 하며, 그 기준점은 제시된 사업의 목적입니다. 참가자 전원이 동시에 만족할 만한 대안은 제시하기도 힘들지만, 설사 대안이 있다 하더라도 참가자들이 합의해주지 않을 가능성이 높습니다. 각 사안별로 참가자 A 또는 참가자 B와 하나씩 해결해나가야 합니다. 또한 참가자 A와 B도 해결할 수 있도록 해야 합니다. 예를 들어, 참가자 A의 내년도 사업 중 직원들의 능력개발 사업이 있고, 우리도 비슷한 사업이 있다고 한다면 업무 수행 과정에서 비용을 효율화하자는 제안을 하는 것입니다. 또한 참가자 B의 내년도 사업 중 해외벤치마킹이 있다면 내가 계획하고 있는 사업 중 유사사업을 찾아 협업을 요구하고 합의하여 사업을 효율화합니다. 이러한 과정을 통하여 예산을 줄여나가야 합니다.

여기에서 유념해야 할 것은 비용과 예산, 인력과 자원은 줄이더라도 사업 자체가 없어져서는 안 된다는 것입니다. 상호 간의 유사, 중복사업을 찾아서 협업하여 비용과 인력 낭비는 줄일지라도 추진하는 사업의 효과성은 유지되어야 합니다. 평가 시에 가끔 평가대상자들이 **"예산 절감을 위해 금년도 추진 예정인 본 사업을 내년으로 미루겠습니다. 그래서 예산을 절감하겠습니다."**라고 하며 사업을 연기하기도 하는데, 이러한 방법은 적절하지 않습니다. 본 사업은 소속 기관에서 많은 고민과 절차를 걸쳐서 추진하기로 확정한 사업인데, 아무리 예산 합의가 중요하다고 하더라도 사업을 포기하는 것은 적절한 대응이 아닙니다. 사업을 철수하는 대신 다른 부처와 협업을 통해 소속 부처가 본 사업을 시행하지 않더라도 범정부적 차원에서 사업은 유지될 수 있도록 해야 하며 동시에 예산은 절감하는 효율적인 방안들을 모색해야 합니다. 이와 같이 사업을 효율성을 높이려는 자세는 일상에서도 매우 유용한 토론방법이며, 평가 시에 평가사들에게 좋은 평가를 얻어낼 수 있음을 잊지 말아야 합니다.

(4) 시간관리

토론의 진행은 평가사가 시작을 리드하는 경우도 있고 토론의 진행까지도 토론자들에게 맡겨둔 채 개입하지 않을 수도 있습니다. 보통 30분의 토론에서는 시작과 함께 평가대상자 각각에게 2분의 모두 발언 시간이 제공됩니다. 모두 발언의 경우 30초 내로 끝내는 경우가 많은데 2분의 시간을 적극적으로 활용하는 것은 무척 중요합니다. 여러분이 속한 부처 사업의 당위성과 중요성(소속 부처가 왜 예산이 필요한지, 구체적으로 얼마가 필요한지) 그리고 상대방 사업의 허점(타 부처의 사업 진척 상황 중 부진한 부분)을 집중적으로 공격해야 합니다. 모두 발언시간은 단순히 인사를 나누는 시간이 아닙니다. 인사도 나누어야 하지만, 본인이 추진해야 할 사업을 다른 참가자들에게 어필하는 시간입니다.

모두 발언과 더불어 상대를 공격하는 시간은 10분이 넘어서는 안 됩니다. 공격 이후에는 하나하나의 사안에 대해 질문하고, 토론을 통해 합의를 해나가야 합니다. 30분 남짓한 토론 시간은 결코 긴 시간이 아닙니다. 사안별로 바로바로 합의하지 않으면 시간이 부족할 수밖에 없습니다. 토론이 시작된 지 10분이 지난 다음부터는 상대방의 요구를 적극적으로 들어주면서 가능하면 빠른 시간 내에 합의해야 합니다. 시계를 확인하면서 시간 관리를 잘해야 합니다. 하나의 사안마다 각각의 의견들을 잡고 늘어지면 바로 5분씩이 사라집니다. 전체 합의는 대략 27분 정도에는 마무리가 이루어져야 합니다.

이제 유의사항에 대해 모두 숙지하셨다면, 지금부터는 집단토론 과제를 실제로 풀어보는 시간을 갖도록 하겠습니다. 친구 또는 동료 두 분과 함께 토론을 진행해 주시기 바랍니다.

4) 실전문제풀이

제시된 과제는 공통자료와 개인별 자료를 가지고 상호 토론하는 과제입니다. 토론에 임하실 세 분은 각각의 역할을 정한 다음 역할에 맞게 내용을 분리하여 자료를 검토한 뒤, 토론을 진행하기 바랍니다. 사전 자료 검토 시간은 30분이며, 검토 이후 30분 동안 토론이 진행됩니다. 시간을 엄수하여 과제를 풀이해주시기 바랍니다.

실전문제풀이 | 집단토론

한라체육진흥공단 인재경영실 인원배정 관련 토론

자료검토 30분
토론수행 30분

역할 및 상황설명

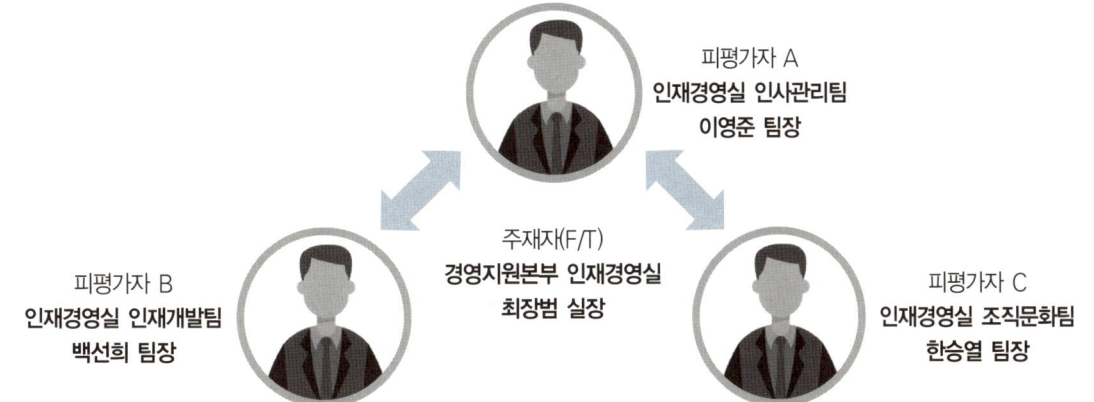

- 오늘은 2017년 9월 5일입니다.
- 한라체육진흥공단 경영지원본부 인재경영실은 인사관리팀, 인재개발팀, 조직문화팀으로 나누어져 있습니다.
- 최근 채용 규모가 감소하여, 원하는 만큼의 인원이 들어오지 않아 인재경영실의 직원들은 업무 과중과 인력 부족에 시달리고 있습니다.
- 다음 달인 10월에는, 인재경영실에 인사이동이 있을 예정입니다. 공단의 업무 효율성 개선을 위한 경영총괄팀 신설로 인하여 과장급 1명, 대리급 1명이 차출될 예정이고, 신입 사원 1명이 새로 배정될 예정입니다. 각 팀장들은 서로 의견을 조율하여 구성원의 변동안에 합의해야 합니다.
- 각 참가자들은 최대한 자기 팀의 구성원을 확보하는 방향으로 토론을 이끌어 나가야 합니다.

공통자료

● 유관조직도

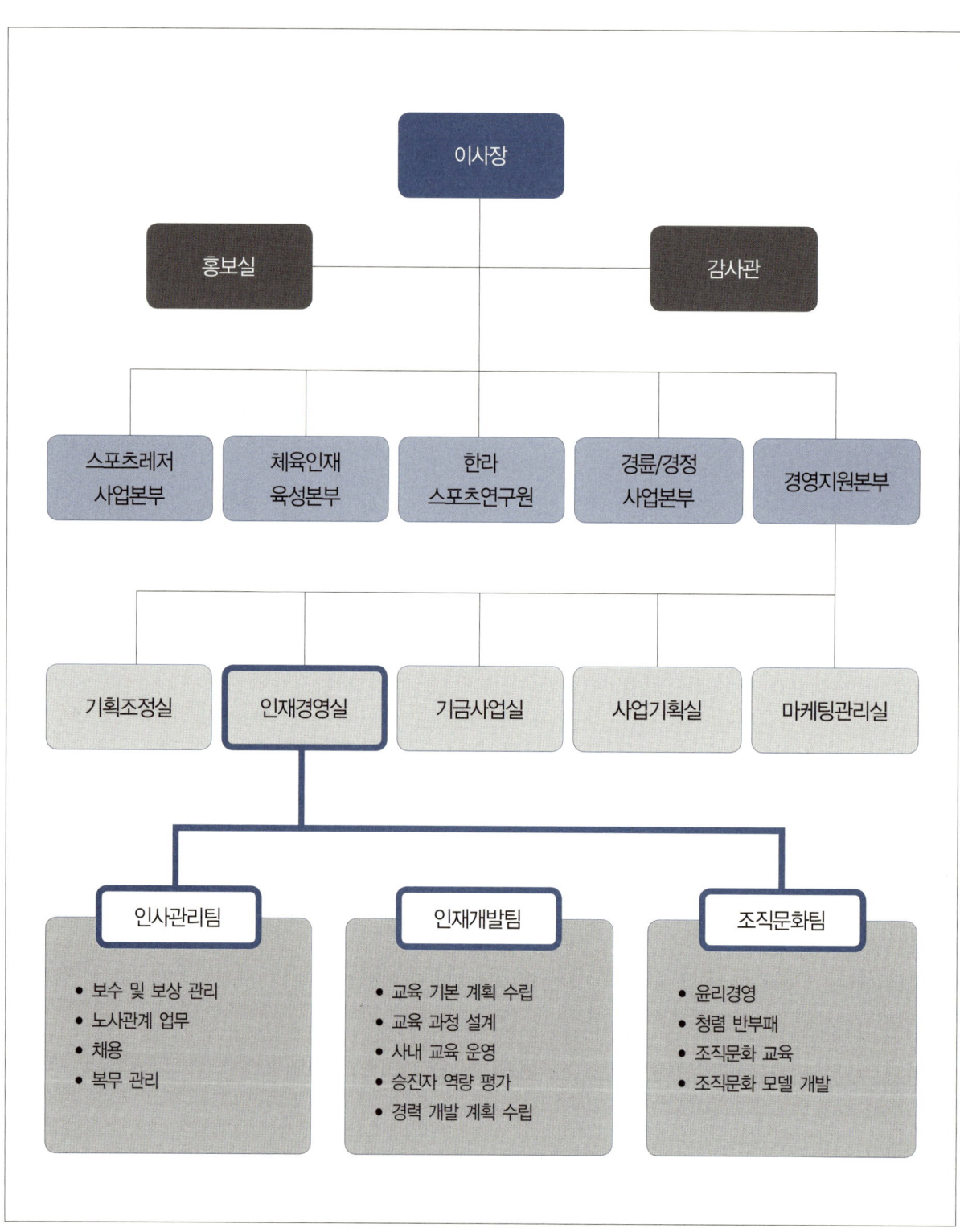

공통자료1 회의 소집 E-mail

| 답장 | 전체답장 | 전달 | 삭제 | 스팸차단 | 이동 ▼ | 읽음표시 ▼ |

인력 운용에 관한 회의를 소집합니다.

보낸 사람   인재경영실 최장범 실장
작성 일자   2017-09-04 14:17:55
받는 사람   인사관리팀 이영준 팀장, 인재개발팀 백선희 팀장, 조직문화팀 한승열 팀장

팀장 여러분, 최장범입니다.

이번 경영총괄실 인원 차출과 신규 채용 인원 배정에 관해서 각 팀장들의 의견 차이가 있는 것으로 보입니다.

다들 아시다시피 다음 달에 인재경영실에서 경영총괄실로 옮겨야 하는 직원은 과장급 1명, 대리급 1명으로 총 2명이고, 이번 9월 28일에 인재경영실에 새로 배정될 신규 채용 인원은 1명입니다.

제가 보기에는 각 팀의 의견들이 모두 어느 정도 타당성이 있는 것 같습니다. 그래서 결정을 쉽게 내리기 어려우니, 팀장 여러분이 직접 모여서 인력 배정에 관한 협의를 했으면 합니다.

결정권은 저에게 있는 상황이지만 이번 문제는 딱히 정답이랄 것이 없어 보입니다. 팀장 여러분의 합의 사항을 전적으로 존중하여 결정하겠습니다. 그러나, 결론이 나지 않았을 시에는 본부 측에 임의대로 배정해줄 것을 요청하겠습니다. 아마 그럴 경우에는 팀장 여러분이 생각하시던 인력 계획에 차질이 생기지 않을까 생각됩니다.

회의는 내일인 9월 5일 오전 10시에 본부 2층 소회의실에서 진행하도록 하겠습니다. 그럼 내일 뵙겠습니다.

공통자료2 2017년 하반기 인재경영실 주요 사업

2017년 하반기 인재경영실 주요 사업

1. HSPO 통합 인사관리 시스템 구축

1) 개요
- 전사적 자원관리 시스템 구축에 발맞춘 통합적 인사관리 체계
- 인사관리를 하나의 프로세스로 구축
- 인사관리의 전산화를 통한 관리가 용이한 One-click 시스템 추구

2) 기간
- 2017년 7월~11월

3) 담당부서
- 인재경영실 인사관리팀, 인재개발팀, 조직문화팀

2. 임금피크제 개선

1) 개요
- 임금피크제에 대한 조직원의 공감대 형성 및 안정적 정착 개선
- 합리적인 임금지급률과 임금조정기간 도출
- 임금피크제 대상자 관리 방안 및 퇴직 단계 제시
- 임금피크제 수행 로드맵 설계

2) 기간
- 2017년 8월~11월

3) 담당부서
- 인재경영실 인사관리팀

3. 경력개발프로그램(CDP) 설계

1) 개요
- 교육프로그램 분석
- CDP 설계
- CDP 기반 인재육성체계 설계

2) 기간
- 2017년 9월~12월

3) 담당부서
- 인재경영실 인재개발팀

4. 전직원 청렴성 진단 및 개선

1) 개요
- 전직원 대상 청렴도 측정 및 고위직 부패위험성 진단
- 진단결과 분석 및 개선안 제시

2) 기간
- 2017년 8월~11월

3) 담당부서
- 인재경영실 조직문화팀

5. 기타 사업

1) 성과중심 평가체계 사례 분석 및 개선안 보고 – 인사관리팀
2) 멘토 교육 프로그램 과정 운영 – 인재개발팀
3) 팀장급 퍼실리테이터 교육 프로그램 개발 – 조직문화팀

공통자료3 HSPO 통합 인사관리 시스템

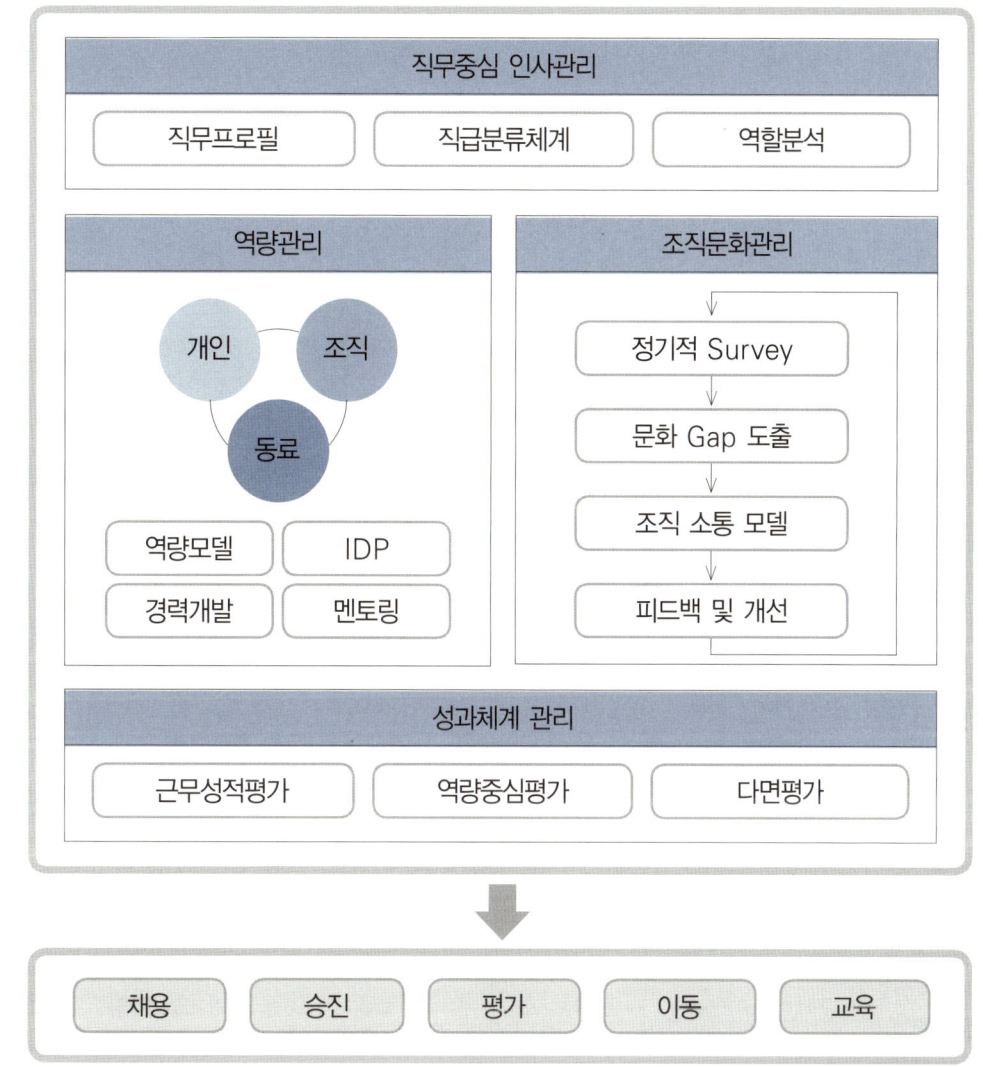

HSPO* 통합 인사관리 시스템   * HSPO : Halla Sports Promotion Foundation(한라체육진흥공단)의 줄임말

1. 특징
- 전사적 자원관리 시스템 구축에 발맞춘 통합적 인사관리 체계
- 인사관리를 하나의 프로세스로 구축
- 인사관리의 전산화를 통해 관리가 용이한 One-click 시스템 추구

2. 목표
- 직무능력, 역량, 소통 능력을 갖춘 전인적 인력 양성
- 통합적 능력을 반영한 성과 평가

3. 개발 기간
- 2017년 7월~11월

4. 담당 부서
- 경영지원본부 인재경영실

5. 지원 예산
- 총 3억 1,000만 원
* (인재경영실 1억 6,100만 원, 인사관리팀 5,600만 원, 인재개발팀 5,200만 원, 조직문화팀 4,100만 원)

공통자료4 HSPO 통합 인사관리 시스템 개발 일정 (9월 5일 기준)

대분류	소분류	담당부서	담당자명	기간	진행상태(진행률)
자사진단 및 문헌조사	문헌 분석	인사관리팀	박영준, 손미진	7월 2일~7월 13일	완료
	직원 설문조사/인터뷰	인재개발팀, 조직문화팀	신은지, 이동현	7월 2일~7월 13일	완료
	시스템 구축 범위 설정	인사관리팀	박민용	7월 5일~7월 17일	완료
직무중심 인사관리 체계수립	직무 분석 및 역할 분석	인사관리팀	박영준, 손미진	7월 16일~8월 3일	완료
	직무별 과업 분류	인사관리팀	박민용, 박영준	8월 8일~8월 31일	완료
	직무프로필 작성	**인사관리팀**	**박민용, 손미진**	**9월 1일~10월 2일**	**진행 중(5%)**
	직급분류체계 설계	인사관리팀	김영민, 박민용	10월 10일~11월 1일	미착수
역량관리 체계수립	**역량모델링**	**인사관리팀, 인재개발팀**	**박민용, 오명환, 이혜민, 신은지**	**8월 16일~9월 15일**	**진행 중(75%)**
	역량평가센터 구축	인재개발팀	오세훈, 이혜민	9월 18일~10월 2일	미착수
	내부 평가사 육성	인재개발팀	오세훈, 이혜민	10월 10일~10월 24일	미착수
	역량관리 모델 설계	인재개발팀	고민재, 오세훈, 신은지	10월 26일~11월 10일	미착수
조직문화관 체계수립	조직 진단 Survey 개발	조직문화팀	최설, 이동현	8월 9일~8월 25일	완료
	문화 Gap 도출	**조직문화팀**	**윤서영, 최설**	**8월 30일~9월 22일**	**진행 중(10%)**
	조직소통 모델 구축	조직문화팀	윤서영, 이동현	9월 22일~11월 2일	미착수
전산시스템 및 DB구축	**전산시스템 개발**	**인사관리팀, 조직문화팀**	**박영준, 이동현**	**9월 1일~9월 29일**	**진행 중(8%)**
	서버 및 네트워킹 구축	**인재개발팀**	**이혜민**	**9월 1일~10월 13일**	**진행 중(5%)**
	인사 관련 개인 정보 DB 구축	인사관리팀	박민용	10월 16일~11월 17일	미착수
Finalize 작업	파일럿 테스트	인사관리팀, 조직문화팀	박영준, 이동현	11월 20일~11월 24일	미착수
	테스트 버전 만족도 조사	조직문화팀	최설	11월 27일~11월 30일	미착수

* 굵은 글씨는 현재 진행중인 일정
* 팀별 업무 분담율 : 인사관리팀 45%, 인재개발팀 25%, 조직문화팀 30%

공통자료5 HSPO 통합 인사관리 시스템 추가 예산안

HSPO 통합 인사관리 시스템 추가 예산안(예정)

1. 추가 예산 총액
- 4,000만 원

2. 예산 세부 내역

1) 인재경영실

항목	비용
인사 정보 DB 구축	1,500만 원
계	1,500만 원

2) 인사관리팀

항목	비고	비용
보조인력 인건비	직급별 인터뷰 보조원 및 보조사무원	900만 원
연구활동 정보비	도서비, 자료열람비	1,000만 원
계		1,500만 원

3) 인재개발팀

항목	비고	비용
전문가활용비	역량모델링 관련 전문가 자문	500만 원
계		500만 원

4) 조직문화팀

항목	비고	비용
보조인력 인건비	Survey 진행 보조원 및 보조사무원	200만 원
외부 용역비 및 부담금	설문조사/인터뷰 코딩 및 결과처리	300만 원
계		500만 원

3. 예산 집행 근거
- 당초 계획보다 HSPO 통합 인적자원 관리 시스템의 DB 범위가 넓어지면서 전분야에 대한 추가 예산 편성

4. 예산 집행일
- 2017년 10월 19일

5. 의의 제기 및 예산 편성안 합의 기한
- 2017년 9월 25일까지

2017년 9월 3일
경영지원본부 기획조정실 예산관리팀

● 공통자료6 한라체육진흥공단 경영총괄실 신설안

1. 특징
- 기존 사업의 적자 구조를 개선하기 위해 한라국 공공기관 최초로 기업 내 통합정보시스템인 ERP(전사적 자원관리)시스템을 도입하여 운영하는 부서

2. 신설일시
- 2017년 10월 12일

3. 주요 업무

1) ERP 시스템 운영
- ERP 데이터베이스 구축 및 정보 시스템 관리 운영
- 효율적인 자원관리를 위한 Application 운영 매뉴얼 작성 및 수행
- 관련 DB 설계 및 Table 관리

2) 업무 프로세스 개선
- 주요 업무를 소단위로 나누어 비효율 원인과 그에 따른 대책 도출
- 직무별 주요 업무 프로세스 도식화 및 매뉴얼 개발

3) 정보 관리
- 경영정보 관리(회계, 사업, 인력, 비용, 예산 등)
- 경영정보 수집
- 경영정보 분석

4. 구성

1) 부서 구성
- 경영총괄실장 1명
- 경영데이터베이스팀 12명
- 경영정보관리팀 8명

2) 인력 구성
- 인원 : 21명(실장 1명, 팀장 2명, 차장 2명, 과장 4명, 대리 6명, 신입 4명)

* 경영총괄실 구성 인원 차출 요건

직급	요건	비고
실장	- ERP 및 경영정보시스템 운영 경험	외부 영입
팀장	- 근속 20년 이상(2017년 기준) - 2016년 근무평정 80점 이상	타부서 전입
차장	- 근속 15년 이상(2017년 기준) - 2016년 근무평정 80점 이상	타부서 전입
과장	- 근속 10년 이상(2017년 기준) - 2016년 근무평정 80점 이상	타부서 전입
대리	- 근속 5년 이상(2017년 기준) - 2016년 근무평정 75점 이상	타부서 전입
신입	- ERP 관련 자격증 보유	신입 채용

● 공통자료7 인재경영실 과장/대리 명단

* 과장급

이름	소속	근속연수	2016년 근무 평정 점수			계
			근무성적평가 (60점)	다면평가 (35점)	가점 (5점)	
박민용	인사관리팀	12년	49점	31점	-	80점
오명환	인사관리팀	10년	56점	24점	-	80점
이슬기	인재개발팀	11년	50점	31점	1점	82점
오세훈	인재개발팀	10년	46점	32점	1점	79점
윤서영	조직문화팀	12년	53점	28점	-	81점
최설	조직문화팀	10년	42점	29점	-	71점

* 대리급

이름	소속	근속연수	2016년 근무 평정 점수			계
			근무성적평가 (60점)	다면평가 (35점)	가점 (5점)	
고다혜	인사관리팀	7년	51점	31점	2점	84점
박영준	인사관리팀	6년	50점	27점	1점	78점
박철호	인사관리팀	4년	54점	29점	-	83점
신은지	인재개발팀	6년	42점	29점	-	71점
이혜민	인재개발팀	5년	55점	33점	1점	89점
유찬	인재개발팀	4년	47점	31점	-	78점
이동현	조직문화팀	6년	51점	25점	-	76점
정동연	조직문화팀	4년	48점	26점	1점	75점
정홍임	조직문화팀	4년	42점	31점		73점

공통자료8 인사기록카드 – 인재경영실 신입사원 박송민

	성명	박송민		
	배치예정부서	경영지원본부 인재경영실		
	생년월일	1991.04.24	입사예정일	2017.10.1
학력	졸업일	학교	전공학과(복수전공)	학위
	2016.02.17	아름대학교	조직심리학(경영학)	학사
사회 경험	인사관리 동아리 Hello (2015.02~)	• 동아리 창설 멤버로 최초의 전국 단위의 대학 인사관리 컨퍼런스를 주최		
	송송이컨설팅 (2016.02~2017.07)	• 한라수자원공사 조직문화 진단 컨설팅 • 한라방송 리더십 소통 프로그램 개발 및 운영 • 한라행운재단 조직문화진단 및 팀장리더십 과정 개발		
입상 경험	공모전 입상	• 공직사회 반부패 캠페인 1위 입상		
자격증		• 인적자원관리사 • 노무사 1차 합격 • 전산세무 1급 • 자동차운전면허 1종 보통		

* 직업기초능력 검사 성적(사무직 지원자 중)

구분	문제해결능력	정보분석능력	상황판단능력	계획운영능력	직무이해능력	종합
점수(점)	89	86	90	96	96	91.4
백분위(%)	86.3	84.2	91.9	97.5	96.1	88.9
등수(등)	170/1240	196/1240	101/1240	28/1240	49/1240	108/1240

* 면접 평가 결과

기본품성	• 상당히 밝고 긍정적 • 대화를 이끌어 나가는 데 능숙함
태도	• 예의 바르고 남을 배려하는 태도를 지님 • 목소리가 크고 말끝음이 정확하며, 의사 전달이 잘됨
업무성향	• 경영 부문, 특히 인사에 관련한 경험이 많으며 인사 업무에 매우 많은 관심을 가지고 있음 • 그 중에서도 관심이 있는 분야는 조직문화와 인사관리
종합평가	• 미래의 목표를 제시하는 데에는 능숙하지 못한 모습을 보였으나 전체적으로 착실하고 긍정적인 모습을 보임 • 인재경영실에 배속되면 좋은 성과를 보이리라 예상됨

역할별 자료

피평가자 A
**인재경영실 인사관리팀
이영준 팀장**

참가자 지침

- **역할배경**
- 귀하는 한라체육진흥공단 인재경영실 인사관리팀의 이영준 팀장입니다.
- 인사관리팀에서는 2017년 하반기에 인재경영실 단위로 진행되는 HSPO 통합 인적자원관리 시스템 구축 사업, 인사관리팀 단위로 진행되는 임금피크제 도입 사업, 성과중심 평가체계 사례 분석 및 개선안 보고 사업 등을 진행하고 있습니다.
- 그러나 지금보다 인원이 줄어들게 되면 원활한 업무 진행이 어려울 것으로 예상되며, 팀원들의 업무 과중과 인력 부족에 대한 불만을 해소하기 위해 반드시 인원을 최대한 확보해야 합니다.

- **역할지침**
- 본 회의에서 귀하는 인력 차출을 막고 신규 채용 인원을 확보하기 위해 회의 참가자들을 설득해야 합니다.
- 앞에서 제시된 공통자료와 인재경영실 인사관리팀 역할자료를 검토한 후, 인사관리팀에 인원이 필요한 이유를 적절한 근거를 들어 제시하여, 인원을 최대한 확보할 수 있도록 노력하십시오.

- **회의 참여 시 고려사항**
- 동일배분 원칙, 다수결을 사용할 수 없으며, 모든 참가자의 동의를 얻은 인원 배정안을 도출해야 합니다.
- 토론에서 결론이 나지 않을 경우, 인원 차출과 신입사원 배성 결성은 경영지원본부가 임의로 내리게 되어, 팀이 불이익을 얻을 수도 있습니다.

● 역할자료1 2017년 인사관리팀 업무분장

이름	직급	근속연수	기본 업무
이영준	팀장	21년	인사관리팀 업무 총괄
김영민	차장	16년	채용, 평가관리, 직무분류체계 관리
김은하	차장	15년	노사정책 개발 및 대응전략 실행, 노사협의회, 고충처리, 노무 Risk 관리
박민용	과장	12년	임직원 보수 관리, 임금 교섭
오명환	과장	10년	임금 인상, 성과급, 월급여
고다혜	대리	7년	전보, 내부공모
박영준	대리	6년	보임관리, 이동관리, 퇴직관리, 승진제도 운영
박철호	대리	4년	직원 평가 및 처우(이동, 퇴직, 승진) 업무 보조
손미진	주임	1년	비정규직 채용

● **역할자료2** 인사관리팀 사업 진행 현황(9월 5일 기준)

▣ 세부사업 진행 현황(기본 업무 제외)

	사업		담당	참여비중	내부계획일정	진행률	비고
1	HSPO 통합 인사관리 시스템 구축		김영민	15%	2017년 7월~ 2017년 11월	40%	인재경영실 단위 사업
			박민용	35%			
			오명환	5%			
			박영준	35%			
			손미진	10%			
	1-1	역량모델링	박민용	30%	2017년 8월~ 2017년 9월	75%	인재개발팀과 협업
			오명환	10%			
			인재개발팀	60%			
	1-2	전산시스템 개발	박영준	50%	2017년 9월~ 2017년 9월	8%	조직문화팀과 협업
			조직문화팀	50%			
2	임금피크제 도입		김은하	30%	2017년 8월~ 2017년 11월	35%	
			박민용	30%			
			오명환	15%			
			박철호	25%			
3	성과중심 평가체계 사례 분석 및 개선안 보고		고다혜	80%	2017년 8월~ 2017년 9월	65%	
			박철호	20%			
4	노사정책 개발 및 대응전략 수립		김영민	60%	2017년 8월~ 2017년 10월	50%	
			박철호	40%			

역할자료3 임금피크제 도입 사업

임금피크제 도입 사업

1. 필요성
- 임금피크제에 대한 조직원의 공감대 형성 및 안정적 정착 필요
- 정부 권고(18년 내 도입 – 미도입 시 경영평가 불이익)

2. 기간
- 2017년 8월~11월

3. 예산
- 1,800만 원(VAT 및 제반 비용 포함)

4. 주요 내용
- 합리적인 임금지급률과 임금조정기간 도출
- 임금 감액률 및 감액범위 조정
- 임금피크제 대상자 관리 방안 및 퇴직 단계 제시
- 임금피크제 관련 법리 해석 및 사규 개정
- 임금피크제 수행 로드맵 설계

5. 산출물

1) 설문조사 및 분석 결과
- 임금피크제 만족도 설문조사 및 분석
- 임금피크제 세부사항 설문조사 및 분석

2) 한라체육진흥공단 적용가능성 검토
- 임금피크제 대안별 시뮬레이션 결과
- 합리적인 임금지급률과 임금조정기간

3) 차후 방안 수립
- 임금피크제 대상자 관리 방안
- 정부 방침에 따른 신규 채용 규모 및 퇴직 규모 설계 방안
- 임금피크제 대상자에 적합한 직무 매뉴얼
- 관련 법리 해석 및 임금피크제 로드맵
- 임금피크제 단계별 일정 및 계획

6. 담당자
- 인재경영실 인사관리팀
  김은하 차장(071-512-1031)
- 인재경영실 인사관리팀
  박민용 과장(071-512-1039)

역할자료4 2017년 인사관리팀 업무 고충 상담 일지

2017년 인사관리팀 업무 고충 상담 일지

성명	직급	신청일	상담주제	상담내용	요구사항
오명환	과장	3.8	업무량 과중	기본 업무 외에 진행되는 프로젝트가 많아 업무 과중에 시달리고 있음	없음
김은하	차장	5.30	업무량 과중	최근 건강이 좋지 않은데 업무가 많아 몸에 무리가 옴	보조인력 채용 희망
박민용	과장	6.9	경력 개발 관련 상담	내년에 새로 도입될 경력개발 시스템에 관한 문의	업무 관련 교육 희망
고다혜	대리	7.8	출산휴가 관련 상담	현재 임신 12주 째, 11월부터 출산휴가를 쓸 예정. 자신의 빈자리를 채울 인력 필요	보조인력 채용 희망
고다혜	대리	8.11	승진 관련 상담	육아 휴직 이후의 승진평가는 어떻게 될 지에 대한 문의	꾸준한 지도 부탁
오명환	과장	8.23	업무량 과중	상반기 때부터 업무량이 과중했으나, 하반기에 들어선 지금까지도 전혀 개선이 되고 있지 않음	타 부서 발령 희망
			동료와의 불화	최근 박민용 과장과 다툼이 있었음. 업무 방식이 전혀 맞지 않아 근무 의욕이 사라짐	
박철호	대리	9.1	업무량 과중	업무량이 너무 많아 집과 직장의 밸런스가 너무 심각하게 망가지고 있음	신규 채용 인원 확보 희망
김영민	차장	9.4	부서 인원 부족	부서에 인원이 부족하여 팀원들의 불만이 매우 많음	신규 채용 인원 확보 희망

* 상담자 : 이영준 팀장

역할별 자료

피평가자 B
**인재경영실 인재개발팀
백선희 팀장**

참가자 지침

■ **역할배경**
- 귀하는 한라체육진흥공단 인재경영실 인재개발팀의 백선희 팀장입니다.
- 인재개발팀에서는 2017년 하반기에 인재경영실 단위로 진행되는 HSPO 통합 인적자원관리 시스템 구축 사업, 인재개발팀 단위로 진행되는 경력개발프로그램(CDP) 설계 사업, 멘토 교육 프로그램 과정 운영 사업 등을 진행하고 있습니다.
- 그러나 지금보다 인원이 줄어들게 되면 원활한 업무 진행이 어려울 것으로 예상되며, 팀원들의 업무 과중과 인력 부족에 대한 불만을 해소하기 위해 반드시 인원을 최대한 확보해야 합니다.

■ **역할지침**
- 본 회의에서 귀하는 인력 차출을 막고 신규 채용 인원을 확보하기 위해 회의 참가자들을 설득해야 합니다.
- 앞에서 제시된 공통자료와 인재경영실 인재개발팀 역할자료를 검토한 후, 인재개발팀에 인원이 필요한 이유를 적절한 근거를 들어 제시하여, 인원을 최대한 확보할 수 있도록 노력하십시오.

■ **회의 참여 시 고려사항**
- 동일배분 원칙, 다수결을 사용할 수 없으며, 모든 참가자의 동의를 얻은 인원 배정안을 도출해야 합니다.
- 토론에서 결론이 나지 않을 경우, 인원 차출과 신입사원 배정 결정은 경영지원본부가 임의로 내리게 되어, 팀이 불이익을 얻을 수도 있습니다.

● 역할자료1 2017년 인재개발팀 업무분장

이름	직급	근속연수	기본 업무
백선희	팀장	20년	인재개발팀 업무총괄
고민재	차장	17년	직무교육과정 운영
이슬기	과장	11년	직무강사 관리 및 직무교육과정 운영
오세훈	과장	10년	교육기획
신은지	대리	6년	국외연수, 위탁교육
이혜민	대리	5년	경력개발 지원
유찬	대리	4년	신규 직원 교육, 직무교육
유진영	주임	2년	산학협력, 학습조직 운영

● 역할자료2 인재개발팀 사업 진행 현황(9월 5일 기준)

■ 세부사업 진행 현황(기본 업무 제외)

	사업		담당	참여비중	내부계획일정	진행률	비고
1	HSPO 통합 인사관리 시스템 구축		고민재	10%	2017년 7월~ 2017년 11월	40%	인재경영실 단위 사업
			오세훈	30%			
			신은지	25%			
			이혜민	35%			
	1-1	역량모델링	신은지	10%	2017년 8월~ 2017년 9월	75%	인사관리팀과 협업
			이혜민	50%			
			인사관리팀	40%			
	1-2	서버 및 네트워킹 구축	이혜민	100%	2017년 9월~ 2017년 10월	5%	
2	경력개발프로그램(CDP) 설계		이슬기	45%	2017년 9월~ 2017년 12월	15%	
			이혜민	40%			
			유진영	15%			
3	멘토 교육 프로그램 과정 운영		신은지	25%	2017년 8월~ 2017년 12월	20%	
			유찬	75%			
4	2017 한라국 직무역량 보고 참고자료 조사		이혜민	30%	2017년 9월~ 2017년 9월	30%	
			유진영	70%			

● 역할자료3 경력개발프로그램(CDP) 설계 사업

경력개발프로그램(CDP) 설계 사업

1. 필요성
- 대통령 담화 "공공기관의 전문성 높여야"
- 최근 공공기관의 전문성과 역량에 관한 국민들의 관심 증대

2. 기간
- 2017년 9월~12월

3. 예산
- 2,100만 원(VAT 및 제반 비용 포함)

4. 내용
- 교육프로그램 분석
- CDP 설계
- CDP 기반 인재육성체계 설계

5. 세부내용

1) 환경분석
- 공단 내/외부 환경분석

2) 교육프로그램 분석
- 공단 내 교육프로그램 분석
- 타 공단 및 기업 벤치마킹
- 정부 역량제시안 조사 및 분석

3) 경력개발프로그램 설계
- 경력개발 Framework 및 경력 Track 설계
- CDP 운영 프로세스 설계
- 직무별 역량 및 경력 육성방안 제시

4) 인재육성체계 설계
- 직무별 교육 우선순위 및 중요도 도출
- 경력개발에 따른 인재육성시스템 설계

6. 담당자
- 인재경영실 인재개발팀
  이슬기 과장(071-512-1424)
- 인재경영실 인재개발팀
  이혜민 대리(071-512-1429)

● 역할자료4 고민재 차장의 E-mail

| 답장 | 전체답장 | 전달 | 삭제 | 스팸차단 | 이동 ▼ | 읽음표시 ▼ |

팀장님, 고민재입니다.

보낸 사람   인재개발팀 고민재 차장
작성 일자   2017-09-04 16:20:55
받는 사람   인재개발팀 백선희 팀장

팀장님, 전화를 드리는 것이 빠르겠지만 말이 길어질 것 같아 메일로 보냅니다.

내일 다른 팀 팀장님들과 인원 배정에 관한 회의를 나눈다는 소식을 들었습니다. 제가 출장만 나와 있지 않다면 같이 의논을 할 수 있을 텐데 아쉽습니다.

차출 인원은 과장 1명, 대리 1명이라고 들었습니다. 지금도 인력이 부족해서 업무를 제대로 수행하기도 빠듯한 상황인데, 또 차출이라니 답답하기만 합니다. 저희 팀원이 차출되는 일이 없다면 좋겠지만 합의가 잘 되지 않아 꼭 한 명을 차출해야 하는 상황이 될 수도 있습니다. 그렇더라도 절대로 이혜민 대리는 보내주시면 안 됩니다.

이혜민 대리는 입사할 때부터 뛰어난 인재로 소문이 자자했던 만큼, 업무성과도 높고 근무 성적도 매우 뛰어납니다. 아마 공단 전체 대리급 중에서도 최고일 겁니다. 팀장님께서도 아시겠지만 지금 팀에 진행하고 있는 사업 대부분에 이혜민 대리가 참여하고 있고, 각 사업에서도 높은 비중을 맡으며 역량을 발휘하고 있습니다. 혹시 신입사원을 준다고 하더라도 이혜민 대리의 빈자리를 채우는 것은 불가능하다고 봅니다.

개인적으로는 정든 팀원들에게 변동이 없었으면 좋겠습니다. 그럼 내일 회의 파이팅하시고, 결과를 알려주시기 바랍니다.

고민재 올림

역할별 자료

피평가자 C
인재경영실 조직문화팀
한승열 팀장

참가자 지침

- **역할배경**
- 귀하는 한라체육진흥공단 인재경영실 조직문화팀의 한승열 팀장입니다
- 조직문화팀에서는 2017년 하반기에 인재경영실 단위로 진행되는 HSPO 통합 인적자원관리 시스템 구축 사업, 조직문화팀 단위로 진행되는 전 직원 청렴성 진단 및 개선 사업, 팀장급 퍼실리테이터 교육 개발 사업 등을 진행하고 있습니다.
- 그러나 지금보다 인원이 줄어들게 되면 원활한 업무 진행이 어려울 것으로 예상되며, 팀원들의 업무 과중과 인력 부족에 대한 불만을 해소하기 위해 반드시 인원을 최대한 확보해야 합니다.

- **역할지침**
- 본 회의에서 귀하는 인력 차출을 막고 신규 채용 인원을 확보하기 위해 회의 참가자들을 설득해야 합니다.
- 앞에서 제시된 공통자료와 인재경영실 조직문화팀 역할자료를 검토한 후, 조직문화팀에 인원이 필요한 이유를 적절한 근거를 들어 제시하여, 인원을 최대한 확보할 수 있도록 노력하십시오.

- **회의 참여 시 고려사항**
- 동일배분 원칙, 다수결을 사용할 수 없으며, 모든 참가자의 동의를 얻은 인원 배정안을 도출해야 합니다.
- 토론에서 결론이 나지 않을 경우, 인원 차출과 신입사원 배정 결정은 경영지원본부가 임의로 내리게 되어, 팀이 불이익을 얻을 수도 있습니다.

● 역할자료1 2017년 조직문화팀 업무분장

이름	직급	근속연수	기본 업무
한승열	팀장	19년	조직문화팀 업무총괄
왕미현	차장	16년	사내 소통 프로그램 기획 및 제작 운영
윤서영	과장	12년	리더십 교육기획 및 운영
최설	과장	10년	소통 문화 프로그램 기획 및 운영
이동현	대리	6년	리더십 교육과정 개발
정동연	대리	4년	사보 제작 및 조직 활성화
정홍임	대리	4년	사내 활동 지원

● 역할자료2 조직문화팀 사업 진행 현황(9월 5일 기준)

■ 세부사업 진행 현황(기본 업무 제외)

	사업		담당	참여비중	내부계획일정	진행률	비고
1	HSPO 통합 인사관리 시스템 구축		윤서영	25%	2017년 7월~ 2017년 11월	40%	인재경영실 단위 사업
			최설	25%			
			이동현	50%			
	1-1	전산시스템 개발	이동현	50%	2017년 9월~ 2017년 9월	8%	인사관리팀과 협업
			인사관리팀	50%			
	1-2	문화 Gap 도출	윤서영	50%	2017년 8월~ 2017년 9월	10%	
			최설	50%			
2	전 직원 청렴성 진단 및 개선		최설	35%	2017년 8월~ 2017년 11월	30%	
			정동연	35%			
			정홍임	30%			
3	팀장급 퍼실리테이터 교육 프로그램 개발		정동연	80%	2017년 8월~ 2017년 10월	50%	
			정홍임	20%			
4	사내 소통 프로그램 기획		왕미현	90%	2017년 8월~ 2017년 10월	45%	
			정홍임	10%			

● 역할자료3 전 직원 청렴성 진단 및 개선 사업

전 직원 청렴성 진단 및 개선 사업

1. 필요성
- 한라체육진흥공단의 2017년 정부 윤리경영평가 하위권 성적
- 최근 논란이 된 여러 체육비리로 인한 체육진흥공단의 대외적 이미지 회복 필요

2. 기간
- 2017년 8월~11월

3. 예산
- 1,600만 원(VAT 및 제반 비용 포함)

4. 내용
- 전 부서별 청렴성 측정
- 고위직 및 비리 위험성 높은 직무 중심의 부패위험도 진단
- 부패 취약 부분 보완 방안 및 청렴성 개선 방안 도출

5. 세부내용

1) 전 직원 대상 청렴성 측정
- 측정 대상 : 설문 765명, 무작위 선정 인터뷰 50명
- 측정 항목 : 업무처리의 공정성 및 투명성, 부패 인식도 및 부패 관련 경험 등 총 23가지
- 측정 방식 : 전화 설문조사 또는 이메일을 통한 온라인 설문조사, 30분간의 인터뷰를 통한 정성평가

2) 고위직 및 주요 직무 관련자 부패위험도 진단
- 측정 대상 : 고위직 8명, 주요 직무 관련자 27명
- 측정 항목 : 업무처리의 공정성, 예산집행의 투명성, 청렴한 공직문화 조성, 청렴실천 노력 등 총 18가지
- 측정 방식 : 반부패 전문가와의 1:1 인터뷰

6. 담당자
- 인재경영실 조직문화팀
  최설 과장(071-512-1114)
- 인재경영실 조직문화팀
  정동연 대리(071-512-1117)

● 역할자료4　윤서영 과장 개인 면담

한승열　윤 과장, 리더십 교육 결과 보고서는 잘 되어가나요?

윤서영　네, 팀장님. 금요일까지 최종본이 완성될 예정입니다.

한승열　그래, 수고해요. 그런데 무슨 일로 상담을 하자고 한 거예요? 무슨 일 있어요?

윤서영　딱히 제 문제는 아니고, 요즘 팀원들의 불만이 많은 것 같아 대책을 논의하고 싶어서 찾아뵈었습니다.

한승열　팀원들의 불만이라면, 업무량 과중에 관한 불만인가요?

윤서영　네, 통합 인적자원 관리 시스템 구축사업이 시작된 이후로 팀원들의 업무량이 너무 많아졌습니다. 특히 요즘은 청렴도 진단 사업까지 진행 중이라, 기본 업무와 다른 사업들을 병행하기 위해서 모든 팀원들이 무리를 하고 있습니다.

한승열　여러분들의 고생을 잘 알고 있습니다. 나도 마음이 아파요. 그런데 지금은 딱히 방법이 없네요.

윤서영　인재경영실 신입 사원도 한 명뿐이라고 하고, 다음 달에는 경영총괄실 인원 차출도 있을 텐데….

한승열　일단 팀장들 회의에서 최대한 어필해보도록 하겠습니다. 아마 경영총괄실 인원 차출이 2명이니 최소한 팀원이 줄어들지 않는 방향으로 이야기 해봐야죠.

윤서영　우리 팀이 업무량은 많은데 팀원 수도 가장 적고, 예산도 적어서 보조인력을 마음대로 채용하기도 쉽지 않습니다. 가뜩이나 상반기 채용 때 인원이 들어온다고 했다가 취소되어 다들 상심이 컸는데, 이대로라면 팀원들의 근무 의욕이 계속 떨어지기만 할 겁니다. 어쩔 수 없이 경영총괄실 인원이 우리 팀에서 차출되어야 한다면, 어떤 방식으로라도 그 자리를 채워야 한다고 생각합니다. 지금 인원이 더 줄어들면 아예 업무가 불가능합니다. 저희가 뭐 예산이 있어서 보조인력을 채용할 수도 없는 노릇이고….

한승열　네, 알겠습니다. 최대한 노력해보겠습니다.

윤서영　이야기 들어주셔서 감사합니다.

한승열　천만에요. 그럼 가보세요.

5) 조치가이드

토론을 통해 적절한 합의가 도출되셨는지요? 합의가 되었다면 어떻게 결론을 내셨나요? 먼저 위의 과제의 핵심 사안들을 역할별로 정리해보면 다음과 같습니다.

인사관리팀	
기본입장	신규 직원 배정 희망
근거	1. 대부분의 팀원이 업무량 과중과 인력부족으로 고충을 겪고 있음 2. 임금피크제 도입 사업의 중요성 - 정부 권고로 미도입 시 경영평가에 불이익 3. 백송희 사원의 인사관리 관련 경력 4. 통합 인적자원관리 시스템 사업에서 가장 많은 비중을 차지하고 있음
차출 대상	과장 : 박민용, 오명환 대리 : 고다혜, 박영준
차출 곤란 인원	과장 : 박민용(주요 사업 업무 비중이 높음) 대리 : 고다혜(임신 중, 11월 출산휴가 예정)

인재개발팀	
기본입장	- 신규 직원 배정 희망 - 이혜민 대리 차출 불가

근거	1. 인원 부족으로 현재 업무를 제대로 수행하기도 빠듯함
	2. 경력개발프로그램 설계 사업의 중요성
	    - 대통령 담화에서 강조된 내용
	    - 공공기관의 전문성에 대한 국민들의 관심 증대
	3. 이혜민 대리의 비중이 너무 높아 차출될 시 팀의 업무에 큰 차질을 빚게 됨

차출 대상	과장 : 이슬기 대리 : 이혜민
차출 곤란 인원	대리 : 이혜민(대부분의 사업에서 비중이 높음)

조직문화팀	
기본입장	- 신규 직원 배정 희망 - 팀원 감축 불가

근거	1. 업무량 과중에 대한 팀원들의 불만
	2. 청렴도 진단 및 개선 사업의 중요성
	    - 공단의 윤리경영평가 하위권 성적
	    - 최근 각종 비리로 국민들의 신뢰 하락
	3. 팀원이 가장 적은데도 업무가 많고, 예산이 부족해 결원을 감당할 수가 없음
	4. 팀에 주임급 사원이 없음

차출 대상	과장 : 윤서영 대리 : 이동현
차출 곤란 인원	-

앞서 집단토론에서는 반드시 합의를 이끌어내야 한다는 점을 기억하실 겁니다. 그렇다면 앞의 역할별 입장에 대한 이해를 바탕으로 합의안은 어떻게 도출될 수 있을지 살펴보겠습니다.

본 합의안에 대한 조치 가이드 역시 정답은 아니기 때문에 얼마든지 더 좋은 합의안을 이끌어내실 수 있으리라 생각됩니다. 여러분의 탁월한 조치 대응 수준을 기대합니다.

협상 시 대응 방안
기본적으로 결원이 생기는 팀에 대한 보상안이 제시되어야 함.(신규 채용 직원 배정, 공동 진행 업무 분담, 보조사무원 예산안 지원 등)

1. 과장급
  오명환 차출로 팀에 결원이 생길 시 : 기본 업무는 팀 내의 박민용 과장이 맡고, 역량모델링 과정의 비중은 인재개발팀의 이혜민 대리와 신은지 대리가 담당하는 협상안 제시 가능
  이슬기 차출로 팀에 결원이 생길 시 : 기본 업무는 팀 내의 고민재 차장이나 유찬 대리가 맡고, 인사관리팀과 조직문화팀의 보조사무원 채용 예산을 지원해주는 협상안 제시 가능
  윤서영 차출로 팀에 결원이 생길 시 : 기본 업무는 팀 내의 이동현 대리가 맡고, 팀원 감축이 불가하므로 신입 채용 직원을 배정하고 보조 사무원 채용 예산을 지원해주는 협상안 제시 가능

2. 대리급
  박영준 차출로 팀에 결원이 생길 시 : 기본 업무는 팀 내의 박철호 대리가 맡고, 전산시스템 개발과 파일럿 테스트 과정은 타 팀에서 지원해주는 협상안 제시 가능
  이동현 차출로 팀에 결원이 생길 시 : 기본 업무는 팀 내의 윤서영 과장이 맡고, 팀원 감축이 불가하므로 신입 채용 직원을 배정하고 전산 시스템 개발과 파일럿 테스트 과정은 타 팀에서 지원해주는 협상안 제시 가능

– 토론 결과 결원이 생기는 1개 부서에는 다음 채용 시 신규 인력 배정 우선권을 보장함.

6) 평가

집단 토론도 이전 기법들과 마찬가지로 스스로 평가를 진행하시기 바랍니다. 토론 내용을 상기해 보면서 스스로 평가해 주십시오. 아래의 평가 기준을 보면서 잘한 점과 보완할 점을 찾도록 하겠습니다. 토론은 변수가 많아서 모범답안을 제시하기도 쉽지 않지만, 아래의 평가 준거를 기반으로 토론결과를 평가하도록 하겠습니다.

평가 준거
토론은 합의가 되었는가?
합의된 결과는 타당한가?
합의에 이르는 과정은 효율적이었는가?
모두 발언은 추진배경과 인력의 필요 이유를 효과적으로 설명하였는가?
토론에 임하는 자세는 진지하고 몰입하였는가?
귀하의 질문은 효과적으로 토론을 리드하였는가?
나의 발언량은 적절하였는가?
합의에 다다른 이후에 추진 사업의 모니터링을 위해 미팅을 제안하였는가?

잘된 점	보완할 점

잘된 점	보완할 점

맺음말

  2006년 당시 중앙인사위원회에서 고위공무원단 제도가 신설되면서 실시된 역량평가가 어느덧 10년이 넘는 역사를 지니게 되었고 전 공공부분으로 확산되고 있다는 사실은 매우 고무적인 상황입니다. 역량평가는 글로벌 스탠다드로 OECD의 많은 나라에서 사용하는 과학적인 기법입니다. 역량평가 제도의 도입은 공공부분의 관료화를 깨는 좋은 기회가 되고 있다고 생각됩니다. 아직도 과학적인 역량평가 제도 도입을 못하고 있는 일본의 경우에서 시사하는 바가 있습니다. 하지만 국내의 역량평가 제도는 많은 보완사항이 필요합니다. 심리검사도구를 만들기 위해서는 기본적으로 신뢰도, 타당도, 난이도 검사의 단계를 거쳐야 합니다만 국내의 상황은 그렇지 못합니다. 일부 기관에서 나타나는 역량모델의 조잡함, 평가도구들에 대한 몰이해, 저급한 평가사들의 운영 등으로 인해 주먹구구식의 평가라는 말을 들으며 평가대상자들의 신뢰를 떨어뜨리는 현상은 회복이 되어야 합니다. 실례로 모 공단에서 실시한 역량평가에서 1회 평가 시에 3.8점을 획득하여 최고 수준이었던 대상자가 2차 평가에서 탈락한 경우가 있었습니다. 이는 평가의 신뢰도에 치명적입니다. 평가의 결과는 변화가 크면 안 됩니다. 또한 정부의 모 부처는 본인들의 실제 업무와 관련이 없는 문제들을 제출하고 있습니다. 이는 평가의 타당도와 관련이 있습니다. "승진 이후 성과를 낼 수 있느냐?"에 대한 가능성을 보는 평가인데 다른 기관의 사례를 가지고 평가를 본다는 것은 타당도가 떨어지는 상황입니다.

  역량평가가 상식적이고 보편적이라는 사실에 입각하여 평가대상자들이 신뢰하고 따를 수 있는 역량평가가 되었으면 하는 바람입니다.

  우연히 기회가 닿아 역량평가와 그에 관련된 역량개발 사업에 뛰어들었습니다. 사업을 수행하면서 많은 우여곡절이 있었지만 25년간의 인적자원(HR) 분야의 경험을 효과적으로 활용할 수 있음에 행복합니다.

  또한 오늘 아침에 "대표님 시험을 잘 보았습니다. 열정으로 가르쳐 주셔서 감사합니다."라는 메시지를 받고 또 한 번 큰 감사함을 느낍니다. 진심으로 본서가 평가대상자들에게 도움이 되었으면 하는 큰 바람을 가지고 역량평가와 관련한 학습지원과 저술 활동을 이어나갈 생각입니다. 여러분들의 건승을 빌며 여러분들과 함께하는 저와 한국역량평가개발원이 되겠습니다.

  감사합니다.